하나님 마음 ♥
찾아가는 성경묵상여행

배성현 지음
Daniel SH Bae

이레닷컴

추천의 글

저자는 성경을 하나님 마음의 '관찰 현미경'과 '묵상의 망원경'을 사용하도록 인도한다. 성경 본문의 내용을 단계별로 쉽게 접근할 수 있도록 기호와 그림과 이모티콘을 사용해 보도록 안내한다. 이 책은 우리들이 새롭게 성경을 묵상하는 기쁨에 퐁당 빠질 수 있도록 만든다.

요한선교단 대표 김동진 목사

이 책이 MZ세대와 알파 세대들이 성경을 새롭게 묵상할 수 있는 방법을 소개하여 기쁘다. 하나님과 진정한 만남(Authentic Encountering)을 사모하는 성도들이 이 책에서 소개하는 방법을 따라 성경을 묵상하여 '꿀보다 더 단 하나님의 말씀'을 새롭게 맛보는 베비게이션이 되길 바란다..

호주 사랑샘교회 박경수 목사

이 책은 성경 말씀 안에서 운행하시는 성령님의 '구름 기둥'과 '불 기둥'을 만나게 한다. 저자의 마음 속에 '하나님의 마음을 따라 살고자 몸부림 치는 눈물과 삶'을 보았다. 이 책은 하나님의 형상(Image of God)으로 창조된 인간의 정채성과 타락한 모습과 여러 성경 본문을 깊게 묵상한 모습을 새롭게 보여준다. 하나님의 말씀을 읽는 자와 듣는 자와 그 말씀을 붙들고 사는 자들이 누리는 복을 더 채울 수 있을(요한계시록 1:3)것이다. **영월 생태수도원 신현태 목사**

이 책은 행간마다 '하나님의 마음과 의도가 베어 있어 마음을 흔들며 통곡하게' 한다. 성경 묵상을 어렵게 생각하는 사람들에게 그림과 기호와 이모티콘들을 이용하고 시(時)를 써보도록 안내한다. '독자의 마음과 하나님의 마음이 부딪혀 불꽃이 일어날 때' 변화와 능력이 임하게 됨을 체험하게 될 것이다. 예수 그리스도를 닮아가고자 하는 사람들과 교회의 소그룹 리더와 목회자와 선교사들이 참고할 성경 묵상 가이드 북이다. **우쿠라이나 임현영 선교사**

성경을 읽고 묵상하면서 놓칠 수 있는 '하나님의 의도와 마음을 쉽게 단계를 따라 인도해 주는' 책을 만나 반갑다. 이 책은 '모세가 회막에서 하나님과 친구처럼 대화했던 것처럼' 다양한 방법(그림, 이모티콘, 표시, 시)을 사용해 볼 수 있도록 인도한다. 이 시대에 외로움과 상처로 고통하는 사람들이 성경 묵상과 기쁨을 통해 치유하시는 하나님을 만나길 바란다. **은헌정 박사 정신의학과전문의**

학문의 영역에서 '새로운 답을 얻기 위해서는 적절한 질문이 필요'하다. 저자는 각 장마다 성경에서 기본적인 질문들을 던지고 묵상한 내용을 밝힌다. 그리하여 '표면적인 대답에서 이차적인 질문을 독자들이 대답하도록 인도'한다. 하나님의 마음을 찾아 여행을 떠나는 사람들에게 이 책은 필수품이 될 것이다.

한국외국어대학교 아프리카학부 황규득 교수

나는 여러 해 동안, 저자가 하루 13-14시간씩 성경 본문을 읽고 그 내용의 일부를 노트에 쓰고 묵상하는 모습을 지켜 보았다. 창세기부터 시작하여 본문을 노트의 줄과 칸을 새롭게 배치하여 그림과 표시와 기호를 만들었다. 그런 다음, 성경 본문을 붙들고 묵상하며 씨름하면서 노트에 적었다. 한 주제의 묵상과 쓰기가 마치면(보통 8-12페이지), 그 내용을 나에게 읽어 주었다. 나는 저자의 첫 원고를 보고 듣는 특권을 누렸다. 우리는 '성경 묵상을 통해 받은 내용'을 함께 나누며 기도했다. 그러자 '하나님 말씀이 우리 영혼을 치유해'(시편 40:1-2, 야고보서 5:15-16)주었다. 우리는 '기가 막힐 웅덩이와 수렁에서 끌어 올려지는' 경험을 했다. 우리는 '서로 고백하며 용서하며 놀라운 평안(Shalom)을 누리며' 새로운 소망을 품게 되었다.

우리는 한국과 미국에서 여러 실험 목회(Laboratory Ministry)들을 자비량(Tent Making)으로 해왔다. 우리의 삶은 계획이 없었다. 우리는 하나님이 주신 은혜를 따라 살고 싶었다. '찬송한 대로, 기도한 대로, 독서를 통해 도전 받으면 본 받으려'했다. '성경을 읽고 묵상할 때 성령님이 감동을 주신 그대로 살아보자'고 결정했다. 결심은 했지만 삶과 현실은 어려움이 많았다. 그러나 우리는 타협하지 않았다. 조지 뮬러와 허드슨 테일러의 하나님은 우리의 하나님이 되셨다. 재정적인 어려움이 많았지만 그 때마다 여호와 이레로 함께해 주시면서 우리의 길을 인도해 주셨다. 목회와 선교의 전초병(Sodiers of Guarding the Post)으로 살아가는 목회자와 선교사 부부와 자녀들이 '성경 읽기와 묵상'을 따라 살아가는 삶을 응원한다. "여호와는 나의 분깃이시니 나는 주의 말씀을 지키리라 하였나이다. You are my portion, O Lord; I have promised to obey your words."(시편 119:57). **에스더 배 (Esther S Bae 저자의 아내)**

하나님의 마음을 찾아가는 길

저자는 평생을 거쳐 '하나님의 마음'을 찾고 하나님의 뜻을 삶과 목회현장에서 구현하는 것을 지상 목표로 살아왔다. 저자의 구도자적인 삶의 자세에서, 한국교회의 목회 현실에서 결여되어 있고, 앞으로 회복되어야 할 신앙과 목회의 보편적인 덕목(德目)을 발견한다.

기독교 복음의 핵심은 교리(도그마)나 신조(信條)가 아니다. 그것들은 후대에 교회 권력에 의해서 교권(敎權) 수호를 위해 작성되었다. 복음의 핵심을 바르게 알기 위해서는 예수님에게 돌아가야 한다. 그분의 삶과 가르침은 한 마디로 요약하면 '경천애인(敬天愛人)'이다. 이 계명 속에는 온 율법과 예언의 골자가 들어있다(마태복음 22:35-40).

경천(敬天)은 무엇인가? 존재의 뿌리에 대한 공경이다. 내 존재의 뿌리는 우주만물을 낳고 기르시는 하나님이다. 천지부모(天地父母)이신 창조주 하나님의 입장을 역지사지(易地思之)하여, '하나님의 심정(心情)에서 하나님의 눈으로 나와 이웃' 그리고 세상과 자연을 보는 것이 경천(敬天)이다. 하나님의 마음으로 이웃과 세상을 보려고 하는 사람은, 이웃과 세상 속에서 하나님을 뵙게 된다.

애인(愛人)은 무엇인가? 이웃 사랑이다. 이웃은 한 뿌리에서 나온 여러 가지다. 하나님의 형상대로 지어지고 하늘의 DNA를 함께 나눈 '또 다른 나'이다. 이웃을 내 몸처럼 여기지 않으면 안 되는 이유가 여기에 있다. 그러면 이웃은 누구인가? 예수 시대에서는 죄인들이었다. 유대 사회의 종교 권력(제사장, 사두개파, 바리새파, 율법학자)에 의해서 '죄인'으로 낙인 찍힌 '사회의 약자들(social minorities)'이었다.

이웃의 범주에서 빠져서는 안 될 요소가 또 하나 있다. 우리는 인공지능, 4차 산업혁명이 대세를 이루고 있는 포스트 코로나 자본주의 시대를 살아가고 있다. 부의 축적과 편리함을 극대화하기 위한 자연 생태계 파괴는 이제 돌아올 수 없는 강을 건넜다. 생태적 재앙과 파국이 지구촌 시민의 생존을 위협하고 있다. 기후 위기로 인하여 인간 존재의 물적(物的) 기반인 자연이 회생 불가능한 사태로 치닫고 있다.

모두를 살리는 홍익인간의 길은 어디에 있나? 하나님의 마음을 회복 하는데 있다. 하나님의 심정으로 이웃과 공감하고, 사회와 소통하며, 자연의 소리를 경청하는데 있다. 경천애인의 계율은 육화(肉化)하고 사회화 하는데 있다,

저자는 한국에 있을 때 사회의 중심부에서 배제된 장애우들과 함께 하는 사역을 했다. 도미(渡美)해서는 미국의 백인 주류 사회에서 변두리로 밀려난 외국인과 거류민들을 돌보는 이중 문화 선교(cross cultural ministry)를 하였다.

예수께서 빈자(貧者)들을 위한 복음 선포를 최우선 과업으로 삼았다면, 저자 또한 예수그리스도의 삶을 본받아, 사회의 약자들을 돌보는 선교사역에서 복음의 동질성을 찾고 있다. 그는 한국과 미국에서 하나님의 마음을 찾고 그분의 뜻을 실천하는 선교사역으로 일이관지(一以貫之)해 왔다.

저자의 미국 석사학위 논문의 주제는 '렉시오 디비나(lectio divina)'이다. '영안(靈眼)으로 책 읽기'를 다르게 표현하면 심층적인 차원 에서 '하나님의 마음으로 세상 꿰뚫어 보기'가 될 것이다. 저자에

게 '렉시오 디비나'의 대상은 세 가지다. 신구약, 삶, 자연이다. 이 세 가지 성경을 읽고 묵상하고 기도하면서 깨달음을 얻어 하나님과 하나 되는 경지에 이르는 것을 목표로 하는 이 책은 확장된 '렉시오 디비나'의 결과물이라고 볼 수 있다.

동질의 것에서 동질의 것이 나온다. 하나님께서 거룩하시면, 그분에 의해서 지어진 피조 세계 또한 거룩할 것이다. 하나님은 인간의 눈으로 볼 수 없다. 영이시기 때문이다. 그러나, 그분의 혼이 깃들어 있는 피조 세계가 돌아가는 이치와 원리를 들여다보면 하나님의 마음을 읽을 수 있다.

동양 지혜의 고전 『중용』 1장에는 다음과 같은 구절이 나온다. '천명(天命)을 일컬어 성(性)'이라 하고, '성을 따라 사는 것(率性)을 도(道)'라 하고, '도를 따라 닦는 것(修道)을 교(敎)'라 한다. '인간의 본성인 양심에는 하나님의 명령이 깃들어 있다'고 본 것이다. 하나님의 로고스(道)를 따라, 내 본성에 품부(稟賦)된 하나님의 마음인 양심을 계발하고, 이를 통해 하나님의 로고스(뜻)을 이루는 것을 인간의 길로 본 것이다.

저자는 특히 사시사철 '변화하는 자연을 체험하는 삶 가운'데서 '하나님의 마음을 찾고, 인간의 길'을 찾고 있다. '이 체험을 시적(詩的) 언어로 형상화하는 작업'을 해왔다. 그 중 첫 권이 이 책 『하나님의 마음을 찾아가는 성경 묵상 여행』이다. 이 책은 다양한 표지와 기호, 그림과 이모티콘 등을 활용하고 있어서, 독자들로 하여금 친근하게 하나님의 마음을 만날 수 있도록 도와주는 길 안내서이다.

김명수 목사(경성대학교 명예교수, 노인요양원 <예함의집> 원목)

Contents

1부

성경에서 하나님 마음을 찾아보며 묵상하기
Bible meditation to seek of the heart of God

2부

성경 본문의 주제를 그림으로 그려 보며 하나님 마음 묵상하기
Meditation of the Bible through drawing

3부

자연에 나타난 하나님의 마음을 찾아 묵상하며 시(詩, Poems) 써보기
Poems to express one's meditation of God through nature

감사
Acknowledgement

책을 내면서

하나님은 폭풍우 속에서 욥에게 많은 질문을 하면서 대답하라고 하셨다. 하나님은 '가슴속의 지혜는 누가 준 것이냐?'(욥기 38:36)고 질문했다. 하나님은 7년 동안 성경을 묵상 할 수 있도록 건강과 환경을 축복해 주셨다. 자비량(tent making) 사역을 하면서 용기를 잃지 않도록 여러 숲에서 묵상할 수 있도록 인도해 주셨다. 중보 기도자들의 만남도 축복하셨다. 계절을 따라 변하는 자연은 새로웠다. 배움과 표현의 한계 때문에 하나님께서 주신 은혜를 제대로 표현할 수 없다. 그동안 묵상한 노트가 20여 권이 되었다. 이번에 그 원고를 편집하여 첫 권을 선보이게 되었다. 공동체를 세우는 일 때문에 편집과 출판이 늦어져 이제야 내놓게 되었다.

아내(Esther)는 글 쓰기 여행을 동행하며 건강한 식단을 제공해 주었다. 우리는 책 내용을 나누며 울고 또 웃었다. 미국학교 교사로, 학문 연구 중에도 편집자로서 수고하며, 독자의 반응까지 제시해준 아들(Joseph & Hannah Bae) 부부에게 감사한다. 또한 2023 아시아 마스터스대회(Asia-Pacific Masters Games)를 운영하는 국제부 팀장과 학문 연구 중에도 후원한 아들 (Johan & Grace Bae) 부부가 고맙다. 그동안 우리 가족은 함께 씨름하면서 장애우와 함께하는 목회, 이중문화사역(cross-cultural ministry)과 기도 사역(prayer ministry)의 삶의 현장에서 실험적인 사역을 진행했다. 선험자들이 적었기 때문에 시행 착오로 많은 어려움이 있었지만 끝까지 동행해준 가족들은 '눈물의 동역자들'이다.

거친 원고를 다듬고 편집해준 편집팀의 땀으로 출판되었다. 수많은 그림과 기호가 들어있는 내용을 그래픽 디자인팀이 만들어 주었기 때문에 첫권이 빛을 보게 되었다. 특히 하나님이 주신 재능으로 표지 타이틀을 써주신 캘리그라피스트 임동규 작가님(청현재이 대표)께 감사를 드린다. 기도로 응원한 동역자 이병배목사님 가족들과 박준열목사님 가족들에게 감사한다. 특별히 책 출판을 위한 중보 기도 팀원들과 공동체 비전을 품고 함께 땀을 흘리는 김봉섭 장로님 가족에게 고마움을 전한다. 책을 읽고 추천해 주신 목사님들의 격려에 감사드린다.

만주의 주이신 하나님을 찬양합니다! 예수님은 나를 십대 후반 방황할 때 은혜로 만나주셨다. 그리고 지금까지 끝없는 사랑으로 품어주시고 인도해 주심을 찬양드린다.

> **'나를 기가 막힐 웅덩이와 수렁에서 끌어올리시고**
> **내 발을 반석 위에 두사 견고하게 하셨도다!'**
> 시편 Psalms 40:2

여는 이야기
Prologue

✝

호수(湖水, Lake)에 뛰노는 고기들은 우리들이다. **일곱 산**(山, Mountain) 중에서 네 번째 산에 세워진 십자가는 받은 달란트를 개발하여 복음을 전하는 것이다. **사막**(沙漠, Desert)(🌵)은 나그네가 순례 길에서 만나는 아픔과 고통, 시련 가운데 영적 씨름을 하는 현장이다. **강**(江, River)은 하나님의 은혜와 사랑을 나타낸다.

어떻게 강이 사막과 산과 호수에 물을 공급할 수 있을까? 문제는 이것이다. 사막이 너무나 크고 넓다는 것이다. 또한 산도 수십만km에 걸쳐 있는 산맥이다. 호수도 지구에서 가장 크다. 그래서 수로를 만들어 물을 공급하는 것은 불가능하다.

그렇다면 해결 방법은 없는가? 해결 방법은 단순하다. 즉 십자가(✝)에서 돌아가신 예수님처럼, 햇볕이 강물에 비칠 때 물을 계속 증발(evaporate)시키는 것이다. 강이 자신을 계속 증발시키면 구름이 된다. 그렇게 증발된 수많은 수증기 알갱이들이 모이고 모이면 큰 구름이 된다. 구름은 그늘을 만들고 비를 뿌린다.

길 가는 나그네들은 구름이 만든 그늘에 쉬며 오아시스에서 물을 얻는다. 구름이 모여 소낙비( )를 뿌린다. 소나기는 아무리 크고 넓은 사막과 산과 호수라도 이 끝에서 저 끝까지 비를 뿌려 춤추게 한다. 그뿐만 아니라 소나기는 강에도 다시 비를 뿌린다. 모든 가정과 이웃과 교회와 공동체가 생명의 복음을 전하면서 삶의 자리에서 예수님의 사랑을 실천하는 것을 꿈꾼다.

하나님의 은혜를 받으면 순교라도 하고 싶지만 고난을 만나면 쉽게 무너진다. 흔들릴 때마다 서로 격려하며 계속 걸어가고 싶다. 하나님은 글쓰기에 좋은 환경을 주셨다. 집에서 가까운 곳에 주립공원(Tallman Mountain NY State Park)과 허드슨 강(Hudson River)이 있어서 초고를 다시 정리하게 되었다.

성경 묵상을 시작한 동기가 있었다. 한국에 사시는 모친이 지병으로 고생하신다는 소식이 전해졌다. 우리 부부는 한국에 들어가 '홈 스쿨링 학교'에서 사역을 하면서 모친을 돌보았다. 2년이 지나 우리는 미국으로 돌아오게 되었다. 그동안 미혼인 두 아들은 많은 어려움을 겪었다. 이전에 살던 집이 홍수로 방이 침수된 일도 있었다. 그 때는 작은 집으로 이사한 지 얼마 되지 않았기 때문에 할 일이 많았다. 그러나 '성경을 처음부터 철저하게 묵상'하고 싶었다. 그래서 창세기 1장부터 시작하여 창세기 3장까지 묵상을 시작했다. 그런데 창세기 3장을 묵상하며 글을 쓰다가 '마음 속에 감동'이 밀려왔다.

아담과 하와가 사탄의 미혹을 받아 타락하였다. 그들에게서 '하나님 형상의 영광스런 빛'이 사라지게 되었다. 아담과 하와는 마치 물에 빠진 생쥐 부부(?)처럼 나무 뒤에 숨었다. 사탄은 하나님이 찾아오기 전에 이 모습을 바라보며 조롱한다. '꼴 좋다! 하나님의 형상을 지닌 사람 꼴이라니!' 가뜩이나 무섭고 두려운 그들에게 사탄의 조롱과 비방은 '몸과 영혼을 깨트리는' 번갯불이 되었다. 사탄은 실컷 아담과 하와를 조롱한다. '그 날 바람이 불 때 여호와 하나님이 임재하는 소리가 에덴 동산'(창세기 3:8)에 들린다. 하나님이 찾아왔지만 아담과 하와는 '달려오지도 않고 얼굴도 내밀지 않는다.'

이 모습을 본 사탄이 하나님 앞에 나섰다(?). 사탄은 하나님이 아담과 하와에게 말을 걸기 전에 산이 무너질 정도의 '큰 소리(?)'로 이렇게 조롱(?)한다. "그 어떤 천사와 나에게도 주지 않던 '하나님의 형상'이 아닙니까? 그런데 사람에게 덧입혀 주셨습니다! 하! 하! 하!… 저들의 꼬락서니는 어떤가요? 도대체 그렇게 유치 찬란한 '하나님의 형상'은 어떻게 되었습니까? 이제 하나님의 계획은 무엇입니까? 하! 하! 하! 그렇게 침묵하지 말고 어서 말씀해 보세요! 하! 하! 하!"

나는 여기까지 묵상한 내용을 아내와 나누면서 함께 통곡하였다. '하나님의 아픈 마음(♥)과 눈물(? 요한복음 11:35)(💧)'을 '갑자기

접하게(?)'되었기 때문이었다. 온몸이 떨려 왔다. 지금까지 '하나님은 나의 죄 때문에 사탄에게 얼마나 조롱받았을까?'라는 생각 때문에 부끄럽고 창피했다. 성령님께서 끝없이 탄식하는 '괴물처럼(?)' 살지 않았는가? 사람들이 배반하며 떠나갈 때 아픈 마음을 하나님 앞에서 정직하게 '쏟아 놓지 못했다'. 하나님께서 나를 점점 더 훈련하며 다듬어 가시는 계획을 알지 못했다.

애꿎은 가족에게 상처를 쏟아 놓으며 '불처럼 화를 낸 적'이 얼마나 많았던가? '하나님만 바라보고', '십자가만 바라보고', 믿음으로 산다고 하면서 '그렇게 낙심'했다. 회개가 터졌다. 시궁창에 빠져 '더러운 물을 떨어뜨리면서' 떨고 있던 아담이 바로 나다. 그런데 갑자기 모든 것을 잠재우며 '하나님이 말씀하시는 목소리'가 들린다. "아담아! 어디 있느냐? Where are you?"(창세기 3:9). 영원히 죽게 된 죄인을 '직접 찾아 오시다니!'. 하나님이 나를 부르고 있는 것이 아닌가? 구원자 예수 그리스도를 보내주신 하나님의 자존심(?)을 생각하며 '눈물 속에서 뜨겁게 감사'하게 된 시간이었다(배성현, 창세기 개인 묵상 노트, pp. 11-16 요약).

성경 묵상이 주는 은혜 때문에 '하나님의 마음(♥)을 찾아 성경을 묵상하며' 글을 쓰는 작업을 하게 되었다. 결심은 쉽지만 결단이 필요했다. 외부 만남과 SNS를 멈추고 하루에 최소 11~12시간씩 집중하면서 성경을 읽고 묵상하며 글을 썼다(참고: 황농문 교수는 '집중과 몰입의 전략'을 제시한다. 여러 현장에서 3~5년 동안 불가능했던 문제들이 해결된 사례들은 큰 도전이 되었다. 황농문, pp. 344-359).

가족들과 저녁식사 후 찬송하며 묵상한 내용을 나누었다. 가족들은 기도하며 '글쓰기 작업'을 응원했다. 우리 가족은 성경을 묵상하기 시작한 집에서 6년 동안 살았다. 하나님은 그동안 많은 은혜와 간증을 주셨다. 책상에 오랫동안 앉아있다 보니 허리와 어깨가 아팠다. 운동이 필요했다. 산책 중에도 성경 본문의 중심 단어를 읊조리며 '하나님의 마음'(♥)을 묵상했다. 산책 중에 마주한 풍경이 '하나님 마음'을 표현해 주었다. 그때부터 쓴 시(詩)들이 이제는 500편 이상이 되었다.(참고: 배성현, 『주님 내 안에 내가 주 안에』 시화집 1집)

이 책은 하나님의 끝없는 **사랑 이야기(God's love story(♥))**이다. 아담과 하와가 에덴에서 하나님과 교제한 것과 타락, 시편, 예레미야서, 광야, 성경을 묵상한 칼럼, 각종 표시와 시를 수록했다. '내 마음이 좋은 말로 왕을 위하여 지은 것을 말하리니 내 혀는 글솜씨가 뛰어난 서기관의 붓끝(✍)과 같도다. My heart is stirred by a noble theme as I recite my verses for the King: my tongue is the pen of a skillful writer.'(시편 46:1)라는 말씀은 힘이 되었다. 신학 연구와 배움이 부족하여 성경적으로 또한 신학적인 문제가 있을 수 있다.

이 책은 '하나님 마음(♥)을 찾으며', 성경 본문과 자연을 더 깊게 묵상 하는 작은 실험실(laboratory)이다. 그러나 성경적으로 신학적으로 또는 문제가 되는 부분을 제시해 주면 언제든지 기쁘게 수정할 것임을 밝힌다.

이 책을 쓴 목적은 무엇인가?
Purpose of this book

✝

첫째, 코로나 팬데믹(Pandemic)과 코로나 블루(Covid-19 blues)로 인하여 고립감, 무력감, 외로움 등으로 소통이 제한되는 새로운 경험을 하게 되었다. 증가하는 비대면(virtual) 접촉은 진정한 만남을 갈망하게(⬆) 했다.

그러나 '하나님과 진정한 만남'이 적기 때문에 교회학교 학생들이 점점 감소하고 있다. 영적 욕구는 있으나 탈진되어 제도권 교회에 출석하지 않는 사람들이 증가하고 있다(SBNR: Spiritual But Not Religious). 인터넷 설교만 찾아 떠도는 '가나안 교인'(Floating Christian)들이 많아졌다(지용근, 『한국 교회 2023 트랜드』, pp. 3-15). 이러한 위기 속에서 이 책이 보여주는 '실험적인 방법들'이 가정과 교회의 '소그룹 또는 일대일' 모임과 온라인 만남에서 새로운 자료와 표지판으로 쓰여지길 바란다.

둘째, 이 책은 MZ세대와 알파세대들도 흥미를 갖도록 만들었다.

성경의 사건, 주제, 중심 단어 등을 그림과 기호, 이모지(emoji) 등으로 표현했다. 성경 읽기와 묵상에 대한 이모지가 없어 이것을 만들어 도움을 주고 싶었다. 성경적인 묵상을 따라 숨겨진 배경과 등장인물들의 행동을 '새로운 이야기'로 만들고 시(詩)와 노래(♩♪)로 표현해 보도록 인도한다.

이러한 다양한 활동은 개인과 가정과 교회와 공동체에 활력을 제공한다. 이것은 '성경 공부와 묵상 모임'의 참석자들이 자신의 특성에 따라 다양한 방법을 통해 동참할 수 있도록 요청한다. 과제로 주어진 성경 묵상 내용을 서로 질문하고 나누며 배우게 된다. 그 이유는 활발한 질문과 대화는 성경 속에 '숨겨진 보물을 발견하는 기쁨'을 배가시켜주기 때문이다(하브루타문화 협회, 『하브루타 네 질문이 뭐니?』, pp. 106- 123). 성경을 읽고 묵상하며 인도자와 참석자가 함께 하나님의 마음(♥)을 찾는 모습을 상상할 때 마음이 벅차오른다(요한계시록 1:3).

셋째, 이 책이 성경 속독, 오디오 듣기, 성경 필사, 성경 암송과 다른 점은 무엇인가?

성경 속독과 필사는 성경 본문을 반복하여 되새기는 유익이 있다. 성경 암송은 성경을 기억하고 마음에 새길 수 있는 장점이 있다. 그러나 이 책은 묵상한 성경을 실천하는 씨름(wrestling)을 계속하도록 요청한다. 큐티(QT)의 장점을 확대하고, '하나님의 마음'을 더 깊게 묵상할 수 있는 실험적인 방법을 제시했다. 영적 독서(Lectio

Divina)방법을 쉽게 따라 해볼 수 있도록 제안한다. 그리하여 '예수님으로 충분하다!(Jesus is enough)', '성경 묵상으로 충전하라!'고 고백하도록 한다. 성경을 읽고, 듣고, 마음에 새겨 지키면 어떻게 될까? 하나님은 그 사람에게 '원수와 선생과 노인'이 줄 수 없는 명철함을 주신다(시편 119:97-100). 목회자와 교사와 부모들이 먼저 '성경 말씀을 묵상하는 기쁨'과 '은혜의 복음'에 다시 한번 풍덩 빠지길 바란다.

넷째, 성경 본문 속에서 '하나님의 의도와 마음(God's Mind ♥)을 묵상하고 관찰'하는 새로운 방법을 소개한다.

하나님의 마음과 나의 마음이 만날 때 '사랑의 불꽃'이 일어난다. 일대일로(1:1) **삶의 자리**(Sitz im Leven, marketplace)에서 **소금과 빛**'(Salt & Light)이 되어 함께 '하나님 나라를 맛보길' 바란다. 일상의 삶에서 말씀을 적용하는 것이 성경 **묵상의 꽃이요 열매다.**

이 책은 **학교**(교회 학교, 미션 스쿨), **교회**, 가정과 **소그룹**(small group)에서 하나님의 의도와 마음을 따라 구체적으로 실천할 방법을 찾도록 인도한다. 그리하여 모든 성도들이 계속하여 예수 그리스도와 **진정한 만남**(authentic encounter)을 갖게 되길 바란다. 교회와 학교와 가정과 소그룹에서 '성경 속에 나타난 하나님 마음을 묵상'(학-교-가-소-님- 묵-상: 학교가소님 묵상?) 하며 실천할 때 부흥의 불길이 번지게 된다. 삶을 공유하며 사회의 아픔을 나누는 가정과 교회와 공동체가 견고하게 세워지길 기도한다.

1부

성경에서 하나님 마음(♥)을 찾아보며 묵상하기
Bible meditation to seek of the heart of God

1장

성경(📖) 묵상과 글 쓰는 방법
Bible meditation & writing

1. 어떻게 성경 본문의 주제를 선별하고 진행하는가?
Finding and choosing a particular theme in a Bible text

성경 본문에 나와 있는 모든 주제를 다룰 수 없기 때문에 주제를 선별한다. 그러나 선택한 주제일지라도 글의 한계성 때문에 특별한 주제를 선택한다. 성경 본문을 관찰한 목록을 가지고 중심 인물과 사건, 문제와 역사적 배경을 살펴본다. 본문 배경을 요약하는 개요서들을 참고한다.

매일 집필 시간과 주간, 월간 계획을 세운다. 그러나 3~4시간 글을 쓴 후에는 손목과 목 운동, 자세 바꾸기, 따뜻한 차 마시기, 간식 후 산책을 한다. 글쓰기를 무리하게 진행하지 않는다. 그러나 그때에도 쓰고 있는 주제를 집중하여 묵상하며 새로운 깨달음이 있을 때는 즉시 메모한다. 여러 장의 메모지들은 마치 씨를 뿌려 놓듯이 노트 여러 곳에 붙여 놓는다.

한 주제를 쓰고 난 후에는 노트의 줄을 최소 5~6줄, 어떤 주제는 반 장씩 여백을 두어 나중에 보충한다. 주제에 따라 보통 4~6 쪽 혹은 8~10 쪽을 글을 쓴 후에는 소리를 내어 읽어본다. 한 주제의 묵상과 글 쓰기가 마치면 내용을 다시 읽으며 오자와 탈자를 수정한다.

2. 먼저 하나님의 의도와 마음(♥)을 살필 수 있는 부분을 묵상한다.
Meditate first on a section that provide insight into God's heart

성경을 묵상하면서 중심 주제와 단어와 상황을 색연필로 표시하며 적는다. 그런 다음 전체 모습을 살펴본다. 주제가 정해지면 계속 묵상하면서 글을 쓰기 시작한다. 글을 쓰면서 신비한 길을 여행하게 된다. 처음부터 마음 속에 깨달은 것들을 표현할 수 없다. 그래서 여러 번 동일한 주제와 내용을 반복해서 쓰게 된다. '깨달은 것을 어떻게 표현해 볼까?' 계속해서 써가며 기도로 씨름할 때 풀어진 것들이 많다.

한 주제를 붙잡고 4~5시간 동안 쓸 때도 있다. 머리와 가슴 속에 기쁨과 영감이 '회오리 바람(🌀)'이 불어오듯, 파도(🌊)가 치듯, 비가 쏟아지듯(🌧)내리게 된다. 그래서 단숨에 3~4 쪽 혹은 8~10 쪽을 손이 아프도록 쓸 때도 있다.

성경 본문을 묵상하며 깨달은 것을 그림과 기호로 컴퓨터에 입력할 수가 없을 경우에는 언제나 노트를 휴대하고 계속 쓴다. 쉴 때도, 식사할 때도, 걸을 때도 그 주제와 사건에 대한 숨은 뜻과 의미(hidden purpose & meaning)를 깨닫도록 기도한다. 그렇게 하면 하나님께서 놀랍게 안개가 걷힌 듯 갑자기 깨달음 즉 돈오(頓悟, sudden enlightenment)를 주신다.

글을 쓰기 전에 관찰한 것을 기초로 저자의 의도와 목적을 객관적으로 살펴 본다.(참고: Kay Arthur, 『How to study your Bible-The Lasting Rewards of the Inductive Method』, pp. 20-26)

다음으로(⬇) 위에서 '하나님(⛰)이 바라보는' 것처럼 이 상황, 사건, 일에서 하나님이 원하시는 것이 무엇인지 살핀다.

그리하여(👣) 성경 본문이 전개되고 있는 상황 속에서 내가 있었다면 '어떤 마음(🖤) 이었을까?' 혹은 '하나님(⛰)이 원하시는 것이 무엇인가'를 계속 묵상한다.

3. 어떻게 성경 본문을 묵상하며 글쓰기를 시작하는가?
How to begin the writing process upon Bible meditation?

성경 본문을 묵상하며 글을 쓰는 작업은 단순히 받으면서 반복하는 씨름이다. 우리의 적극적인 활동(positive action)이라기 보다는 수동적이면서도 한편으로는 적극적으로 묵상(active meditation)( )을 해야 한다. 내가 쓰고 싶은 것을 쓰는 것이 아니라 본문에 숨어 있는 의미와 주님의 의도와 마음(♥)이 무엇인지 계속 묵상하는 연습을 해야 한다.

관찰한 여러 목록을 가지고 연결점, 반대, 문제 등을 해결할 수 있는 방법을 끝까지 찾아보는 노력이 필요하다. 발상의 전환도 필요하다.

예를 들면 ROK는 항상 대한민국(ROK: Republic of Korea)만을 상징하는 것이 아니다. 재구성(Reframing)의 알파벳 첫 글자 R, 관찰(Observation)의 O, 지식(Knowledge)의 K를 나타내는 것으로 바꾸어 생각할 수 있다.

어떤 사건이나 상황에 대한 호기심을 가지고 관찰하면 새로운 모습을 찾아볼 수 있다(김광희, 『미친 발상법』, pp. 8-10). 나짐 히크메트(Nazim Hikmet)는 1902년 터키에서 태어나 17년 동안 투옥되었다. 그는 극작가와 시인이었는데 러시아에 망명하여 생을 마감했다. 그는 두렵고 희망이 사라진 감옥에서 '진정한 여행(A True

Travel)'이란 시를 썼다(김광희, p. 314).

> 가장 훌륭한 시는 아직 쓰여지지 않았다.
> 가장 아름다운 노래는 아직 불려지지 않았다.
> 최고의 날들은 아직 살지 않은 날들,
> 가장 넓은 바다는 아직 항해되지 않았고
> 가장 먼 여행은 아직 끝나지 않았다.

성경을 더 깊게 읽고 묵상하는 항해를 시작한다. 성경을 묵상하고 집중하면 '지금까지 알지 못한' 것을 깨닫게 된다. 하나님의 감동을 받아 쓰는 것은 어떤 것인가? 성령님의 감동을 받아 단순하게 받는 것은 무엇인가? 교사가 불러주는 문장과 글을 학생들이 그대로 적는 것(dictation writing)과는 다르다. 중심 단어에 대한 관찰표를 만들면서 질문과 묵상을 하다보면 속뜻이 밝혀질 때가 있다. 또는 어떤 깨달음이 번개처럼 스쳐갈 때가 있다.

"하나님은 그의 백성들에게 은혜롭게 자신을 드러내신다. 때로는 성경 말씀으로, 때로는 찬송 가사들이 마음에 감동으로 다가온다. 주님의 임재를 느끼게 된다. 이때 주님의 지혜를 구한다". "God graciously reveals Himself to His people, such as through the words of the Bible; through His still, small voice, through a refrain of a hymn; or even just an awareness of His presence. When this happens, we can seek His wisdom and help"(Our Daily Bread, July 4, 2022)

4. 묵상이 어렵고 힘들 때는 어떻게 하는가?
What to do when Bible meditation gets hard?

영감의 흐름이 멈춘 것을 어떻게 알 수 있는가? 달리기를 계속하면 몸이 지치고 갈증이 심해지는 것을 스스로 깨닫는다. 글을 쓸 때 중심 단어와 주제와 알맞은 글이 떠오르지 않을 때가 있다. 하나님(▲)의 감동과 깨달음이 멈추어진 것을 알게 된다. 이때는 쓰던 것을 멈추고 물을 마시고 가볍게 간식을 하고 쉰다. 산책과 집안 청소, 운동 등을 하면서 **재충전의 시간**을 갖는다.

그러나 일상의 일을 계속하는 동안에도 성경 본문의 핵심과 단어와 주제를 계속 묵상할 때 일상 속에서 감추어진 의미가 밝혀질 때가 있다. 그러면 그 꼭지, 단어, 뜻, 고리, 흐름과 연결점이 풀린다. 마치 막힌 길이 뚫리듯 이해의 길이 열리게 된다. 깨달음이 있을 때는 산책하러 갈 때도 길을 멈추고, 자동차 운행 중에도 갓길에 차를 주차하여 즉시 메모한다.

메모한 것을 중심으로 더 묵상하며 글을 써내려 간다. 마치 한 양동이 물을 전부 쏟아 놓을 때까지 인내하며 기다려야 한다. 한번 써놓은 글이라도 계속 추고하고, 삭제와 첨부를 한다. 그러나 본래 깨달은 기본 틀(framework)을 유지한다. 그러나 만약 기본 틀이 잘못되었다고 생각될 때는 과감하게 수정한다.

5. 성경 묵상과 기도(🙏)의 중요성은?
Why are meditation and prayer important?

'어두운 눈을 밝혀 주소서! 주의 기이한 빛을 보게 하소서!'

기도하며 읽는다(시편 119:18).

'하나님 말씀 속에서 하나님의 마음(♥)을 알게 하소서!'

'말씀의 속뜻을 풀어주소서!'

하나님의 의도와 마음이 파악될 때까지 계속 되새기고 되새긴다.

마음(♥)에 부딪쳐 올 때까지 묵상한다

마음(♥)에 불꽃이 피어오를 때까지 기다린다.

마음에 깨달아지는 것(♥)을 차례로 5W1H 방법으로 되새긴다.

나에게 주시는 특별한 교훈을 받는다.

'말이나 근사한 형식에 얽매이지 말라. 기도는 잘 듣는 것이다. Don't worry about words or Formulas. Prayer is listening(Keith Mc Clann, p. 4).'

본문에 등장하는 인물의 역할 속에서 하나님이 원하는 것이 무엇인지 살핀다. 현장을 취재하는 기자처럼 '전체 그림과 조각'을 맞추어 본다.

렌즈를 이용하면 종이에 불을 붙일 수 있다. 집중하여 원인과 결과와 사실(fact)을 등장 인물을 파악한다. 문제점을 해결해가는 과정을 살피고 갈등과 변화를 살핀다. 전통적인 관점에서 벗어나 '새로운 관점'을 찾는다. 사고의 전환(🔄)을 통해 성경 속에 숨어있는 속 뜻을 끝까지 찾겠다는 '묵상의 불(?)'을 계속 점화(reboot)시켜야 한다.

1부

2장

성경(▦) 본문 관찰과 하나님(▲)의 의도와 마음(♥)을
묵상한 방법
Observation of the Bible text seeking for God's intention

1. 어떻게 성경 본문을 관찰하는가?
How to observe the Bible text?

(참고: Kay Arthur, 『How to study your Bible-The Lasting Re wards of the In ductive Method』, pp. 27-55)

1. 성경 본문의 숲(🌲)과 그 속에 있는 나무(🌲)와 골짜기를 파악한다. 본문을 여러번 천천히 읽는다. 때로는 집중하여 본문의 주제와 중심 단어을 파악하기 위해 소리를 내어 읽는다. 당시 문화적 환경과 역사적 배경 및 특징, 본문에 나타난 비교와 대조, 강조되는 단어와 인물, 비유, 저자의 의도, 주제와 목적, 사건, 영향, 점차 증가하는 것, 축소되는 것, 확대 등을 일정한 표시와 기호로 만든다. 그런 다음 각 목록(list)을 종합하여 묵상한다.

2. 묵상의 중심 주제는 본문을 통해 '하나님의 마음(❤)이 어떻게 나타나 있는지' 살피는 것이다. 먼저 하나님의 의도와 강조, 호소, 요청 등이 직접적으로 또는 간접적으로 나타난 것을 살핀다. 본문이 침묵하고 있는 것과 생략한 것은 본문을 기초로 묵상한다. 처음에는 조용히 앉아 본문과 관찰한 목록을 붙들고 기도(🙏)하며 씨름한다. 글로 표현할 수 없는 것들은 기호, 도형과 상징을 만들어 표시한다. 그림은 되도록 단순하게 그린다. 이모지(emoji)와 이모티콘(emoticon)을 사용하여 그것들을 이어주는 대화와 이야기를 만든다.

3. 전체 내용을 관찰한 후에 중심 주제와 하나님이 본문을 통해 특별하게 의도하신 것이 무엇인지 살핀다. 주제와 하나님의 의도를 써내려 간다. 이때 깨달음과 마음의 감동(❤)을 붙들고 끝까지 인내

하며 집중한다. 글을 쓰면서 단락이 바뀔 때마다 사이 띄기를 최소 3~5줄 만들어 놓는다. 그 이유는 글을 다 쓴 후에 첨삭하고 필요한 그림을 그리고 기호와 표시를 넣을 수 있기 때문이다.

2. 실험적으로 묵상한 방법은 무엇인가?
What are different ways to meditate on the Bible?

성경을 하나님 마음 따라 묵상한 방법은 '**하나님 마음**(God's Mind)을 **최선의**(PRIMO) **방법**으로 **묵상**하여 **소금과 빛**(Salt & Light)으로 **산다**'는 것이다. 그 방법은 다음 단계를 따라 진행한다.

하나님 마음(GM: God's Mind ♥)을 알기 위한 묵상 방법

P (Pray 기도한다): '내 눈을 열어 주의 율법에서 놀라운 것을 보게 하소서!'(시편 119:18).

R (Read 읽는다): 성경 본문을 천천히 읽고 또 읽는다.

메모 독서법 'SQ3R', 훑어보기(Survey), 질문하기(Question), 자세히 읽기

(Read), 재검토하기(Review), 암송하기(Recite)를 성경 묵상에 활용한다.

(참고: 신정철, 『메모 독서법』, 위즈덤하우스)

I (Intention 의도를 살핀다): 성경 본문에 나타난 하나님의 의도를 파악한다.

> **표시(Marking)한다**: 일정한 방법에 따라 색을 달리하여 표시한다.
>
> **편집(Editing)한다**: 성경 본문의 문장을 새롭게 편집하며 노트에 정리한다.
>
> **그림(Drawing)을 그린다**: 성경 본문의 핵심 주제와 단어, 인물과 사건을 그려본다.
>
> **기호(Symbols)를 사용하여 표시한다**: 성경 본문을 구분해서 분류하여 표시한다.
>
> **질문(Question)을 만든다**: 본문에서 무엇이 문제인가? 왜? 그런 일이 벌어졌나? 어떻게 해결되었나? 그 결과는? 등의 질문을 만들어 묵상한다.

M (Meditate 묵상한다): 성경 본문을 계속 되새기며 깊게 묵상한다.

> *** 큐티(QT) 방법에 따라 성경 본문을 묵상하면서 살펴(examine)본다.**
>
> **NT(New Thoughts on God)**: 하나님에 대해 새로운 관점과 깨달음이 있는가?
>
> **SPACE(Sin to confess)**: 고백하고 회개할 죄가 있는가?
>
> > **(Promise to take)**: 붙잡아야 할 약속이 있는가?
> >
> > **(Avoid to act)**: 피해야 할 행동이 있는가?

(Command to obey): 순종해야 할 명령이 있는가?

(Example to follow): 따라야 할 모범이 있는가?

* Lectio Divina(영적 독서) 방법에 따라 성경 본문을 묵상하며 되새긴다.(참고: 프랑스 베네딕트 수도사 돔 마미온, Dom Columba Marmion)

Lectio(읽기) 우리는 읽는다.

Meditatio(묵상하기) 하나님의 눈 아래에서

Oratio(직면하기) 말씀이 마음에 부딪쳐 오도록

Contemplatio(되새기기) 마음에 불꽃이 피어오를 때까지

O (Observe 관찰한다): 성경 본문에 나타난 객관적인 것들을 자세히 살핀다.

배경(Background): 시대와 당시 상황, 역사, 환경, 문화를 살핀다.

비교(Compare): 전후 문맥과 본문 장(chapter)에서 먼저 찾는다.

대조(Contrast): 전후 문맥과 본문 장(chapter)에서 살펴본다.

강조(Emphasize): 본문에서 무엇을 강조하는지 찾는다.

경고(Warning): 경고하는 내용과 이유를 찾아본다.

격려(Encouragement): 격려하는 내용과 목적을 살핀다.

명령과 요청(Command & Request): 직접, 간접적인 내용을 살핀다.

관찰(Observation)하고 **묵상**할 때 주의해야 한다.

(참고: 1. 성경 본문, 2. 본문 성경 장(章, chapter), 3. 해당 성경, 4. 구약 전체, 5. 신약 전체를 살펴야 한다).

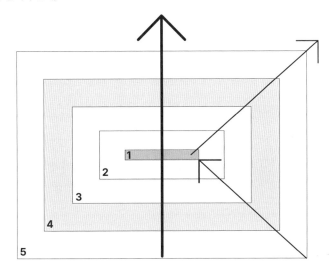

본문에서 묵상한 내용이 그 전후 문맥과 **그 장**(章, chapter)과 **해당 성경**에서 어떤 모습을 보여 주는지 살핀다. 그런 **다음 해당** 성경에서 어떤 위치와 뜻을 갖는지 관찰한다. 더 나아가 그 시대에 쓰여진 다른 성경과 전체 내용과 어떤 조화를 이루고 있는지 알아야 한다. 그런 후 **전체 성경**에서 말하고 있는 것도 살펴야 한다.

PRIMO(참고: Primo는 'Quality of excellence, first, best 품질이 뛰어남, 최선, 첫째' 뜻이 있다) 단어를 사용한 성경 묵상 방법이다. 이 방법으로 성경 본문 속에서 '끝이 없고 무한하신(∞) 하나님 마음(God's Mind ♥)을 묵상하고 관찰'하는 목적은 무엇인가?

그것은 바로 나의 **삶의 자리**(Sitz im Leven, Market-place)에서 **'소금과 빛'**(Salt & Light 마태복음 5:13-16)으로 살기 위한 것이다.

그 이유는 일상의 삶에서 말씀을 적용하는 것이 성경 **묵상**의 **꽃과 열매요 정점**이기 때문이다. 그래서 다음과 같은 표시와 공식(?)을 만들었다.

하나님 마음(God's mind)을 찾으려고 최선(Primo)을 다해 성경을 묵상한다. 그 목적은 예수님처럼 우리도 '한 줌 소금(Salt)'과 '한 줄기 촛불(Light)처럼' 묵상한 성경 말씀을 실천하는 것이다.

> 즉 God's Mind ∞▲ …PRIMO… ↔ …Salt & Light ⤵으로
> **실천한다.**

학교(교회 학교, 미션스쿨), 교회, 가정과 소그룹(small group)에서 하나님 마음(♥)을 따라 성경을 묵상한다.

그리하여 계속 예수 그리스도와 진정한 만남(authentic encounter)을 경험하기 바란다. **학-교-가-소-님-묵-상**(학교가소님묵상?)의 **별칭**(?)이다. 성경을 읽고 묵상한 말씀을 실천하는 영적 부흥이 번지길 기도한다.

성경 말씀을 계속 실천하는 것은 기본적인 신앙의 인식을 새롭게 한다. '말씀의 **'실천⇨인식⇨재실천⇨재인식'**의 과정이 반복되어 가정과 교회와 사회가 발전한다. 성경을 읽고 묵상하지만 실천하지 않으면 다리를 만들 수 없다'. 계속 읽기만 한다면 **'인식⇨인식⇨인식⇨인식'**의 과정을 되풀이할 뿐이다. 그렇게 되면 앞으로 나가기는커녕 현실의 땅을 잃고 허공을 떠다니는 관념만 있을 뿐이다.

신영복 교수는 30년 간 교도소에서 수많은 책을 읽고 깨달았다.

그러나 실천할 수 있는 현실이 제한되어 있어 고통스러워했다. 그는 눈 오는 날 운동장에서 눈사람 하나를 만들었다. 그리고 가족에게 '나는 걷고 싶다'고 편지를 썼다. 눈사람이 걷지 못하고 '눈 뭉치라는 사실'이 자신의 이마를 때린다고 적었다(신영복, 『형수에게 보내는 편지』, pp. 279-280, 388). 성경을 읽고 묵상하지만 실천하지 않는 것은 계속 더 큰 눈사람만 만드는 것이다. 엄청난 크기의 눈사람을 만들었지만 햇볕이 비치면 2~3일 안에 전부 녹아 버린다. 하나님께서 주신 세월을 아껴 '성경을 읽고 묵상한 후' 기도하여 한 줌 소금으로 살고 싶다. '행함이 없는 믿음은 그 자체가 죽은 것이기 때문이다'(야고보서 2:17).

성경 읽기와 묵상과 기도와 실천은 한 덩어리다. 즉 '성경 읽기와 묵상↔기도↔실천'은 서로 영향을 끼치는 영적 성장의 필수 영양제다. 기도가 깊어질 때 성경이 하나님의 말씀으로 새롭게 다가온다. 처음에는 성경의 말씀들이 은혜롭게 느껴진다. 그런 다음 성경 말씀들이 직접 나에게 말씀하는 것처럼 느껴진다. 그 단계를 지나면 시공간을 초월하여, 내가 성경에 기록된 그 현장에 참여하는 것처럼 되어진다. 말씀의 기쁨을 느낀 사람은 영혼을 사랑하여 '복음의 말씀'을 전하며 삶을 나누게 된다.

성경을 묵상할 때 '하나님의 의도와 마음(♥)을 질문하면서 관찰하는 것'이 왜 중요한가?

질문은 학습과 이해와 발견의 출발점이기 때문이다. 통찰하고 상상하는 질문은 잠자고 있는 답을 깨운다. 질문을 통해 문제 해결과 독창적인 방법을 찾을 수 있다. 답이 없는 문제에 답을 찾아야 할 때

'질문이 최선의 정답'을 찾게한다. 질문은 잠금을 해제하고 닫혀 있는 문을 열게 한다. 질문하는 과정에서 비판적 사고력과 호기심이 자극되고 상상력도 자란다.

워런 버거(Warren Earl Burgar)는 **'질문학의 창시자'**임을 자처한다. 그는 사회가 급변함에 따라 학문이 세분화되고 새로운 학문이 계속 등장하는데 '질문과 관련된 학문'이 존재하지 않는 것은 모순이라고 지적했다. 워런 버거(Warren Earl Burgar)는 '어떻게 질문해야 할까(Why or How, Why Not)', '최고의 선택을 위한 최고의 선물(The Books of Beautiful Question)'을 썼고, 1969~1986까지 미국 연방대법원장을 역임하면서 수많은 책을 저술했다.

질문하는 습관을 길러 일상에서 새로움을 발견하는 것은 무엇인가?

* **상황**에 따라(던져야 할 질문, 던지지 말아야 할 질문)
* **문제**에 따라(문제를 돌파하는 질문)
* **생각**에 따라(아이디어를 찾기 위한 질문) 분류하여 질문이 구체적인 도구로 가능할 수 있도록 설명하고 있다(참고: Warren Earl Burgar, The Books of Beautiful Question).

'질문의 힘'은 무엇인가?

행동을 취하지 않고 **'왜'** 질문만 떠올리면 생각과 대화를 자극시킬 수 있지만 **'변화를 일으키지'** 못한다.

기본 공식 ➡ Q (질문) + A (행동) = I (혁신)이다.

　　　　　　　Q (질문) - A (행동) = P (철학)이다.

행동이 없으면 말 장난일 뿐이다.

(참고: Q는 질문(Question), A는 행동(Action), I는 혁신(Innovation),
P는 철학(Philosophy)

혁신적인 아이디어를 만드는 '3단계 질문'은 무엇인가?

행동을 취하지 않고 '왜' 질문만 떠올리면 생각과 대화를 자극시
킬 수 **왜(why)---만약(why if)---어떻게(how)**라는 단어를 놓
으면 **'만약'**은 상상, **'어떻게'**는 행동이라고 할 때, 첫번째 '왜'의
단계는 이해와 관련된 것이다(참고: Warren Earl Burgar, Why or
How, Why Not).

3. 어떻게 구체적으로 표시하고 표현해 보는가?
Ways to annotate on the Bible text

1) 본문을 있는 그대로 한글과 때로는 영어로 문맥과 구문, 구조
분석을 따라 분류한다.

2) 묵상하고 싶은 성경 본문을 먼저 노트에 쓴다. 그런 다음 핵심
되는 단어와 하나님(⛰)의 마음(♥)이 나타나 있는 단어를 표시하고
일정한 기호와 함께 표시한다. 또한 단순한 그림을 노트 여백에 그린
다. 이렇게 쌓아놓은 관찰의 기초는 깊은 묵상으로 나갈 수 있는 영
적 여행의 재료가 된다. 관찰한 재료를 가지고, 주제가 되는 단어를
특별한 글자, 그림과 컷으로 만들고, 새로운 이야기와 시(詩)로 표현
해 본다.

3) 비슷한 단어와 그룹(예: 통곡과 애통, 슬픔 등)은 일정한 표시로 묶는다. 그런 다음 왜 그런 일이 일어났는가? 그 원인은 무엇인지? 결과는 무엇인지 살펴본다. 성경 본문과 문맥과 관련된 다른 성경을 함께 살핀다.

4) 성경 본문의 주제, 중요한 단어, 사건, 인물, 대조와 비교가 드러나있는 곳을 살핀다. 이때 일반적이고 상식적인 것을 먼저 살핀다. 본인과 자녀들이 죽었을 때, 백성들의 반역할 때, 선지자를 핍박할 때, 선지자를 죽였을 때, 하나님이 재앙을 내렸을 때, 지도자들과 왕들이 하나님의 말씀을 거절할 때, 포로에 끌려갈 때, 예수님이 십자가에 못박혔을 때처럼 위기와 문제가 있을 때 하나님(▲)의 의도와 마음(♥)이 어떻게 나타나 있는지 묵상한다.

5) 성경 본문의 중심 주제와 단어를 간단한 그림을 그려 묵상한다. 그림을 그리고 표기하는 이유는 말씀 묵상을 계속 할 때 '마음을 빼앗기지 않고' 더 집중하고 몰입할 수 있기 때문이다.

예) 시편 23편
* 양(🐑)에게 필요한 것은 무엇인가? 풀(🍀)과 물(💧)이다.
* 양을 공격하는 동물은 무엇인가? 양이 절망할 때는 언제인가?
* 양을 밤과 더위와 추위에 보호해줄 사람은 누구인가?
* 양과 목자(👤)의 관계와 사람과 하나님(▲)과 관계를 비교한다. 동물의 천적은 부모도 막지 못한다. 동물을 제어할 인간 즉 목자가

필요하다. 인간의 고통을 누가 해결할 수 있을까? 인간인가? 하나
님인가?

* 하나님이 인간을 향한 마음(♥)을 살펴본다.
* 선한 목자(🔺🐑👤)와 삯군 목자, 예수님을 묵상한다.

6) 본문의 외적 표현(outward expression)을 넘어 중심적인 의
도가 무엇인지 숨겨진 마음을 살핀다. 성경 본문의 주제를 표시한다.
본문에 여러가지 주제가 있어도 되도록 한 개의 주제만 다룬다. 원어
와 어원적인 고찰을 나중에 살피는 것은 본문 관찰과 묵상에 집중하
기 위함이다.

7) 쉽게 이해할 수 있도록 일상의 경험과 사건을 사용하여 하나님
의 마음(♥)을 표현한다. 성경 본문에서 등장하는 사람들이 선과 악
을 행하는 원인과 이유를 살핀다. 그 악행자가 바로 자신이라고 생
각한다. 어떻게 회개할 수 있는가? 하나님의 요청에 어떻게 응답해
야 하는가? 하나님께서 '네가 나를 버렸고 내게서 물러갔으므로…내
가 뜻을 돌이키기에 지쳤다. You have rejected me, You keep on
backsliding…So I can no longer show compassion(예레미야
15:6).'는 말씀을 읽게 되었을 때 부끄러워 '얼굴이 화끈'거린다.

8) 관찰과 묵상이 단계별로 깊어질 수 있도록 색과 기호로 일정하
게 구별하여 표시한다. 본문의 사건, 문제, 인간의 반응 등을 묵상할
때 자신이 현장에서 직접 관찰한 기자(reporter)처럼 살핀다.

9) 5W1H 방법뿐만 아니라 더 깊은 내용의 층(layer)이 있는지도 살핀다. 때로는 개연성과 논리성을 넘어 하나님의 마음(♥)이 나타난 당시의 특별한 상황을 살핀다. 스스로 질문을 만들어 대답(Q&A)하는 방법을 사용한다. 문제와 갈등을 파악하고 해결 방법을 찾아본다.

10) 각 성경의 서론 즉 저자, 연대, 시대적 배경, 주제, 목적은 개요에 대한 참고서를 활용한다. 그러나 성경의 광산에 들어가서 '묵상하는 연장'을 사용하지 않으면 광맥을 찾을 수 없다. 땀이 흐르고 마스크에 먼지가 잔뜩 낄지라도 인내하며 끝까지 '하나님의 의도와 마음(♥)'을 찾아내야 한다.

11) 성경 본문에 나타난 '하나님(▲) 마음(♥)'을 더욱 생생하게 표현하려고 그림을 그린다.

예) 민수기 28:1-8, 출애굽기 29:38-46에서 왜 하나님은 아침저녁으로 양을 바치도록 명령했는가?

하나님의 마음(♥)은 영원부터 영원까지 오직 '어린 양 예수 그리스도'임을 묵상하게 되었다. 하나님의 머리와 눈과 코와 입

(?)에는 오직 죽임당한 어린 양(🐑) 예수 그리스도 뿐이다. 그러므로 성경 속에는 '하나님의 어린 양'의 피 냄새가 가득하다. 하나님은 말을 할 때마다 예수 그리스도를 말하고, 예수 그리스도를 통해 일하신다.

12) 신약 성경의 4복음서(마태복음, 마가복음, 누가복음, 요한복음)에 나오는 동일한 사건과 주제는 서로 대조하여 살핀다.

13) 이번 첫 권에서는 각종 명단, 땅의 분배, 족보와 계보, 방주와 성막과 성전의 크기, 성벽의 크기 및 성전과 성벽 공사자 명단 등의 묵상은 다루지 않았다.

4. 어떻게 일정하게 열과 횡을 맞추어 본문을 편집하는가?
Ways to arrange the layout of the Bible text

가장 중요한 것은 성경 본문에 대한 묵상이다. 성경 본문을 묵상하기 위해 여러 방법을 사용한다. 시각적 구분과 이해와 강조를 위하여 중요한 사람과 단어, 주제를 구별하여 표시한다. 주어와 동사, 목적어, 행동, 하나님의 행동과 말씀 등을 행간(行間)을 다르게 쓴다. 중심되는 단어를 큰 글씨체, 혹은 특수한 글씨와 변형된 글씨와 색으로 구분하여 표시한다.

묵상할 성경 본문을 직접 손으로 쓴 다음 하나님(🔺)의 말씀과 행동을 표시한다.

그런 다음, 그 하나님의 말씀에 사람들의 반응과 결과를 살핀다. 일정한 구조로 동사, 목적어 등을 한 줄씩 내려 줄과 칸을 맞추어 표시하며 편집한다. 이렇게 하면 단계적, 시간적으로 연속성을 가지고 묵상에 집중할 수 있다.

예) 요나서 4:1-11 '하나님 여호와께서 박넝쿨을 예비하사 요나를 가리게 하였으니'(6절 중심)

여호와 하나님께서(주어)

　　　　　　　　　　　　　　박넝쿨(❀)을(재료)

　　　　　예비하사(동사)

　　　　　　　　　　요나를(대상)

　　　　　가리게 하셨으니(동사)

　하나님이 말씀하신 것을 마치 선을 그어 놓은 것처럼 한 단락으로 묶어 편집한다. 그 이유는 하나님이 말씀(📖↔❤)하신 것을 일목요연하게 파악하여, 그 내용이 무엇인지를 쉽고 더 깊게 묵상해 볼 수 있기 때문이다.

　본문을 배열할 때는 성경 본문을 일정하게 들여짜는(indent ➡) 형식을 취한다. 횡과 열을 맞추어 화자, 청자, 목적, 장소, 동사, 결과 등을 쉽게 파악하기 위하여 자유롭게 성경 본문을 편집한다. 그러나 중요한 주제와 사건이 전개되고 장과 절과 단락이 바뀔 때에는 줄을 띄어 편집한다.

5. 성경 본문을 묵상하며 사용한 '표시, 그림, 도형'은 어떤 것인가?
Ways to use symbols, shapes, and drawings during Bible meditation

(참고: Barbara Baig, 『How to Be a Writer』 '제4장 창조력'과 '제7장 상상력')

'창조적이란 말은 과거에 아무도 생각하지 못한 것을 찾아 낸다는 의미가 아니다. **나 자신**이 이전에 **생각**하지 못했거나 **상상하지 못한 것**을 찾아낸다는 것이다(Barbara Baig, p. 93).'

* 삼위일체 하나님(Trinity): 노란색은 하나님의 전능, 능력, 권세, 진실함, 정결, 거룩을 상징한다. 삼각형(△)은 삼위를 표시한 것이다. 그러나 성령님의 인격성과 삼위일체에 오해가 없도록 조심해야 했다(Zeb Bradford Long, 『The Dunamis Project Course 1: Experiencing the Person and Work of the Holy Spirit』, pp. 35-46).

> ### 1) 성부 하나님(聖父, God the Father): 창조주,
> ### 우주의 근원자는 어떻게 표기할 수 있는가?

❶ 성부 하나님이 말하고, 선언할 때는 이렇게("▲") 표시한다.

❷ 성부 하나님이 손을 내밀어 기적을 행 할 때는 이렇게(△) 표시한다.

❸ 성부 하나님이 즐거워하며 기뻐 할 때는 이렇게(♪) 표시한다.

❹ 성부 하나님의 마음은 이렇게(♥) 표시한다.

❺ 성부 하나님의 통치는 이렇게( ) 표시한다. 이것은 보좌에 앉아

통치하는 모습이다.

❻ 하나님의 임재(God's presence)와 강림과 하나님의 현현(God's Revelation)은 이렇게(△⇨) 표시한다.

❼ 하나님의 진노와 심판은 이렇게(⚔) 표시한다.

❽ 하나님과 인간이 친밀한 교제를 나누는 것은 이렇게(△👫) 표시한다.

❾ 하나님조차 당황(?)하게 하는 인간의 배반, 거절, 타락은 이렇게(△?) 표시한다.

❿ 하나님의 아픔은 마치 밴드(bandage)를 붙이고 있는 것처럼 이렇게(♥🩹) 표시한다.

⓫ 하나님은 인간에게 은혜를 베푸시며, 하나님께서 얼굴을 들어 말씀(△‿)하신다.

⓬ 하나님에게 돌아오거나 회개하는 것(repent)은 이렇게(🔙) 표시한다.

⓭ 하나님이 인간과 세운 언약(covenant)은 이렇게(△→📜) 표시한다.

---

2) 성자(聖子, God the Son), 메시야, 예수 그리스도는 어떻게 표기할 수 있는가?

---

❶ 십자가에서 처형을 당해 인류를 위한 속죄자, 메시야, 사람이 되신 예수님은 이렇게(🏃) 표시한다.

❷ 갈보리 산에서 죽임을 당한 예수 그리스도를 나타낼 때는 이렇게

( ) 표시한다. 이것은 십자가에서 하나님의 사랑을 보여준 하나님 아들의 모습이다.

❸ 하나님의 어린 양(The Lamb of God)은 이렇게( ) 표시한다. 성부 하나님이 인간을 위한 속죄 제물(ransom for mankind)로 보내신 분이다.

❹ 태초에 계신 말씀, 즉 로고스(Logos)이신 성자 하나님은 이렇게 ( ) 표시한다.

---

3) 성령(聖靈, Holy Spirit)하나님은 어떻게 표기할 수 있는가?

❶ 성령 하나님은 이렇게( ) 표시한다.

❷ 성령 하나님의 불(fire)같은 특성은 이렇게( ) 표시한다.

❸ 성령 하나님은 언제나 성부와 성자를 드러내심( )을 이렇게 표시한다.

❹ 성령 하나님의 역사, 임재, 감동, 역사 하심은 이렇게( ) 표시한다.

❺ 성령 하나님의 기름 부음을 이렇게( ) 표시한다.

❻ 성령 하나님의 내주와 인치심은 이렇게( ) 표시한다.

❼ 성령 하나님이 말씀하시는 것은 이렇게(' ') 표시한다.

❽ 성령님의 조명과 감동은 이렇게( ) 표시한다.

❾ 성령님의 탄식과 하나님의 눈물(?)은 이렇게( ) 표시한다.

❿ 성경 말씀을 통해 성부의 역사와 성령의 감동과 예수 그리스도의 보혈을 함께 표현할 때 이렇게(') 표시한다.

4) 영적 존재(Spiritual Beings)들을 어떻게 표시할 수 있는가?

(1) 선한 천사(Good Angels)의 표시는 어떻게 표시할 수 있는가?

❶ 하나님의 명령을 받아 일하는 천사의 날개를 가진 모습이다. 때로
는 여섯 날개로 스랍(seraphim)처럼 두 날개는 발을 가리고, 두
날개는 얼굴을 가리고, 두 날개로 날며 찬양() 하는 천사가 있
다(이사야 6:1-7, 요한계시록 4:8-9).

❷ 천사가 하나님의 명령, 말씀을 전달하거나, 천사가 말하고, 하나님
의 말씀의 비밀을 해석해 주는 것 ()을 표시한다.

❸ 천사가 칼을 가지고 있는 모습()을 표시한다.

❹ 천사가 하나님 앞에서 명령을 받아 순종하는 모습을() 표시한
다.

❺ 여러(group) 천사를() 표시한다.

(2) 악한 천사(Fallen Angel), 사탄, 마귀, 귀신은 어떻게 표시할
수 있는가?

❶ 사탄은 본래 하나님을 찬양하던 존재였으나 쫓겨난 것()을
표시한다.

❷ 하나님과 인간 사이에서 항상 비방, 고소, 거짓말하고, 방해, 유
혹, 범죄케하는 악한 천사()를 표시한다.

❸ 악한 마음(♥)을 계속 품어 갈등과 싸움을 부추기는 것(♥♨♥)을
표시한다.

❹ 여러 악한 천사, 사탄, 마귀, 귀신을(🖤) 표시한다.

---

(3) 사람의 마음(soul, mind, heart)을 어떻게 표시할 수 있는가?

---

❶ 사랑의 마음을 표시한다.

❷ 더러워진, 낙심하고, 교만한 마음(🖤)을 표시한다.

❸ 겸손, 순종, 기쁨, 깨끗한 마음(🖤)을 표시한다.

❹ 마음 깊은 곳에서 솟는 생수, 속 사람(inner being)의 기쁨 (🖤)을 표시한다.

❺ 여호와 하나님(성부), 예수 그리스도(성자), 성령 하나님을 향한 마음의 향심(向心)이

❻ 자꾸만 위로 (⬆)불타오르는 마음(🔥)을 표시한다.

예) '내 마음이 속에서 불타올라 답답하여 견딜 수 없나이다.'(예레미 야 20:9).

❼ 마음 속에 세워진 교통 표지판 (🚥)을 어떻게 읽고, 분별하여 행 동할 수 있는가? 만물보다 거짓되고 심히 부패한 모습(예레미야 17:9-11)이다. 더러운 마음에서 나오는 욕심, 살인, 음란, 거짓말, 도적질, 비방 등이 사람을 더럽힌다(마태복음 15:17-20).

❽ 마음(🖤) 속 깊은 곳에서 화산이 폭발하고 지진과 용암이 솟는 다. 하나님께서 성경 말씀을 깨우쳐 주시고 은혜 주시기 위해 마 음을 하시는 것(🌋)을 표시한다. 인간 존재의 근본을 흔들어 '하 나님의 사랑과 인간의 연약함'이 동시에 깨달아지는 신비한 모습

을 표현한 것이다.

❾ 하나님과 어떻게 마음을 열고 대화할 수 있는가? 사람들과 어떻게 마음을 열고 서로 대화하고 교제할 수 있는가를 표현하는 마음(🫀)을 표시한다.

❿ 마음의 귀를 열어두기 위해 마음을 충전하는 것(🔋)을 표시한다. 폭우, 폭설(❄️), 폭풍으로 모든 일상이 중단되었을 때 하나님이 특별하게 우리에게 데이트를 청하시는 것을 것(🌙)을 표현한다.

⓫ 주님이 내 안에(△) 내가 주님 안에 있는 것(△)을 표시한다.

⓬ 둘이 아니라 하나된 마음(🌗)을 표시한다.

⓭ 마음 밭(field of mind)(🏞️)을 표시한다.

⓮ 마음 신호등(mind signal)(🚦)을 표시한다.

(4) 여러 사람들을 어떻게 표현할 수 있는가?

❶ 남자를 표시한다. 심장에 손을 모으고 십자가(🧎) 또는 찬양(🎶)하는 것을 표시한다.

❷ 기도하기 위해 손을 모으는 것을(🙏) 표시한다.

❸ 항상 '하나님의 말씀을 깊게 묵상하고 증거하는 것(🧎)'을 표시한다.

❹ 배(船)에서 나와 바다 위로 걸어간 베드로처럼 성경을 따라 사는(⛵) 표시다.

❺ 끊임없이 하나님을 대적하는 육적 그리스도인(🏃)을 표시한다. 물구나무 선 채 손으로 계속 걸어가려고 신앙 생활하는 사람이다.

❻ 부르신 곳에서 매일 십자가를 지고 은밀하게 살아가는 사람(🎒)을 표시한다.

❼ 믿음의 파수꾼, 십자가 군병, 영적 용사(spiritual warrior)(🎯)를 표시한다.

❽ 말씀을 집중하여 묵상하고 연구하는 사람(📖)을 표시한다.

❾ 여성(🚺)을 표시한다.

❿ 교만한 사람(💁)을 표시한다.

⓫ 양을 치는 목자, 사도, 제자, 선교사, 목회자(🎋)를 표시한다.

⓬ 조롱하고 멸시하는 모습(💁)을 표시한다.

⓭ 자신을 하나님의 저울에 올려놓고 회개하는 것(⚖️)을 표시한다.

(5) 동물, 새, 물고기의 표시는 어떻게 하는가?

❶ 양(羊, sheep)(🐑)을 표시한다. 다른 동물들은 컷 사전과 이모지(emoji)를 이용하여 표시한다.

❷ 새(🕊️)를 표시한다.

❸ 물고기(🐟)를 표시한다.

❹ 뱀(snake)(🐍)을 표시한다.

(6) 성막(tabernacle), 성전(sanctuary), 회당(synagogue), 교회의 표시는 무엇인가?

❶ 지성소와 성막(⛺)을 표시한다.

❷ 성막에서 봉사하는 사람(⛺)을 표시한다.

❸ 성전(🏕️)을 표시한다.

❹ 성막과 성전에 임재한 하나님 은혜(●)를 표시한다.

❺ 구름 속에서 말씀하시는 하나님(●)을 표시한다.

❻ 회당(●)을 표시한다.

❼ 기도하는 장소(●)를 표시한다.

❽ 감옥(●)을 표시한다.

❾ 교회와 예배당(●)을 표시한다.

❿ 가정 집(●)을 표시한다.

(7) 각종 기호와 표시(symbols & signs)들의 표기는 어떻게 하는 가?

❶ 회개(repent), 돌아옴, 방향 전환(●)을 표시한다.

❷ 끝없이 솟구치는 욕망과 더러움(●)을 표시한다.

❸ 광야(廣野, wilderness), 사막(沙漠, desert)(●)을 표시한다.

❹ 산(山 mountain)(●)을 표시한다. 에덴 동산, 아라랏산, 모리아산, 호렙산, 갈멜산, 갈보리산 등을 표현한다. 특정한 산에서 일어난 사건과 인물을 통해 드러난 하나님의 마음을 설명한다.

❺ 강(江, river)과 바다(●)를 표시한다. 생명수의 강, 은혜의 강, 얍복강, 그발강, 요단강 등에서 일어난 사건과 인물을 통하여 나타난 하나님의 마음을 살피는 것이다.

❻ 반석(●)을 표시한다.

❼ 매일 내리는 만나(●)를 표시한다.

❽ 광야에서 불기둥과 구름 기둥으로 인도해 주심(●)을 표시한다.

(8) 특별한 글자를 이용하여 하나님의 마음을 표현해 볼 수는 없는가?

(주: Ether R. Nelson and C.H. Kang, 『The Discovery of Genesis』를 참고로 한글의 중요한 단어를 묵상하는 실험을 많이 하였다. 이번 첫 권은 그 중에서 몇 개만 소개하는 것이다).

성경에 나오는 글자에서 한글의 한 단어(one character)를 한문과 영어로 묵상할 수 있다. 한문의 획에서 나온 본 뜻을 참고하지만 '성경적인 묵상'을 위해 새롭게 변형하여 묵상한 것이다.

길(Road), 예수님께서 인생의 길과 진리와 생명이심(요한복음 14:7)을 표현한다. 예수님은 사망의 골짜기마다 말씀의 생수로 새롭

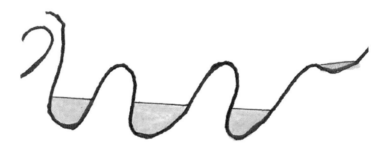

게 인도해 주시는 참 목자이다!

왕, 제사장, 선지자, 제자와 지도자들이 하나님이 원하는 길 즉 마땅히 걸어가야 할 길을 표현한다. 때로는 이 길을 버리고 다른 길을 갈 때도 사용한다. 출애굽 길, 광야 길, 타락의 길, 도피의 길, 공격의 길, 성전으로 올라가는 길, 시온 성으로 가는 길, 포로로 끌려가는 길, 포로에서 돌아오는 길, 예루살렘으로 가는 길, 십자가의 길, 탕자

가 돌아가는 길, 천로역정 등을 묵상한다.

왕(王, King)(♰——) 예수님은 **왕 중의 왕**이시다(요한계시록 17:14, 19:16).

성부 하나님의 사랑을 인간에게 전한다. 성부 하나님의 보내심을 받아 땅에 왔다(요한복음 20:21). 십자가에서 피(血 blood)를 흘려 죄인을 위한 속죄 제물이 되었다(히브리서 9:12).

한글 왕자와 한문의 혈자에 예수의 핏방울(🩸)이 계속 떨어지고 있다. 또한 한글 피(**피**)와 영어의 피(**Blood**)에서도 예수의 보혈이 떨어지고(?) 있다.

> '내가 또 보고 들으매 보좌와 생물들과 장로들을 둘러선 많은 천사의 음성이 있으니 그 수가 만만이요 천천이라. 큰 음성으로 이르되 죽임을 당하신 어린 양은 능력과 부와 지혜와 힘과 존귀와 영광과 찬송을 받으시기에 합당하도다(요한계시록 5:11-13).' 하나님 보좌 주위에 있는 네 생물과 이십 사 장로들뿐만 아니라 수많은 천사들과 만물도 성부와 성자에게 찬양한다. 이 땅에도 '예수 보혈! 예수님 찬양!' 천국에서도 '예수 보혈! 예수님 찬양!' 성도들이 영원이 찬양하고 찬양해야 할 노래이다!

주(主, LORD)(主——) 예수님은 **만주의 주**시다(요한계시록 17:14, 19:16).

예수님은 성부 하나님과 성령 하나님과 함께 통치하시는 성자 하나님이시다. 삼위 하나님의 신비한 연합과 능력으로 우주 만물을 창조하셨고 다스린다. 한글 주 자의 **세모** 속에 하늘 아버지 하나님의 은혜가 충만하게 나타난다.

　　본(本, Model)(⫠本) 예수님은 '**근본 하나님**의 본체시나 하나님과 동등됨을 취할 것으로 여기지 아니하시고 오히려 자기를 비워 종의 형체를 가지사 사람들과 같이 되셨고, 자기를 낮추시고 **죽기까지 복종**하셨으니 곧 십자가에서 죽으셨다'(빌립보서 2:6~8).

한문 **본(本)** 자를 보면 **십자가(+)**에서 죽은 사람이 있다. 그래서 나도 내 **십자가** 지고(+) 함께 살아간다. 예수님은 먼저 **본**을 보이셨다. 우리들도 예수님을 따라서 다른 사람들에게 '또 본을 보이며 살도록' 초청한다.
제자는 구경꾼(fan)이 아니다. 예수님의 **본**을 받아 매일 자기 십**자가**를 지고 끝까지 '예수님의 말씀'을 따라 사는 자다. 제자의 각오와 삶은 구체적으로 어떠해야 하는지 살펴본다.

예수님이 부르시는 '가장 행복한 부르심: 나를 따르라!'는 명령과 제자의 응답

예수님의 부르심 내용	제자와 우리의 응답	결과 & 성경
*인생에서 가장 중요한 질문 • 팬인가? 제자인가?	*공짜 떡은 팬의 특징이다. *진정한 관계 정립이 먼저다. 진정한 관계 정립 (DTR: Define the Relationship)	요한복음 6:66
*말로만 하는 것은 절대로 안된다. • 말뿐인가? 행동인가?	*설교하고 있네! • 부분 수선인가? 전체 개조인가?	요한복음 3:1-15 요한복음 19:38-40
*반쪽짜리 마음으로는 어림도 없다. • 지식인가? 친밀함인가?	*하나님에 관해 아는 것(지식 추구) *하나님을 아는 것 • 친밀함의 성숙('know': 'yada' 히브리어) • 예수님은 전심을 쏟고 응답하는 관계	마태복음 15:8
*대가를 제대로 알고 시작하라 • 많은 여인 중 한 명인가? • 단 하나 뿐인 신부인가?	*헌신과 순종의 깊이를 어떻게 진단하는가? • 무엇을 위해 돈을 쓰나? • 힘들 때 무엇으로 위로 받나? • 어느 때 가장 화내고 짜증 내는가? • 언제 가장 기뻐하는가?	마가복음 14:26 누가복음 14:28-30
*종교 활동을 열심히 한다고 될 일이 아니다. • 율법인가? 은혜인가?	*규칙 강조? 근본 정신? 학위 자랑? 예수 자랑? • 외면/체면을 중시하는가? 내면을 중시하는가?	마태복음 23장
*자신의 힘을 의지하면 완전히 다. • 자신의 힘인가? 성령충만인가?	*자신의 힘 자랑? 자신의 약함을 인정? • 회개하고 삶의 주도권 이양 • 말씀과 기도에 집중	고린도후서 12:9-16
*예수님과 가슴과 가슴이 통해야 한다. • 의무인가? 관계인가?	*넓은 길과 넓은 문인가? 좁은 길과 좁은 문인가? • 나도 예수님을 알고 있고? • 예수님도 나를 알고 있나?	마태복음 7:13-14

(참조: Kyle Idleman, 『Not a Fan』, pp. 10-291 전체 내용을 요약하고 첨삭하여 만든 도표)

예수님이 부르시는 '가장 고통스런 부르심: 자기를 부인하라!'는 명령과 제자의 응답

예수님의 부르심 내용	제자와 우리의 응답	결과 & 성경
* 부르심은 자격을 따지지 않는다. • 항상 열려 있는 초대다.	* 대가를 계산하고 따르고 있는가? • 삶의 얼룩(중독/전과)에 대한 반응?	요한복음 3:16 vs 누가복음 9:23
* 불 같은 사랑으로 예수를 따르라! • 열정적으로 추구하라!	* 예수님을 만나길 바란다면? 전부를 걸어라! • 선택의 문제(아내/남편) • 사랑 고백 후에는 전부를 걸어야 한다. • 한눈을 파는 것은 절대 금지한다. • 참 사랑을 위해 못할 것이 없지 않은가?	요한일서 4:19
* 인생의 근사한 권리를 모두 포기하라! • 완전한 포기를 원한다. • 하나님은 100% 순종을 원한다. • 99%의 순종은 불순종이다.	* 둘 다 가질 수 없다. • 옛날 삶을 모두 청산해야 한다. • 새로운 삶에는 예외가 없다. • 매일 예수를 따르기로 선택하고 결단하는가? • 스스로 예수님의 노예가 되어 매일 매 순간 자기를 부인하는 행복!	마태복음 19:16-29
* 자기를 부인하고 또 부인하라! • 날마다! 끝까지 걸어야 한다. • 불편한 십자가를 제거한 담요 신학이 아니다!	* 제자의 기쁨 • '날마다 십자가! 끝까지 십자가!' • '십자가! 십자가! 무한 영광이라!'	누가복음 9:59-60 마태복음 4:18-20 히브리서 3:15

예수님이 부르시는 '가장 충격적인 부르심: 와서 죽으라!'는 명령과 제자의 응답

예수님의 부르심 내용	제자와 우리의 응답	결과 & 성경
* 예수님이 지시하면 어디든지 따라 나선다. • 나(OOO)는 '어디든지' 간다!	* 저곳은 어떠냐? 도전과 명령이다. • 두려움과 불확실성의 연기가 피어오른다. • 온갖 변명을 대며 도피할 것인가? • 부르심에 순종할 것인가?	누가복음 9:59-60
* 더 이상 변명하거나 꾸물대지 않는다. • 나(OOO)는 '언제든지' 행한다!	* 지금은 할 수 없습니다. • 예수님 초대장의 유효 시간은? • '바로 오늘!'이다. • 오늘 죽으면 어떻게 기억 되고 싶은가?	
* 전부를 드리지 않으면 드리지 않는 것이다. • 죽고 또 죽으라! • 나는 날마다 내 자신에 대해 죽노라! • 나(OOO)는 '무엇이든지' 드린다!	* 예수님이 원하는 헌신의 수준은 어느 정도인가? • 있는 모습 그대로 예수를 따른다. * 예수님의 관심사는 무엇인가? • 신앙의 연수가 아니라 헌신의 깊이다! * 제자의 평생 표어(Slogan) • 남김 없이 따른다!(No Reserves!) • 후퇴 없이 따른다!(No Retreats!) • 후회 없이 따른다!(No Regrets!)	마태복음 4:18;20 히브리서 3:15

누가(Luke)가 누가복음 14:25-35에서 강조하는 **제자도의 우선 순위는 무엇인가?**

'첫째, 제자는 '사랑의 우선 순위'가 분명해야 한다(25-27절).

자신의 친족을 미워하고 심지어 자기 자신까지 미워해야 제자가 될 수 있다고 말한다. 누가가 말하고 있는 '사랑'과 '미움'은 '미워하는 것을 덜 사랑하는 것'을 의미한다. 즉 주님을 따르는 제자는 하나님보다 더 사랑한 것이 없어야 한다.'

'둘째, 제자는 '가치의 우선 순위'가 분명해야 한다(28-29절).

누가는 '망대의 비유'(28-29절)와 '전쟁의 비유'(31-32절)를 통해 하나님 나라(구원)의 가치는 '땅의 것'과 비교할 수 없는 엄청난 가치가 있음을 강조한다. 이것은 마치 한 농부가 밭에 감추인 보화를 발견하고 자기의 소유를 다 팔아 그 밭을 구입한 것(마태복음 13:44)이다. 또한 한 상인이 좋은 진주를 발견하고 자기의 소유를 다 팔아 그 진주를 산(마태복음 13:45-46)것과 같다. 하나님 나라(구원)의 가치는 이 세상의 그 어떤 것과 바꿀 수 없는 소중하고 엄청난 가치를 지닌다는 것이다.'

'셋째, 제자는 '물질의 우선 순위'가 분명해야 한다(33절).

지혜로운 청지기처럼 이 땅의 불의한 소유로 '하늘의 신령한 기업'을 얻도록 충성되게 살아야 한다.(참고: 김선웅, 『사도행전 신학 특강』, pp. 10-11)'

(9) 어떻게 시(詩, poem)를 만들어 성경 본문의 주제를 표현해 볼 수 있을까?

성경 본문에서 '하나님의 마음(♥)'이 드러난 부분은 시를 만들어 표현해 본다(참고: 3부).

3장

인간 창조와 타락에 나타난 하나님(⛰)의 의도와 마음(♥)

God's intention for human's creation & fall

1. 왜? 하나님(▲)은 인간을 '하나님의 형상'으로 창조하였나?
Why did God create humans in His image?

하나님이 어떤 존재에게도 주지 않은 '하나님 자신의 형상(God's image, likeness)'을 따라 직접 창조했다.

하나님(▲)이 천지를 창조하시는 날이 되었다. 첫째 날, 둘째 날, 셋째 날, 넷째날, 다섯째 날들이 지났다. 모든 천사들이 경외하며 찬양(♪♪)한다. 위대하신 하나님께서 태양계와 천체를 창조했다. 하나님이 지구에 온갖 식물, 채소, 과목, 새, 물고기, 곤충과 파충류와 광물 등을 창조한다. 그런데 놀라운 일이 벌어졌다.

천사들은 하나님이 흙(dust, ground)으로 아담과 하와를 창조하실 때 숨죽이며(?) 지켜보고 있었다. 천사들은 깜짝(?) 놀랐다. '아니! 세상에!(Oh my God) 하나님께서 인간의 몸을 흙으로 빚은 후에 하나님 자신의 형상(image of God)의 숨결(breath of God)을 불어넣다니! 우주의 어떤 존재에게도 주지 않은 하나님의 형상(▲)을 나누신다.'

하나님의 형상을 따라 창조된 인간의 '안과 밖(inside & outside)'에 '하나님의 오로라'가 빛난다. 지구의 남극과 북극의 극지점에서 빛나는 오로라처럼 '빛의 폭풍'이 인간의 몸과 영혼에서 흘러나온다. 아담과 하와의 지휘에 따라 모든 피조물들과 에덴 동산(⛰)의 모든 나무와 꽃과 동물과 새와 물고기들도 하나님을 찬양(♪♪)한다. 천사들도 함께 찬양(♪♪) 한다.

타락하기 전에는 '아담과 그의 아내 두 사람은 **벌거벗었으나 부끄러워하지 않았다**'(창세기 2:25). 하나님이 그들에게 입히신 것은 벌거벗은 몸이 전혀 보이지 않는 눈부신 영광이다! 그들이 옷이 필요 없을 정도로 '충만한 하나님의 영광'을 몸에 입고 있었다. 타락하기 이전 즉 **불순종 이전**에는 **전적으로 영혼이 지배**했다. 그들을 '**자의식**'이 다스리지 못했다. 그러나 **타락한 이후**에 그들은 이전에 전혀 모르던 '**자의식**'을 그들이 알게 된 것이다. '이에 그들의 눈이 밝아져 자기들이 벗은 줄을 알게 되었다'(창세기 3:7). **타락한 이후**부터는 **전적으로 육체가 지배**하게 되었다.

타락하기 이전에 아담과 하와는 '**온전히 하나님만 의식**'하며 살았다. 그러므로 하나님은 아담과 하와가 벌거벗고 있었지만 그들과 함께 에덴 동산을 산책하며 기쁘게 교제했다. 하나님은 창조한 모든 것을 보고 너무 좋아하셨다(창세기 1:31). 비록 아담과 하와가 벌거벗고 있었지만, '하나님의 형상'을 지닌 인간을 천사, 사탄, 동물, 심지어 하나님도 비난하고 놀리지 않았다. **인간에게 하나님의 형상이 빛나고 있었기 때문**이었다. 하나님이 인간을 품에 안고 있는 모습을 생각해 본다. 흙으로 인간을 빚으시고 하나님이 직접 숨을 불어 넣는 모습은 놀라운 광경이다.

하나님의 영광, 하나님의 빛이 인간의 육체에 나타나 있는 모습을 에덴 동산에서 볼 수 있었다. 천사들은 하나님의 보좌에서 흘러나오는 빛이 사람에게도 머물러 있음을 보고 놀라워(?)했다. 천사들은 하늘과 땅을 오르락 내리락 하면서 하나님을 찬양한다. '하나님의 영광의 빛'이 인간이 말하고 노래할 때마다 반짝이고 있다니! 신비롭고 놀라운 일이다! 아담과 하와가 서로에게 빛을 발할때마다 사랑(♥)의 빛이 소용돌이(🐚)쳤다. 아담과 하와가 하나님께 감사하며 찬양할 때(🎵)마다 하나님은 '빛의 소낙비'(shower of light ☁)로 응답하였다. 그러자 온 우주가 기뻐하였다.

> '여호와 하나님(　　)이 흙으로 각종 들짐승(　　)과 공중의 각종 새(　　)를 지으시고 아담(　　)이 무엇이라 부르나(　　) 보시려고 그것을 그에게로 이끌어 가시니 아담이 각 생물을 부르는것이 곧 그 이름(🔖)이 되더라... Whatever the man called each living creature, that was its name'(창세기 2:19)

아담은 하나님의 주신 지혜로 각 생물과 식물과 천체에게도 이름을 붙였다. 하나님의 빛 속에서 이름을 받은 모든 생물들은 감사한다. 에덴 동산에서 모든 생물이 감사하며 찬양(🎵)하는 소리가 하늘까지 울려퍼진다. 하나님도 아담이 불러준 이름대로 모든 생물을 불러 준다. 사람이 지어준 모든 명칭과 이름을 하나님도 공용하신다!

그런데 이런 모습을 보고 시기하고 질투하는 존재가 있다. 그 존재는 사탄, 마귀였다. '어떻게 육체를 가진 존재에게서 하나님의 빛이 나온단 말인가?' 사탄과 마귀는 이러한 관계를 질투하고 싫어했다.

2. 인간은 어떤 존재인가?
What is a human being?

천사(angel)가 아니지만 천사처럼 말하고, 생각하고 노래(🎵)하면서 영혼과 육체를 가진 존재다. 인간은 위대한(wonderful)존재다.

하나님은 인간에게 자신이 창조한 땅의 모든 것을 다스리도록 위임하고 축복했다. 예술가는 자신의 작품을 최고의 재료로 최고의 작품을 만든다. 하나님은 인간을 최고의 걸작품, 즉 **창조의 꽃**으로 만들었다. 하나님은 하나님의 속성을 인간에게 주었다.

인간에게 준 '하나님의 형상'은 어떤 '피조물(스랍, 천사, 타락한 천사, 동물, 조류와 어류)의 형상'이 아니다. 육체를 가진 하나님의 붕어빵(?)이다. 하나님의 자녀다. 하나님이 인간 안에, 인간이 하나님 안에 있는 '신비한 연합'이 계속된다.

❶ 하나님을 닮은 인간. 하나님을 반영하는 존재다. 하나님 신성의 씨앗이다.

❷ 하나님 신성의 '충만한 임재'가 가능한 존재다. 하나님과 함께 춤을 추는 존재다.

❸ 하나님의 피조물들에게 '하나님이 어떤 분'인지 표현하고 찬양하는 존재다.

❹ 타락하기 전에는 하나님을 직접 만날 수 있는 존재다.

❺ 피조물의 본질과 목적을 파악하여 통치할 수 있는 존재다.

❻ 하나님과 함께 동거할 수 있는 존재. 하나님의 위임을 받아 만물을 다스릴 수 있는 능력을 가진 존재다.

❼ 하나님의 마음(♥)을 살펴 '하나님의 사랑'을 전해줄 수 있는(♥) 존재다.

❽ 하나님과 완전한 사랑과 교제를 나눌 수 있는 인격을 가진 존재다.

❾ 완벽하게 자유로운 인격을 가진 존재다. 어떤 존재도 인간을 강요

하거나 방해할 수 없는 자유인이다.

❿ 지구의 핵심과 중심인 존재. 지구의 '꽃 중의 꽃'으로 하나님의 사랑의 대상이다.

⓫ 그러나 인간은 창조주(Creator) 즉 하나님이 아니다. 하나님의 피조물이다.

성자(聖子, God the Son)의 제안(?)이 있지 않았을까? '만약 우리의 형상을 따라 창조된 인간'이 타락하여 하나님의 형상, 영광, 권세, 능력을 훼손한다면, '내가 기꺼이 인간이 되어 하나님의 형상을 회복하겠다'는 것을 삼위 하나님의 회의에서 제안했을 것이다. 즉 인간은 이렇게 성자 하나님의 사랑(❤)이 담긴 불꽃(🔥)이다. 이러한 성자 하나님의 사랑의 결단(빌립보서 2:5-11)을 삼위 하나님은 기뻐했다. 진정한 인간의 **정체성**(identity)은 빈부, 귀천, 외모, 학벌에 있는 것이 아니라 **'예수 안에서'** 찾아야 한다.

하나님이 아담과 맺은 언약은 '순종 언약'이다. 아담은 기계로 창조되지 않았다. 아담은 세상을 다스릴 권세(authority)와 능력(power)과 자유와 책임을 가진 존재다. 그 자유는 하나님의 명령을 깨뜨려도 되는 방종이 아니다. 선악과를 따먹고 싶은 소원, 마음, 욕구, 감정, 상황에 놓였지만 그런 마음을 다스려야 했다(창세기 4:7). '죄가 너를 원하나 너는 죄를 다스릴지니라(It desires to have you, but you must master it)'

아담과 하와는 에덴 동산에서 다른 사람과 성적인 범죄를 저지르거나, 다른 사람을 죽이지도 않았다. 그들은 '먹지 말라'는 하나님 말씀에 불순종했다. 즉 불법을 저질렀다. 불법은 헬라어로 아노미아

(anomia)다. '테이어(Thayer)는 '법에 대한 무지나 위반으로 인해 법 없이 존재하는 상태'라고 풀이한다'. '바인(Vine)은 하나님의 말씀과 하나님의 뜻, 하나님의 법을 거부하고 그 자리에 '자기의 뜻'을 놓는 것으로 규정한다'(John Bevere, Under Cover, p. 41). 불법 뒤에는 은밀한 세력이 있는 것을 주의해야 한다. 지금도 '불법의 비밀이 활동하고 있다'(데살로니가후서 2:7).

'이 세상이나 세상에 있는 것들을 사랑하지 말라 **누구든지 세상을 사랑하면** 아버지의 사랑이 그 안에 있지 아니하니. 이는 세상에 있는 모든 것이 **육신의 정욕과 안목의 정욕과 이생의 자랑**이니 다 아버지께로부터 온 것이 아니요 세상으로부터 온 것이라. 이 세상도, 그 정욕도 지나가되 오직 하나님의 뜻을 행하는 자는 영원히 거하느니라'(요한일서 2:15-17).

3. 하나님께서 '선악과를 먹지 말라'고 명령하신 의도와 동기는 무엇인가?
What is God's reason against eating from the tree of the knowledge of good and evil?

하나님은 하나님의 영광을 땅에 직접 보여주고 계시(reveal)했다. 인간과 인격적으로 교제하길 원했다. 하나님은 영원하시고, 무한하시며, 스스로 계시고(출애굽기 3:14), 불변하시다. 하나님은 회전하는 그림자(야고보서 1:17)도 없는 거룩하고 완전한 빛이요 영광이다. 인간은 피조된 존재이지만 하나님처럼 땅을 다스리는(rule over) 권세를 가진 인격(personal being)적 존재다. 하나님은 인간과 교제

(koinonia)하고 싶었다.

인간은 결코 인공 지능(AI)으로 만들어진 기계가 아니다. 인간 스스로 생각하고, 결단하고, 예배하고 사랑하는 존재다. 인간은 진화의 결정체가 아니다. 성삼위 하나님의 회의(the council of Trinity)에서(예레미야 23:18, 창세기 1:26-27) 결정한 인격체다. 천사보다(히브리서 1:14) 뛰어난 존재다. '우리의 형상을 따라'(창세기 1:26-27) 만들었다는 것은, 인간은 하나님의 형상을 가진 즉 하나님의 모습, 속성, 인격과 비슷한 존재다. 그러므로 인간은 하나님과 함께 땅을 다스리게 된 피조물 중의 으뜸(👫)이다. 인간은 몸을 가졌으나 영적 존재로서 하나님처럼 영원한 존재다. 하나님은 인간이 피조된 존재임을 잊지 않길 바라셨다. 하나님과 인간은 구별된 존재다. 부자(父子) 관계다. 구별은 있으되 하나다. 하나님은 친밀한 관계에서도 '지켜야할 법'과 선을 만들어 인간의 자발적인 순종을 원했다.

4. 인간을 미혹한 사탄의 전략은 무엇인가?
What is Satan's strategy for fooling human beings?

어둠의 왕(king of darkness), 사탄은 하나님에게 도전하고 반항한다. 하나님의 형상을 가진 인간을 유혹한다. 사탄은 '하나님 형상의 빛'을 지닌 인간을 타락시켜 하나님을 조롱한다. 사탄은 자신의 부하, '마귀와 귀신'을 소집하여 '인간의 약점을 조사하는 특별 회의(?)'를 했다. 인간을 타락시키는 작전은 은밀하게 진행 되었다.

1) 하나님이 인간에게 명령한 내용 중에 한 부분을 집중하여 공격

한다. 하나님과 인간 사이에 갈등을 조장한다.

 2) 인간을 유혹할 수 있는 통로를 찾아 이용한다.

 3) 유혹을 전혀 눈치채지 못하도록 '자연스럽게 접근'하여 질문한다.

❶ 유혹할 때 절대적으로 '접근해서는 안되는 시간'이 있다.

❷ 인간이 하나님(▲)과 '친밀한 만남'을 가질 때는 작전을 수행하지 않는다. 그 때 유혹하면 인간이 낌새를 채고 하나님에게 즉각 질문하여 작전이 실패할 수 있기 때문이다.

❸ 아담과 하와가 함께 '하나님을 예배하고 있을 때'는 절대 접근하지 않는다. 그들이 함께 있을 때 접근하면 '둘 중에 한 사람이 펄펄뛰며 반대'하면 '유혹 작전'은 실패하기 때문이다.

❹ 아담이 '한 눈을 팔거나', '잠깐 외출했을 때'를 이용한다. 2-3분 이내에 신속히 작전을 펼친다. 고민하고 결정할 수 있는 여유 있는 시간(30분, 한 시간, 여섯 시간, 하루, 이틀, 삼일)을 주면 작전은 실패한다. 즉각 결정하도록 한다. 아담과 하와가 하나님과 상담하지 못하도록 한다.

❺ 인간을 타락시킬 때 '어둠의 왕국'은 신속하게 모든 지원을 한다. 인간을 유혹하기 위하여 '어둠의 세력'은 불필요한 행동을 금지하고 '작전 수행에 모든 힘을 집중'한다. 작전 개시일과 시간은 비밀이다. 인간 유혹과 타락을 위해 '사탄의 이름으로' 함께 '간절히 기도(?)'한다.

4) 작전 개시일과 시간 (D-Day & Time)은 '제일 영리한 어둠(?)'만 알게 했는가?

그러나 이 작전의 성공을 위해 최소한 일주일(?) 특별 훈련(?)을 한다. 이 훈련은 사탄이 지시한 '한 어둠의 영(a spirit of evil)'이 책임진다. 훈련은 일대일로 실행하고 사탄에게 결과를 보고한다. 인간 유혹은 항상 긴장하고 있다가 진행한다. 작전 개시일과 시간은 한시간 전(?)에 통보한다.

---

5) 특별 작전(special operation)은 어떻게 진행하는가?

---

* 들짐승 중에 가장 간교한 뱀(🐍)을 이용한다(창세기 3:1).

(the serpent was more crafty than any of the wild animals)

❶ 아담이 아니라 하와, 여자에게 접근한다(창세기 3:1).

❷ 유혹하며 말할 때 '또박 또박 확실하게! 정확하게!' 전달한다. 듣는 하와가 갑자기 당황하지만 '확실히 혼동'하여 행동할 수 있도록 한다. 유혹할 때 목소리의 '억양과 강약, 크기'를 조절하여 확신을 준다.

❸ 질문으로 시작하여 '상대방의 반응'에 따라 적절한 추임새를 넣으며 '호기심을 극대화' 한다.

❹ 질문(창세기 3:1b)하면서 '하나님의 명령에 반항하도록 자극'한다.

뱀 (🐍)이 여자( )에게 물어 이르되,

'하나님(⛰)이 참으로 너희에게(　　) 동산 모든 나무(　　)의 열매를 먹지 말라 하시더냐?'('Did God really say, You must not eat from any tree in the garden?')

너는 자유인이다. 그런데 어떤 규제와 명령에 매여 사는 존재인가? 너는 스스로 결정할 수 있는 독립적인 존재다. 무엇을 망설이는가? 너를 얽어매는 모든 것을 '지금 당장' 벗어던져라! 네 마음대로 살아라! 네가 원하는 것은 무엇이든 해보라. 사탄은 우리를 속박하는 것이 매력 있고 선한 것처럼 보이게 하는데 뛰어난 명수다. 그러나 성경은 엄히 경고한다. '내 사랑하는 형제들아 속지 말라'(야고보서 1:16). 하나님 말씀에 순종할 때 '진정한 자유'가 있지만 불순종 즉 반항에는 '끝없는 매임'이 있을 뿐이다.

뱀의 전략은 무엇인가?

첫째 단계: 하나님 명령의 강조점을 왜곡하는 것이었다.

뱀은 하나님의 명령의 **의미를 비틀어 동기를 의심하도록** 했다. 하와로 하여금 하나님의 명령을 논리적으로 추론하게 하여 하나님의 선하심과 순전하심을 의심하도록 했다. 일단 그 일이 성공하자 '하나님의 권위'에 반항하도록 했다.

뱀은 하나님의 **풍성한 공급**하심을 무시한 채 **예외 조항**만 끄집어냈다. 뱀은 하나님이 좋은 것을 감추고 주지 않는다는 식으로 말했다. 그들을 보호하는 유일한 명령이 사실은 유익한 일을 막는 것처럼 왜곡하며 말했다. '그러니까 하나님이 너희에게 모든 나무의 열매를 먹지 못하게 했단 말이지?' 이렇게 비아냥거림이 담긴 그 목소리가 생생하게 들리지 않는가? 아담과 하와는 동산에 있는 모든 열매를 먹을 수 있었다. 그런데도 뱀은 **하와의 관심을 금지된 한 그루에 집중**시켰다.

둘째 단계: 하나님의 선하심과 명령에 대한 동기를 의심하게 한다.

하나님을 '**주시는 분**'이 아니라 '**빼앗는 분**'으로 보게 했다. 하나님이 **불공평한 존재**로 보이게 함으로 뱀은 하나님과 하와를 동시에 공격했다. 사탄은 바보가 아니다. 하나님의 권위의 기초를 흔들어 대는 존재다. '의와 공평이 그 보좌의 기초로다'(시편 97:2)라는 고백처럼 하나님의 보좌의 기초는 공평이다. 하와는 하나님의 선하심을 의심하기 시작하며 생각한다. '좋아 보이는데!...도대체 왜 저 나무의 열매를 먹을 수 없는 것인가? 해로울 것이 없어 보이는데. 저 열매를 먹는다고 해서 무엇이 나쁠까?' 하나님의 동기를 새삼 의심하게 시작하자 하나님의 권위에 대한 의문이 찾아왔다. 그러자 하와는 '동산 나무의 실과를 먹지도 말고 **만지지도 말라** 너희가 **죽을까 하노라**'(창세기 3:3)고 뱀에게 대답했다.

사탄은 하와의 마음이 흔들려 '하나님이 말씀하신 명령에 대한 동기'를 의심할 때를 놓치지 않았다. 뱀은 감히 하나님 말씀에 반대하며 하나님의 신실하심에 일격을 가한다. '너희가 **결코 죽지 아니 하**

리라 너희가 그것을 먹는 날에는 너희 **눈이 밝아져 하나님과 같이 되어** 선악을 알 줄을 하나님이 아신다'(창세기 3:4-5). '죽기는커녕 너는 하나님처럼 되는 거야! 지혜를 갖게 되어 네 스스로 선악을 선택할 수 있게 되는거야! 신나지 않니? 너는 부당한 명령에 굴복하지 않아도 된다.'

하와는 충격과 혼란에 빠졌다. 왜 하나님은 그 열매를 자기에게 주지 않는지 궁금해졌다. 나무 열매를 자세히 살펴보았다. 또다시 다른 각도에서 바라보았다. 아무리 보아도 그 나무의 열매는 나쁘거나 해롭기는커녕 보기 좋고 맛있어 보였다. '저렇게 먹음직스러워 보이지 않는가? 이 열매를 먹으면 지혜가 생긴다고 하는데…'라는 생각이 들었다.

이제 하와에게는 아무것도 보이지 않았다. 그 나무 열매에 집중하자 하나님의 공급하심과 선하심을 잊어버렸다. '이 나무에는 우리에게 좋은 것이 있을거야. 이 열매는 처음부터 우리 몫이었을거야. 이 나무 열매에서 우리가 얻을 수 있는 것을 막았다면 감추시는 것이 또 있을지 누가 알겠어?' 이렇게 하나님의 성품과 선하심을 의심하기 시작하자 더 '하나님의 권위와 말씀'에 복종하고 싶지 않았다. 하와의 아집이 하나님의 뜻을 눌러 버렸다(John Bevere, pp. 61-68).

하와는 손을 뻗어 그 나무 열매를 땄다. 아무 일도 일어나지 않았다. 정말 뱀의 말이 옳았다고 생각 했다. 하와는 그 열매를 먹고 남편에게도 건네주었다. **선악과의 열매를 먹자 갑자기 눈이 밝아졌다.** 자기들이 벌거벗었다는 것을 알게되자 수치와 두려움이 몰려왔다. 불순종과 함께 영적 죽음이 찾아왔다. 이제 육신이 그들을 지배하는 막강한 주인이 되었다. 하나님의 말씀을 의심하고 미혹의 논리를 따른 결과 불순종의 주인에게 자신의 생명을 내주고 말았다. 사탄이 그들 '암흑의 주인'이 되었다. 바울은 이것을 확정한다. '너희 자신을 종으로 드려 **누구에게 순종하든지** 그 순종함을 받는 자의 종이 되는 줄을 알지 못하느냐? 혹은 **죄의 종**으로 사망에 이르고 혹은 순종의 종으로 의에 이르느니라'(로마서 6:16).

그러나 예수님을 생각해보자. 예수님은 물과 음식과 편안함도 없는 광야에서 사십일을 보냈다. 광야의 한낮의 더위와 밤의 추위를 견뎌야 했다. 혹독한 굶주림이 배를 찔렀다. 음식과 물을 먹지 않는다면 죽을 수 있는 상황이었다. 그러나 무엇이 먼저 찾아왔는가? 공급인가? 유혹인가? 바로 그때 **사탄이 와서 의문을 던진다.** '네가 만일 하나님의 아들이어든 명하여 이 돌들이 떡덩이가 되게 하라'(마태복음 4:3). 이번에도 사탄은 하나님의 명백한 말씀에 이의를 제기한다. 하나님 아버지는 이미 요단강에서 예수님이 세례를 받고 물에서 올라올 때 '예수님이 하나님의 아들'임을 공포했다(마태복음 3:16-17).

사탄은 둘째 아담, 예수님에게도 여전히 **하나님의 성품을 왜곡**하려고 했다. 그러나 예수님은 사탄을 물리치시고 하나님의 공급하심을 기다리셨다. 예수님은 사탄이 하나님의 성품을 왜곡하지 못하게 하셨다. 당장은 힘들어도 **하나님의 말씀과 권위에 순종**하셨다. 자기 힘으로 문제를 해결하라는 사탄의 유혹을 물리치자 '마귀는 예수를 떠나고 천사들이 나와서 수종 들었다'(마태복음 4:11).

히브리서 기자는 예수님을 이렇게 묘사했다. '**그는 육체에 계실 때에** 자기를 죽음에서 능히 구원하실 이에게 **심한 통곡과 눈물로 간구**

와 소원을 올렸고 그의 경외하심으로 말미암아 들으심을 얻었느니라. **그가 아들이시면서도** 받으신 **고난으로 순종함을 배우셨다**'(히브리서 5:7-8). 하나님은 예수님의 기도를 들으셨다. 예수님이 하나님을 경외하셨기 때문이다. 예수님은 배고픔보다 더 큰 십자가에 죽는 고통 속에서도 순종을 택했다(빌립보서 2:8). 극심한 고난과 고통이 밀려왔지만 하나님 아버지에게 온전히 순종하셨다.

하와는 완전하고 흠이 없는 환경에 살고 있었다. 권위를 지닌 어떤 존재 아래에서 학대받은 적도 없었다. 하나님의 선하심은 '네가 임의로 먹으라'고 **허락**했다. 그러나 하나님의 명령은 '선악을 알게 하는 나무의 열매는 먹지 말라(창세기 2:16-17)'고 **제한**한 것이다. 하나님은 하나를 뺀 모든 나무의 열매를 먹을 수 있는 풍성함 속에서 **자유와 법**을 강조한 것이다.

하나님의 본질은 사랑하고 베푸는 것이다. 하나님은 에덴 동산 안에서 '주님을 사랑'하며 '주님에게 순종'하는 친구를 원했다. 선택의 자유가 없는 로봇을 원하는 것이 아니다. 자유 의지를 가지고 있으며 '당신의 형상대로 창조된' 자녀로 살아가를 바라셨다. 오직 한 나무, 선악과에 접근하여 범죄하지 못하게 하심으로 그들을 죽음에서 지킬 **'선택할 권리'**를 주셨다. 그 속에는 끝없는 **'자유로운 의지'**가 있었다.

❺ 뱀은 하와가 '어떻게 반응하며 말할까?' 기다린다. 하와가 반응(창세기 3:2-3)한다. **여자가 뱀**에게 말하되:

'동산 나무의 열매(🍎)를 우리가 먹을 수 있으나
동산 중앙에 있는 나무의 열매(🍷)는 하나님(⛰)의 말씀에
너희는 먹지도 말고(   ) **만지지도 말라**(   )
너희가 죽을까(   ) 하노라 하셨다.'

뱀은 하나님의 명령에 의문을 제기한다. 그러자 하와는 '하나님 말씀'과 동일하게 대답하지 않고 **'자신이 생각대로'** 말한다. 하와의 반응은 하나님의 명령을 직접 듣지 않고 **간접적으로 듣고 반응**한다. 이것은 명령하신 '하나님의 말씀'의 마음과 동기를 알고 있는 사람의 반응이 아니다. 아담에게 들은 '하나님의 명령'에 대하여 하와는 **개인적으로 하나님에게 물어보지 않았던** 것이다. 아담에게는 '하나님의 명령'은 그 어떤 것보다 생생한 현실이었다. 그것은 아담의 **한 부분**이었다. 반면 하나님의 명령을 듣기는 듣지만 그것을 '성령의 계시'로 받지 않으면 그 말씀은 우리의 한 부분이 되지 못한다. 그것은 일종의 **율법일 뿐**이다. '죄 즉 불순종의 권능은 율법이다'(고린도전서 15:56).

하와에게 '하나님의 명령'은 **계시된 지식**이 아니라 **전달된 지식**이었다. 다른 사람을 통해 **간접적으로 들었기 때문에** 하와는 미혹되기 쉬웠다. 그래서 **뱀은 아담 대신 하와를 표적**으로 삼았다. 하와의 대답이 하나님의 본래 명령과 다르다. 하와는 하나님이 '너희는 먹지도 말고 만지지도 말라 너희가 죽을까 하노라'고 명령했다고 말했다. 그러나 하나님은 만지는 것에 대해서는 말하지 않았다. 여기에서 하나님의 말씀을 '직접에게 들은 사람'과 다른 사람을 통해 들을 때 나타나

는 슬픈 현상을 볼 수 있다(John Bevere, pp. 57-59). 하와에게는 하나님이 계시한 말씀이 없었기 때문에 미혹되어 불순종했다. 뱀의 말 속에 담긴 술수와 왜곡을 눈치채지 못했다.

미혹에 대한 확실한 대비는 무엇인가?

그것은 **'전달된 지식'**이 아니라 **'계시된 지식'**대로 **'하나님 말씀에 순종'**하는 것을 실천으로 증명하는 것이다. 하나님의 말씀 즉 성경을 지식과 정보일 뿐이라고 알기 때문에 많은 사람들이 **율법주의**에 빠진다. 성경의 율법주의에 빠진 사람에게는 생명은 없고 글씨로만 남아 있을 뿐이다. 성경을 읽고 세미나와 수련회에서 새롭게 알게된 말씀의 내용을 삶에서 실천하지 않는 것은 문제다. 즉 하나님의 말씀이 자신의 삶 속에서 **'생생하게 한 부분'**이 되지 못했기 때문이다.

❻ 하와가 반응하자 뱀이 확신을 갖도록 '목소리에 힘을 주며' 대답한다. 정곡을 찌르는 **'결정적인 거짓말'**로 유혹한다.

> **뱀**이 **여자**에게 이르되,
> **'너희가(   )결코 죽지 아니하리라!**(창세기 3:4-5)'

❼ 사탄은 하나님 말씀 창세기 2장 17절의 '네가 먹는 날에는 반드시 죽으리라!' 말과 정반대 되는 말을 한다. 사탄은 '하나님 형상'을 가진 인간을 타락시켜 또다시 하나님에게 도전한다.

> '너희가(   ) 그것을(   )먹는 날에는

너희 눈이 밝아져(˙˙) 하나님과 같이 되어

선악을 알줄을 하나님(　)이 아심이니라!'

'**하나님과 같이 될 수 있다**'고 속이는 사탄의 말 속에 사탄의 속셈을 알 수 있다. 예배자가 아니라 경배를 받는 자가 되고 싶은 사탄이다. 그래서 예수님을 광야에서 시험할 때 이렇게 말했다. '만일 내게 엎드려 경배하면 이 모든 것을 네게 주리라(마태복음 4:10)' 했다. 이것은 사탄(Satan)이 천상에서 어떻게 타락하여 쫓겨났는지 알려준다. 사탄은 천상에서 타락하기 전에 '하늘 선악과(?)', 창조주와 피조물의 관계를 구별하는 언약을 깨뜨리고(?) 하나님의 명령을 깨트린 존재가 아닌가? 인간은 이미 '하나님과 같은' 존재다. 사탄은 인간을 타락시켜 하나님에게 '결정적으로 반항'한다.

---

6) 특별작전은 성공했는가?

하와가 뱀의 말을 듣고 머뭇 머뭇 거린다. 하와는 긴장과 갈등 속에서 계속 선악과를 바라본다.

❶ 모든 어둠의 영들이 연합(?)했다. 하와가 먼저 선악과를 따먹을 수 있도록 '선악과에 특별 조명'(?)을 비춘다. 그러자 선악과가 보통 때보다 더 '먹음직도 하고 보암직도 하고 지혜롭게 할 만큼 탐스럽게' 보였다.

❷ 인간을 유혹하는 작전이 성공했다(창세기 3:6b).

'여자가 그 열매를(🍷) 따먹고 자기와 함께 있는 남편에게도 주매 그도 먹었다.' 'She took some and ate it. She also gave some to her husband, who was with her, and he ate it.'

❶ 하와가 선악과를 따서 먹었을 때 아담은 어디 있었는가? 어떻게 아담은 하와를 제지하지 못했는가? 왜 아담과 하와는 '선악과를 먹지 말라'는 하나님의 명령에 순종하지 못했는가? '영적 금식'과 '실제 금식'을 지키지 못한 원인은 무엇인가?

❷ '사탄과 마귀와 귀신'들이 기괴한 웃음(?)을 지었다. 어둠의 영들이 '박수(?)'를 치고, '발을 구르며(?)' 환호성(?)을 지르니 온 땅이 진동(?)했다. 사탄은 인간들이 타락하여 하나님의 빛을 벗어 던지자 쾌락의 콧소리를 지르며 인간들이 고통하는 것을 보고 즐거워한다.(C. S. Lewis, 『Screwtape Letters』, p. 170) 사탄은 '미혹의 전문가'다. 사탄은 천사 삼분의 일을 선동하여 하나님에게 반역하도록 했다(요한계시록 2:3-4). 예수님은 사탄이 거짓말쟁이며 거짓의 아비라고 경고했다(요한복음 8:44). 또한 말세에 사탄의 속임수와 미혹이 너무 강하게 되어 할 수만 있으면 택하신 자들도 넘어지게 할 것이라고 경고했다(마태복음 24:24).

경각심을 가져야 할 이유가 여기 있다. 사탄이 하늘에서 수많은 천사들을 잘못되게 이끌었다. 사탄은 '불순종의 아들들 가운데 역사하는 영'으로서 '공중의 권세 잡은 자'(the ruler of the kingdom of the air, the spirit 에베소서 2:2)이다. 그래서 지금도 우리들을 사탄이 임의로 사람들을 미혹하여 넘이지게 한다. 그러므로 바울은 우리 마음이 미혹을 받아 부패하지 않도록 두려워해야 한다(고린도후서 11:3)고 경고했다.

창세기 2-3장 인간 창조, 인간의 존재성, 하나님 명령, 사탄의 미혹에 대한 묵상(표 1)

구분	표현	선악과 목적과 동기	결과
인간 창조 * 하나님의 능력 * 하나님의 비밀 * 하나님의 계획	• 하나님의 형상 • 하나님 형상의 빛 충만 • 벌거벗었으나 부끄러워 하지 않음 • 자의식 없어 영혼이 지배 • 선택의 완전한 자유 의지 • 로봇이 아니다	• 하나님 대신 땅을 통치 • 하늘에서 쫓겨난 사탄까지 다스려야 할 존재 • 하나님 성품을 나타내는 존재 • 하나님 말씀과 권위에 순종 • 하나님에게 절대 의존적 존재	• 흙으로 남자 만든 후 생기를 코에 불어 넣으셨 다. • 남자 갈빗대에 살로 채워 여자 지음 • 남자와 여자가 부부 되어 한몸 • 창조의 꽃과 절정인 존재 • 땅의 통치자 • 천사들도 부러워하는 존재 • 땅과 하늘의 자랑스러운 존재
타락 이전의 인간 존재 * 완전한 관계 * 아버지와 자녀	• 영혼이 지배 • 타락 이전 하나님만 의식	• 온전히 하나님만 의지 • 모든 생물의 이름을 주다 • 완벽한 자유를 가진 인격체 • 완전한 교제를 원하신 하나님 * 분리할 수 없는 영원한 관계	• 하나님과 직접 교제 • 피조물의 본질 목적 파악하여 통치 • 하나님의 사랑을 피조물에게 전달 • 아버지와 자녀관계 vs 주인 과 종의 관계
하나님의 명령	• 선악과 먹지 말라! • 정녕 죽으리라! • 아담에게 직접 명령	• 창조자 하나(Creator) • 창조된(Created) 인간 구별 • 완전한 인간이며 하나님자녀	• 인간은 하나님이 아니다. • 창조된 인간은 결코 하나님이 될 수 없다 • 쌍방 언약은 순종 언약이며 쌍방 언약
사탄의 전략 * 미혹 전문가	• 하나님과 인간관계 시기/질투 • 가장 간교한 뱀을 이용 • 아담보다 하와를 공격 * 쫓겨난 곳/땅을 통치 하려고 인간을 미혹	• 인간을 미혹하여 하나님 반항 • 하나님 명령의 강조점 왜곡 • 하나님의 선한 동기 의심 * 인간이 땅을 통치 못하게 방해	• 하나님의 명령을 직접 받은 아담 • 하나님의 명령을 전해 받은 하와 * 사탄의 지배 받아 고통 받게 됨

(주: 도표1은 저자가 위에서 밝힌 내용 즉, '하나님이 인간을 하나님의 형상으로 창조한 내용'(1), '인간은 어떤 존재인가'(2), '하나님께서 인간에게 선악과를 먹지말라고 하신 의도와 동기는 무엇인가?'(3), '인간을 미혹한 사탄의 전략은 무엇인가?'(4)를 정리한 차트다)

5. 하와는 뱀의 유혹에 어떻게 응답하는가?
How did Even respond to Satan's temptation?

하와는 스스로 결정하여 자신이 하나님에게 의존적인 존재가 아님을 선언했다. 하지만 하와는 아담을 돕는 배필(helper)이다. 하와는 뱀의 유혹을 받았을 때 아담에게 먼저 묻지 않았다. 사탄의 유혹과 음성을 들었을 때 한몸된 남편과 아내, 친구, 멘토, 공동체와 정직하게 나누고 하나님의 인도를 받아야 한다. 왜? 하와는 문제와 유혹을 받았을 때 하나님에게 나가지 않았을까? 어떻게 하나님과 관계되는 근본적인 문제를 혼자 결정했는가? 영원한 죽음이 걸린 문제였다. 하나님 말씀을 붙들고 자신을 부인하지 못했다.

'자아 폭발(🔥), 자아 극대화(🗡)'를 택했다. 자신이 신(神)이 되었다. 선악과 명령은 언약이었다. 절대 순종이 요구되는 '쌍방 언약'이다. 언약 파기는 '쌍방의 죽음을 담보'한 생명 언약이다. 인간은 '영원한 죽음', 하나님은 '독생자 하나님의 죽음'이 걸린 언약이다. 그들은 죽음보다 달콤해 보인 쾌락을 택했다. 바울은 이렇게 말했다. '하나님을 영화롭게도 아니하고 감사하지도 아니하고 오히려 그 생각이 허망하여지며 마음이 어두워졌다. 스스로 지혜있다 하나 어리석게 되어 썩어지지 아니하는 하나님의 영광을 썩어질 것으로 바꾸었다(로마서 1:21-23).'

하와는 매혹적으로 보이는 선악과를 먼저 따먹고 아담에게도 건네주었다. 사탄의 가장 뛰어난 자랑은 하와를 속인 일이다. '여자가 그 나무를 본즉 먹음직도 하고 보암직도 하고 지혜롭게 할 만큼 탐스럽

기도한 나무였다. 여자가 그 열매를 따먹고 자기와 함께 있는 남편에게도 주매 그도 먹었다'(창세기 3:6). 선악과를 먹게되면 '정녕 죽으리라'는 말씀은 죄로 인한 육체적 죽음과 하나님과 단절되는 죽음이다(창세기 2:7).

아담과 하와는 에덴 동산에서 하나님의 덮으심 아래(under God's cover) 자유와 보호를 누렸다. 그러나 불순종한 순간 그들은 자기들이 누렸던 것, 즉 자신들이 원하여 벗어버린 것이 절실히 필요함을 알게 되었다(창세기 3:7). 사탄이 타락한 것은 불순종 즉 반항이다. 아담과 하와가 타락한 것은 하나님 말씀에 불순종하고 반항했기 때문이다.

뱀과 하와가 나눈 대화 내용과 의도를 묵상한 도표

구분	뱀(사탄)	하와(Eve)	결과
대화 내용 * 들짐승 중 가장 간교한 뱀	1. 하나님이 정말 동산 모든 나무의 열매를 먹지 말라 하시더냐? 2. 결코 죽지 않는다... 그럼! 그럼! • 먹는 날 즉시 눈이 밝아진다 • 하나님처럼 선악을 알게 된다 • 하나님도 알고 있다 3. 재촉하여 빨리 결정하라 • 조급하게 안달하게 만든다	1. 동산 중앙에 있는 나무 열매 • 먹지도 말고 • 만지지도 말라 2. 먹어도 살수 있다? 3. 설마 죽지는 않겠지? 4. 보기 좋고, 먹기 좋고 탐스럽다!	* 하나님에게 직접 질문 안함 * 남편, 아담과 상의 안함 * 하와: 3중 배반자 • 하나님 • 남편 • 본인(성령의 감동) * 자신이 먼저 먹고 남편에게 주어 먹게 하였다 * 하나님 말씀 대로 죽게 되다
대화 의도 & 동기	* 하나님을 대적하는 자 * 거짓의 아비, 미혹의 전문가 * 하나님과 인간 사이를 이간 * 하나님의 선하심 의심을 심다. * 만개의 풍성한 공급보다 한개의 금지 명령에 집중 * 인간: 땅을 통치하지 못하게 방해	* 뱀의 말을 듣고 혼동에 빠진 하와 * 하나님 명령 vs 자기 욕구 * 행동하기 전 하나님 명령을 확인하지 않았다 * 행동하기 전에 자신의 마음을 아담과 나누지 않았다	* 내 마음대로 vs 하나님 말씀대로 * 내가 왕 vs 오직 하나님이 왕 * 누구도 막을 수 없는 자 * 단독으로 결정한 후 실행
되새김 & 교훈	* 사탄의 미혹을 대적: 전신 갑주 무장(에베소서 6:11-17) * 하나님의 신실하심을 항상 감사 • 조급함을 버리고 인내와 분별한다. 혼자 결정하지 않고 여러 명이 함께 분별한다.		

하와는 돕는 배필로서 아담을 '하나님 말씀'으로 돕지 못했다. 오히려 아담이 하나님 말씀을 버리고 범죄하도록 충동한 '나쁜 배필(bad helper)'이 되었다. 선악과를 자신이 먼저 따먹고 아담도 먹도록했다. 슬프고 고통스런 일이 벌어졌다.

- 나(   )는 좋은 배필인가 혹은 악한 배필인가?
- 나(   )는 지금 무슨 열매를 먹고 있는가?
- 나(   )는 지금, 여기서(now & here) 내 남편, 아내, 자녀, 부모, 형제와 자매, 친구, 이웃에게 무엇을 먹이려고 하는가?
- 내가(   ) 먼저 먹어 본 것은 무슨 열매인가? 하나님의 선하심? 성령의 열매(   )인가?

아담은 남편으로서 책임을 다했는가? 하나님은 에덴 동산을 창조한 후 아담(Adam사람)을 그곳에 살게했다. 그런 다음 '동산 나무의 실과는 네가 임의로 먹되 **선악을 알게 하는 나무의 실과는 먹지 말라 네가 먹는 날에는 정녕 죽으리라**'(창세기 2:16-17)고 명령했다. 아담은 직접 하나님의 명령을 들었다. 그 후에 하나님은 아담이 홀로 있는 것이 외로워 보이자 아담의 몸에서 돕는 배필, 하와를 만드셨다. 그러자 아담은 '내 뼈 중의 뼈요 살 중의 살이라'고 기뻐했다(창세기 2:22-23). 아담과 달리 하와, 여자는 '하나님의 명령'을 직접 듣지 못했다. 아담은 하와와 함께 에덴 동산을 산책하며 하와에게 '하나님의 명령'을 전달했을 것이다.

그런데 아담은 하와가 유혹을 받아 마음이 흔들릴 때 엄중한 하나님의 말씀으로 금지하지 못했을까? 비록 하나님의 명령이 있었지만 아담도 선악과를 맛보고 싶은 욕망이 있지 않았을까? 왜 아담은 하와가 유혹을 받았을 때 즉각 거절하도록 돕지 못했을까?

아담은 '하나님의 권위'에 복종하는 쪽보다 아내를 선택했다. 배우자를 즐겁게 하려는 욕망을 하나님 뜻에 복종하는 것보다 중요하게 여기는 것은 죄이다. 예수님은 불법을 행하는 사람을 혼인 잔치의 비유로 책망했다. 혼인 잔치에 초청했지만 '자기의 계획과 즐거움'을 '주님의 명령보다' 앞세우는 자들을 불법을 행하는 자들이라고 하였다. 그리고 '불법을 행하는 자들아 내게서 떠나가라'(마태복음 7:23)고 말했다.

왜 아담으로 하나님이 직접 명령하신 말씀을 하와와 함께 지키지 못했는가? 사탄의 말을 듣고 즉시 대적하지 않았다. 사탄은 '조롱하고 경멸할 때 참지 견디지 못하기' 때문에 사탄을 대적해야 한다(C.S. Lewis, 『Screwtape Letters』, p. 12). '너희는 하나님께 복종할지어다. 마귀를 대적하라! 그리하면 너희를 피하리라. 하나님을 가까이하라! 그리하면 너희를 가까이하시리라(야고보서 4:7-8).' 하나님과 항상 교제했던 아담과 하와는 사탄이 유혹했을 때 영적으로 이상한 감정과 느낌(feeling)을 가졌을 것이다. 그러나 아담은 '네가 먹는 날에는 정녕 죽으리라(창세기 2:17)'는 하나님의 말씀을 번개(⚡)처럼 선포하지 못했다.

하나님은 아담과 하와와 함께 언제든지, 어느 곳이나, 무슨 일이나 동행하길 바랐다. 일상 생활을 하면서 SNS, 미디어 시청, 장 보기, 산책, 운동, 여행을 하면서 누구와 동행하는가? 하나님 말씀을 묵상하고 기도하며 예배 드릴 때 어떻게 준비하는가? 무엇을 구하려고 우리는 사람을 피해 숨어 있는가? 혼자 있을 때 유혹과 시험을 받으면 넘어지기 쉽다.

'두 사람이 한 사람보다 나음은 그들이 수고함으로 좋은 상을 얻을 것임이라. 혹시 그들이 넘어지면 하나가 그 동무를 붙들어 일으키려니와 홀로 있어 넘어지고 붙들어 일으킬 자가 없는 자에게는 화가 있으리라. 또 두 사람이 함께 누우면 따뜻하거니와 한 사람이면 어찌 따뜻하랴. 한 사람이면 패하겠거니와 두 사람이면 맞설 수 있나니 세 겹 줄은 쉽게 끊어지지 아니하느니라(전도서 4:9-12).'

예수님은 이렇게 말했다. "나를 보내신 이가 나와 함께 하시도다. 나는 항상 그가 기뻐하시는 일을 행함으로 나를 혼자 두지 아니하셨느니라(요한복음 8:29)." 예수님은 언제나 무엇을 하든지 항상 성부와 동행했다. 예수님은 십자가에서 인류의 죄를 대속할 때 "엘리 엘리 라마 사박다니 하시니 이는 곧 나의 하나님, 나의 하나님, 어찌하여 나를 버리셨나이까(마태복음 27:46)."라고 외쳤다. 성부의 외면과 단절은 큰 고통이었다.

그러나 십자가에 못박혀 '고통의 폭탄이 계속 터질 때'에도 하나님의 말씀을 기억했다. '그 후에 예수께서 **모든 일이 이미 이루어진 줄 아시고 성경을 응하게 하려 하사 이르시되 내가 목마르다** 하신다(요한복음 20:28).' 모든 예언이 성취되었다. 그리고 '성경을 응하게 하시려'고 '내가 목마르다!' 외쳤다. 주여! 아무리 고통스럽고 어려운 환경 속에서도 하나님 말씀을 굳게 붙들고 걸어가게 하소서!

그러므로 예수님은 '내 안에 거하라 나도 너희 안에 거하리라 가지가 포도나무에 붙어 있지 아니하면 스스로 열매를 맺을 수 없음 같이 너희도 내 안에 있지 아니하면 그러하리라'(요한복음 15:4)고 우리에게 부탁했다.

6. 타락한 이후의 인간의 모습과 인간의 반응은 무엇인가?
What is mankind's response and condition after the fall?

'이에 그들의 눈이 밝아져 자기들이 벗은 줄을 알고 무화과나무 잎을 엮어 치마를 삼았다. 또한 그들은 여호와 하나님(⛰️)의 낯을 피하여 동산 나무 사이(🌲😨🌲😧)에 숨었다(창세기 3:7-8).'

아담과 하와의 눈이 밝아('Then the eyes of both of them were opened')졌다. 하나님이 은혜로 주신 '영적인 눈 밝음'이 아니다. 이것은 아담과 하와가 기대한 것이 아니었다. 어둠, 죄악, 죽음, 살인, 간음, 속임, 고통, 반역, 불순종, 더러움, 거절, 배반, 거짓말, 도둑질, 저주, 절망, 어두움, 술수, 이간, 비방, 원망 등 온갖 죄에 대하여 눈이 열어지고 밝아진 것이다. 자신들이 벗고 있었으나 부끄러워하지도 않았는데(창세기 2:24), 이제 자신들이 벗은 줄을('They realized they were naked') 알게 되었다. 즉 사랑, 순전함, 정결함, 진실, 정직, 거룩, 믿음, 구별됨 등의 성결의 빛이 사라진 것을 알게 되었다. 그리하여 서로 불평하고, 책임을 회피하고, 상대를 공격하기 시작했다. 영원한 저주와 형벌, 영적인 죽음의 문이 활짝 열렸다.

범죄한 이후 하나님은 '누가 너의 벗었음을 네게 알렸느냐? Who told you that you were naked?(창세기 3:11)'고 질문했다. 이제 아담과 하와는 서로 바라볼 때 하나님 형상을 지닌 하나님의 자녀로 바라보지 않고 저주, 불의함, 허물, 더러움, 부끄러움, 속임, 벌거벗은 수치만 보였다. 그리하여 서로 조롱하며 욕하고, 원망하며 저주하고, 비난하고, 공격하고, 물어 뜯고, 서로 죽이는 '진흙탕 싸움'에 빠져 영원히 방황하게 되었다. 선악과를 따먹은 것이 저주와 죽음과 지옥인 것을 스스로 알게 된 순간(⏱️)이 되었다.

영의 눈이 완전히 가려졌다. 몸을 무화과 나무 잎으로 가린다고 '벌거벗은 영혼'의 수치를 덮을 수 있을까? 만왕의 왕, 만주의 주, 하나님의 친구, 하나님의 신부가 온 우주에서 가장 멸시받는 존재가 되었다. 마치 물에 빠진 다람쥐처럼 나무 밑에서 벌벌 떨고(🌲🙀🙀🌲)있다. 아담과 하와는 서로 부둥켜안고 통곡한다.

하나님 앞에 나갈 수 없다는 고통이 '절대 절망이요 영원한 죽음'이 되었기 때문이다. 범죄한 이후 인간은 **몸**(💀)과 '영혼의 울렁증(🤢), **구토**(🤮)와 **뒤틀림**(🥴)과 **발작**(😣)'이 시작 되었다. 팔을 뻗어 붙잡은 것은 허무와 갈등이다. 죽음과 절망이 뼈 속에 계속 파도 쳤다. 인간 존재의 근본이 무너졌다. 육체와 영혼의 '기본 축'이 전부 무너졌다. 생명 장치가 완전히 파괴되었다. 에덴 동산 주인공이 쓰러졌다.

인간이 범죄하여 자신의 수치를 가리려고 위장하는 방법은 무엇인가? 자신을 그럴듯하게 꾸미기 위해 온갖 성형, 가발, 화장, 장식으로 눈 속임과 과장이 생활과 영적인 영역에 널리 퍼졌다. '벗었음에도 불구하고' 하나님에게 나갈 수 없는 '온갖 공포와 두려움'이 몰려온다. 하나님의 빛이 비칠 때마다 영혼을 뿌리채 흔들어 놓고 몸이 계속 땅바닥에 나뒹굴어지는 고통과 어지러움이 몰려온다. 범죄하기 전에는 하나님의 음성과 빛이 기쁨이요 즐거움이었다. 범죄한 후에는 사력을 다하여 하나님의 빛과 음성에서 벗어나려고 몸부림 치는 저주받은 자가 되었다. 자아 인식(self-awareness)이 깊어갈수록 고통과 슬픔은 천배 만배로 배가되어 밀려오는 것이다. 범죄하기 전에는 신의식(awareness of God)이 시간이 지날수록 점점(⬆️) 상승하며 배가했지만, 이제는 정반대가 된(⬇️)것이다.

타락하기 전에는 '아담과 그의 아내 두 사람은 **벌거벗었으나 부끄러워하지 않았다**(창세기 2:25).' 하나님이 그들에게 입히신 영광은 벌거벗은 몸이 전혀 보이지 않게 가려줄 정도로 눈부신 것이었다! 그 이유는 그들이 옷이 필요 없을 정도로 '하나님의 영광'을 몸에 입고 있었기 때문이었다. 타락하기 이전 즉 **불순종 이전**에는 **전적으로 영혼이 지배**했다. 그들을 '**자의식**'이 다스리지 못했다. 그러나 **타락한 이후**에 그들은 이전에 전혀 모르던 '**자의식**'을 그들이 알게 되었다는 것이다. '이에 그들의 눈이 밝아져 자기들이 몸이 벗은 줄을 알게 되었다(창세기 3:7).' **타락한 이후**부터는 **전적으로 육체가 지배**하게 되었다.

아담과 하와의 관계를 묵상한 도표

구분	아담(Adam)	하와(Eve)	결과
타락 이전 * 합하여 한 몸을 이루다 (창 2:25) * 완전한 행복 누림	* 하나님이 흙으로 창조 • 내 뼈 중의 뼈 • 내 살 중의 살 * 모든 생물의 이름을 주다	* 아담의 갈비뼈에 살을 붙이심 • 아담과 뼈를 나눈 사이 * 아담의 명칭을 함께 사용 * 임신과 출산 자연 무통 분만(?)	• 혼자 사는 것이 좋지 않아 보임 • 서로 돕는 배필 (창 2:18) • 둘 다 배꼽이 없다 • 벌거벗음이 부끄럽지 않음 • 하나님 형상의 빛이 충만
타락 이후 * 생명 나무 길 닫음 * 불행을 맛보기 시작	* 하와 때문입니다. * 아내의 이름을 하와 부 르다 * 저주 받은 땅: 가시, 엉겅퀴 방해	* 뱀(사탄) 때문입니다. * 임신과 출산의 고통이 더함 * 모든 산 자의 어머니가 되다 * 남편을 원하고 다스림 받음	* 하나님 형상의 빛이 떠남 • 에덴에서 쫓겨났다 • 상처와 아픔으로 서로 원망 • 불편한 관계 시작
가족과 후손	* 아벨이 가인에게 살해되는 비극을 당함 * 하나님 앞을 떠난 가인의 유리 방황하는 모습을 목도 * 아담이 130세에 셋을 얻은 후, 손자 에노스 때에 비로소 여호와의 이름을 부르게 됨(창4:26, 3:4)		
불행한 부부(👀)	나발과 아비가일, 아나니아와 삽비라		
행복한 부부(👓)	이삭과 리브가, 보아스와 룻, 브리스길라와 아굴라		

7. 타락한 인간을 구원하려는 하나님의 계획은 무엇인가?

What is God's plan for saving mankind after the fall?

그러나 하나님은 큰 슬픔(?)에 빠졌다. 오직 인간에게 '하나님의 형상'을 주었는데 인간이 사탄의 유혹을 받아 타락하였다. 하나님에게 큰 고통(?)이 밀려온다. 성부(聖父, God the Father)의 눈물(? 💧)을 본 성자(聖子, God the Son?)가 자신이 성육신하여 인간을 구원하겠다고 성부 하나님에게 요청(?)한다. 어찌하여 아담과 하와는 하나님의 빛을 잃게 되고, 반드시 죽게 되는 선악과를 따먹게 되었단 말인가? 어느날 이상한 빛이(?) 비추었다. 사탄의 말을 듣고 왜? 거절하지 못했는가? 도대체 무엇이 부족했던 것인가?

하나님과 긴밀한 교제, 완전한 교제를 나누었는데 무엇을 불평하는가? 하나님처럼 되고 싶은 마음이 있어 마음(😨)이 흔들렸던 것인가? 사탄은 뱀을 이용하여 하와를 먼저 유혹하였다. '너희가 선악과를 먹으면 눈이 밝아져 하나님과 같이 된다. When you eat it, your eyes will be opened, and you will be like God(창세기 3:5).'

그러나 하나님의 명령은 분명했다. '동산 각종 나무의 열매는 네가 임의로 먹되 선악을 알게하는 나무의 열매는 먹지 말라! 네가 먹는 날에는 반드시 죽으리라!(창세기 2:16-17)'

아담과 하와는 범죄하기 전에 서로 사랑하며 하나님과 사귐을 통해 자신의 마음과 귀(👂)에 들리는 소리를 분별(discern)(⁉️)할 수 있었다. 그리하여 이상하고 불편한 마음이 들면 언제나 나누었는데 어찌된 일인가? 사탄의 유혹과 말이 들려 왔을 때 자신이 결정하고 행동하기 전에 먼저 '하나님 앞에 그 문제를 가지고 나가야' 했다. '하나님! 사탄이 이렇게… 말합니다. 저는 어떻게(ⓢⓞⓢ) 해야 합니까?' 하나님의 인도를 받아야만 했다.

---

1) 당신은 삼위 하나님의 눈물(?💧)을 보았는가?

어제까지만 해도 사랑과 기쁨으로 교제했던 하나님은 마음이 무너져 내렸다. 온 우주에 어떤 존재에게도 주지 않은 '하나님의 형상'을 인간에게 주었다. 그러나 아담과 하와의 범죄로 하나님의 사랑이 걸레 조각처럼 찢어지고 망가진(💔🔵) 모습을 본 하나님은 통곡(? 요한복음 11:25, 누가복음 19:41)하신다. 성부(聖父, God the Father)의 눈물이 폭풍(🌪️💧)처럼(?) 흐른다. 성자(聖子, God the Son)는 심한 통곡과 눈물을 쏟으며(로마서 8:26, 히브리서 5:7), 성령(聖靈 Holy Spirit)께서도 함께 탄식한다. 하나님은 계속 슬퍼하며 눈물만 흘릴 수 없었다. 하나님은 비상 회의(? emergency meeting 예레미야 23:18)를 열어 중요한 결정을 했다. 타락하여 영원한 죽음에 떨어진 인간을 위하여 어떻게 해야 하는가?

---

2) 성자(聖子, God the Son)는 자신이 인간을 대속하기 위하여
성육신(成肉身, incarnation) 하겠다고 자원하여
요청(?)하지 않았을까?

성부와 성령은 성자의 결정을 기뻐했다. 하나님은 인간이 사탄의

유혹을 받아 범죄하여 육체와 영혼까지 죽음을 피할 수 없게 된 것을 아셨다. 그러나 하나님의 형상으로 창조된 인간의 영혼을 죽게 할 수 없었다. 그리하여 성자를 구원자로 보내어 인간의 영혼을 구원할 뿐만 아니라 사탄의 머리를 깨뜨려 인간의 육체도 다시 구원할 방법을 실행하기로 결정했다. 이것은 부모가 자식이 죽게된 것을 보고 포기하지 못하는 것과 같다. 자식을 영원한 죽음과 저주에서 구출하려고 아버지가 자신을 희생하기로 결정한 것이었다.

그들(   )이   그 날 바람이 불 때(   )
동산에 거니시는
여호와 하나님(   )의   **소리를**   **듣고**
아담과 그의 아내가
여호와 하나님(   )의   낮을 피하여
동산
나무(   )사이에
숨은지라(창세기 3:8)

---

3) 인간 구속을 위한 '하나님의 사랑'을 어떻게 묵상하였는가?

가을이 깊어가면서 집 앞에 있는 뜰과 인도에 단풍이 물든 낙엽이 수북 수북 쌓였다. 낙엽이 쌓인 길을 걷고 있는데 단풍이든 낙엽들(🍁🍃)이 바람에 날려 계속 떨어진다. 그런데 바로 그 때 '선악과를 따먹고 나무 아래에서 숨어 있는' 아담과 하와를 묵상하고 있었다.

아담과 하와는 하나님이 '에덴 동산에서 바람이 부는 날' 하나님이 동산에 걷는 소리를 들었다. 마른 낙엽 위를 걷을 때마다 '바스락 바스락' 하는 소리가 크게 들렸다. 이 소리는 마치 에덴 동산에서 아담과 하와에게 다시 데이트를 청하려고 하나님이 서둘러 걸어가는 모습을 떠올리게(?)했다. 마음(♥)이 깊게 감동되었다.

평소처럼
데이트를 청하려고
마음을 추스리고
바람이 불어 서늘한 그날
나뭇잎과 풀을 밟고
아담과 하와에게
하나님은 어떻게 걸어오실까?

두려움으로 떨고있는
자녀들이 놀라지 않도록
걸어온다

산을 뭉게는 발걸음이 아니라
까치발 들고 걸어오는(?)
하나님의 발자국 소리가 들리지 않는가?

여호와 하나님(▲)이 아담을 부르시며

그에게 이르시되 '네가 어디 있느냐?(창세기 3:9)'
벌거벗었어도
부끄러워하지 않던
너희들이

모든 것을 숨기지 않고
전부 내보였는데
오늘은 어찌된 일이냐?
스쳐가는 생각까지
어린아이처럼 말하며
깔깔대며 웃던 너희들이었지

그런데 왜 오늘은
그렇게 슬픈 얼굴로
숨어 있느냐?

   하나님은 마음(♥)을 추스린(?) 다음, 에덴 동산에 바람이 부는 날 아담과 하와를 찾아왔다. 그 때 기막힌 일이 벌어졌다. 아담과 하와는 동산에 거니시는 하나님의 소리를 듣고서 하나님의 낯을 피하여 나무 사이에 숨어 있었다(창세기 3:8). 그들은 하나님을 마치 숨바꼭질(Hide & Seek) 놀이에서 상대를 못찾아 당황하는 술래처럼 상대하는 것이 아닌가? 우주의 하나님 아버지, 왕중의 왕이 찾아왔는데 선뜻 나서지 못하는 것이다. 범죄하기 전에는 하나님이 거니시는 소리가 들리자마자 쏜살처럼 달려오다 넘어진 적도(?) 있지 않았는가?

　인간 타락 때문에 사탄은 하나님이 부끄러워(?)할 만큼 조롱하는 것을 생각해 보았는가?

　사탄이 이렇게 말하는 것 같다. '하나님! 꼴 좋아 보입니다! 그려! 우주의 어떤 존재와 뛰어난 천사에게도 주지 않던 하나님의 형상을 인간에게 주시다니! 그래서 도대체 하나님이 얻은 것은 무엇입니까?' 하늘의 모든 천사들이 통곡(?)하는 소리가 들려오지 않는가?

---

4) 왜? 하나님(⛰)은 통곡(?💧)하시며 마음 아파하실까?

　에덴 동산에 있는 동물들과 새와 곤충과 나무와 꽃과 풀과 물고기들도 슬퍼하는 모습을 묵상해 보았는가? 사탄이 하나님에게 삿대질하며 조롱하는 소리치는 모습을 묵상할 때 눈물이 터져 나온다. 그때 하나님(⛰)은 사탄의 조롱에 부끄러워져 얼굴(?)이 빨갛게(?) 달아올랐을까? 아담과 하와는 자신 때문에 하나님이 사탄에게 멸시를 당하는 것을 보고(?) 쥐구멍으로 도망가고 싶었다.

　그런데 사탄은 이제 아담과 하와를 저주하기 시작하지 않았을까? '그래 너희들은 여호와 하나님의 형상을 따라 창조된 최고의 존재였다. 나도 너희들 안과 밖에서 흘러나온 빛 때문에 접근할 수 없었다. 그런데 이제부터는 너희들은 나의 노예다. 내가 너의 왕이고 주인이다. 문제와 고통이 있을 때마다 나를 부르라. 나를 섬기고 따라야 한다. 그래야 너희들이 살아있는 동안 즐겁게 보낼 수 있다!'

　하나님은 손수 옷을 만들어(😿) 인간의 수치를 가려주었다(창세기

3:21). 하나님은 '하나님이시길 스스로 포기(? 빌립보서 2:5-8)'했다! 혈기를 다스리지 못하고 충동적으로 사람을 죽이고 사형집행을 기다리는 아들을 찾아오는 아버지가 있었다. 그 아버지는 모든 사업과 일상을 접고 매일 아들을 면회하기 위하여 구치소 앞에 있는 집을 구입하여 이사했다.

"그런즉 누구든지 그리스도 안에 있으면 새로운 피조물이라 이전 것은 지나갔으니 보라 새것이 되었도다!(고린도후서 5:17)" 하나님은 아담과 하와를 찾아와 이렇게 말하는 것 같았다.

아담아! 어디있느냐?(Where are you?)
아담아! 아가! 애야!(Darling! My beloved! My baby!)
보고 싶었어!
만나고 싶었다!

나는 항상 너만 생각하고 있을 뿐이다!
네 목소리를 또 들려주지 않겠니?

네가 새들(🕊)과 동물들의 이름(🐾)을 지어주며
새들과 동물들과 어울려 뛰어노는 모습이 얼마나 좋았던지
너는 알고 있느냐?

하늘에 떠 있는 태양과 달
별들의 이름도 지어 주며

호수보다 밝은 눈을 깜박이던
네 모습을 보고 싶구나!

동산에서 자라는 풀과 꽃과
나무들의 이름을 지어주며
풀과 꽃과 나무들과 대화했다.
너의 순수한 마음(♥)은 어디 있느냐?

바다와 강과 시내와 호수에 비친
네 모습을 보며
나에게 감사하며
기도(🙏)하던 것은 모습은 어디 있느냐?
낮이 지나고
황혼이 내려 앉았을 때
에덴 동산 동굴 속에서
밝게 비추는 너의 빛난 얼굴은
무엇을 보고 있었느냐?

바람이 불던 날
안개가 자욱하던 날
'하나님! 잠깐만요!'라고 말하면서

나에게 준다고

바람과 안개를 붙잡아 보려고
한참 동안 땀을 흘리며 뛰어다니던
네 모습이 정말 귀여웠다.
새들(🐦)의 노래(🎶)를
어찌나 똑같이 흉내 내는지
새들이 숨바꼭질 놀이를 할 수 없다고
못찾겠다 꾀꼬리 소리칠 때
네가 환하게 웃던 것을 잊었느냐?

나무에 기대어 쉬다가(休)
나무야(🌲) 너도 나처럼 걸어봐
나무가 '난 못해!'
'그대신 내 잎사귀(🍃)로 노래는 부를 수 있지'라고 말하자

함께 웃으면서 부르던 노래는 어디 있느냐?

엎드려 양손으로 강물을 떠 마시다가
서로 물을 끼얹으며
한참 떠들고 웃던 너희들이 웬일이니?

땅에 기어다니는 곤충들을
한나절 바라보며
땅에 기어다녀 보다가

'개미야 달리기 시합해볼래' 소리치며
계속 배로 기어가던 것을 기억하느냐?

동물들에게 춤을 가르쳐 준다고
'야호! 빨리 모여봐!' 외친 후
양손으로 노래를 지휘하다가
몸을 흔들며 '나처럼 해봐요!
이렇게! 이렇게!' 요청하자
에덴 동산에 춤판이 벌어졌던 그날 오후
어깨춤판은 이제 누가 인도하겠느냐?

안개 비와 이슬이 내릴 때
고개를 들고
밤을 꼬박 새우며
안개와 이슬을 마신 후
'고마워! 안개야! 이슬아!' 그렇게 앙증맞게 인사할 때
너희 머리를 쓰다듬어 준 자는 누구더냐?

돌을 귀에 대보고
얼굴에 비벼 보다가
'넌 왜 그렇게 단단하냐?'
질문하다가 스스로 대답하며
웃던 모습을 어떻게 잊는단 말이냐?

산에 올라
양손을 입에 대고
또 양쪽 눈에 대고

야호! 야호! 야호!
소리치는 메아리 소리에
다른 사람이 있는지 확인해 보려고
이 산 저 산을 뛰어다니던 모습이 떠오른다.
강물에 첨벙 뛰어들어
처음엔 수영을 못해 허우적거리다
금방 헤엄치던 모습이 우스웠단다!
꽃 단장 한다고
온갖 꽃잎(🌸)을 뜯어
얼굴과 온 몸과 손과 발을
형형색색으로 붙이고

서로의 모습을 보고
웃고 또 웃다
배가 아프도록 웃다가
눈물을 흘리며 또 웃던 웃음을
나는 지금까지 기억하고 있단다!

마치 타잔처럼 놀아 보려고

칡 넝쿨을 붙들고
멀리 뛰어 보려다 넘어져
엄살부리며 웃던 얼굴이 보인다.

갈대 풀씨와
민들레 홀씨 중에
어떤 풀씨가
멀리 날아가는지
알아보려고
맹꽁이처럼 양볼이 부풀어 오르도록
심호흡하며 공기를 모아
훅 훅 훅 불어 본 후
그 길이를 재보려고

양팔을 뻗으며 걸어가던
네 모습이 얼마나 예쁘던지!

동물들에게 윙크를 가르쳐주며
 너희들도 하나님에게 윙크해
나처럼 이렇게
그때마다 내가 기뻐한 이유를 알겠느냐?

내가 찾아오면

깡총깡총 펄떡펄떡 뛰며

손뼉까지 치면서(👏)

어쩔줄 모르게 기뻐하던

네 모습을 보여 줄 수 있겠니?

하나님 아버지! 사랑(🖤)합니다!

양손을 가슴에 대고

너희들은 마음을 들어 올려 기도했다.

온 몸을 땅에 엎드려

'하나님 아버지의 뜻이 이루어지도록 사용하소서!'

조용히 찬양(🎵)하던 목소리를 다시 들려줄 수 있겠니?

　하나님(🔺)은 정기적으로 '날이 서늘할 때(in the cool of the day)' 에덴 동산을 직접 방문하여 아담과 하와를 만나고 있었다. 아담과 하와는 범죄하기 전에는 하나님(🔺)이 방문하는 곳에 마중을 나와 있었다. 때로는 하나님(🔺)이 동산에 발(👣)을 내딛자마자 달려온 그들이었다. 그런데 범죄한 후, 왜 그들은 나무 사이에 꼭꼭 숨어 있는가?

　　　　　　　　내가(　) 　　　　동산(　)에서

하나님(　)의　소리(　)를

　　　　　　　　　　　　듣고

　　　　　　　내가(　)　벗었으므로

두려워하여

숨었나이다(창세기 3:10).

   아담과 하와는 선악과를 따먹은 후 두려움과 슬픔이 폭풍처럼 몰려와 견딜 수 없었다. 그래서 숨을 곳을 찾았다. 욕망을 신(神)으로 삼아 살게되었다. 더 이상 하나님을 위한 마음의 공간이 없게 되었다. '언약을 버리고 범죄(호세아 6:7)'하여 언약이 파괴되었다. 하나님을 거절한 것이다. 하나님을 떠나 범죄했다. 자아 실현을 위해 하나님의 명령을 불순종하여 '자아가 폭발'했다. 자신을 스스로 가두어 영원히 저주 속에 갇혀 살아야 했다. 이 문제와 갈등은 하나님 외에는 아무도 풀 수 없는 것이다.

   하나님은 아담과 하와가 상상할 수 없는 모든 것을 주었다. 그들이 영원까지 살펴보아도 상상할 수 없는 큰 것이다. 하나님은 천상에서 수많은 천사들과 스랍과 네 생물들의 밤낮 쉬지 않고 찬양을 받고 있었다. 그러나 하늘의 어떤 존재들도 '하나님의 형상'을 따라 창조하지 않았다. 그러므로 천상의 천사들이 아담과 하와를 부러워했다. 하나님의 형상을 덧입은 아담과 하와가 범죄했을 때 천상의 모든 천사들과 존재들은 슬퍼했다. '하나님의 잔치'에 주인공이 없는 것이다. 잔치에서 아무리 산해 진미의 음식이 넘쳐나고, 웅장한 오케스트라가 연주를 하고, 손님들이 가득하지만, 주인공이 없는 잔치는 의미가 없는 것이다.

누가　　　너(　　)의　　　벗었음을

　　　　　　　　　네게(　　) 　　　알렸느냐?
내가(　　)　　　　　네게(　　) 　　　먹지 말라
　　　명한(　　)　　　　　　　　　　그 나무 열매(　　)를
　　　　　　네가(　　) 　　먹었느냐?　(창세기 3:11)

　하나님은 아담과 하와에게 이렇게 말하는 것을 묵상해 보았는가?
'난 오늘 널 만나러 오기 전에…너에게 내 눈물을 보이지 않으려고
(?)…네가 볼 수 없는 곳(?)에서 실컷 울고(🫧?) 왔다! 너와 나를 이간
질하는 존재는 누구냐? 도대체 우리 사이를 훼방한 자는 누구냐? 너
의 범죄로 영원한 죽음에 갇히게 된 너를 보고 내 마음(♥)이 찢어지
게 아프다! 어찌하면 좋겠니? 네가 영원히 죽게 된 것을 어떻게 내가
볼 수 있단 말이냐? 차라리 내가 네 대신 죽을란다! 어찌된 일인지
말을 해보거라!'

❶ 나는(　　) 널(　　)위해 네가(　　)받을 형벌을 기쁘게 받기로했다.
　넌(　　) 내 눈(　　)에 넣어도 아프지 않은, 내(　　)보물이며 전부
　다! 어떻게 네가(　　) 죽는 것을 내가(　　)볼 수 있겠니? 아비가
　어찌 자식이 죽어가는 것을 보고 애간장이 녹지않겠니?

❷ 차라리 내(　　)자신을 내어놓겠다. 이 말이 무슨 뜻인지 알 수 있
　겠느냐? 나는 너를 영원 전에 선택해 놓았다. 넌 기계가 아니라,
　완전한 자유를 가진 인격자다. 나(　　)의 형상 즉 신성(神聖)의 호
　흡을 받은 자녀로 태어나게 했단다.

❸ 나(　　)는 너와(　　) 영원히 사랑을 나누며 살려고 하였다. 내가

(　　)진정한 사랑을 너에게 준 이유가 무엇인지 알겠니?

❹ 누가 널 유혹하더냐? 무엇을 가지고 유혹하더냐? 넌(　　)무엇을 더 얻으려고 했느냐?

❺ 왜? 너는 마음(♥)이 흔들릴 때, 번민이 쌓일 때, 혼란스러울 때, 어찌할 바를 모를 때, 판단력이 흐려졌을 때, 심한 갈등으로 괴로울 때…날(　　)찾아오지 않았느냐?

❻ 난(　　) 네가(　　) 금단의 선악과(　　)를 겁도 없이 따먹을 때 천사(　　)를 보내어 네 손목을 비틀어 억지로 먹지 못하게 할 수도 있었다. 만약 내가 그렇게 했다면 넌(　　) 자유를 침해 받은 상처를 평생 지니고 살아야했다. 나(　　)는 네가(　　)끝없는 자유와 책임을 지닌 아들로 살기를 바랐다.

❼ 난(　　) 너와(　　)완전한 자유 속에서 기쁜 마음에서 나오는 자연스러운 사랑(♥)을 나누고 싶었다. 열린 마음으로 서로를 향해 (　　)온전히 나누고 사귀고 싶었다.

그날 아침…네가(　　)선악과를 따먹던 날, 하늘(　　)의 모든 천사들이 슬퍼하며 울기(?) 시작하였다. 나도(　　) 깜짝 놀라며(?) 당황(?) 했다. 하늘(　　)에서 쫓겨난 사탄(　　)과 귀신과 마귀들이 너(　　)를 질투하여 나(　　)를 대적하여 골탕(?) 먹이고, 반역하려고, 너를 유혹한 것이다. 그러나 나는 네 안에, 너는 내 안에 있기 때문에, 나는 어떤 값을 지불해서라도 반드시 너를 다시 구원하려고 결정했다. 아가야 난 네가 똥을 칠하고, 구정물을 온몸에 뒤집어쓰고 냄새를 풍기며 숨어 있어도 사랑한다. 애야! 어찌하면 좋겠냐? 워메 정말 징하다. 내가 그렇게 신신당부 했지만 기여코 언약을 깨뜨린 이유는 무엇이냐? 네 속 마음(　　)을 열고 대답해 보아라.

무엇을 감추려고 그렇게 나뭇잎을 치렁 치렁 감싸고 나무 밑에서 떨고 있느냐? 도대체 무엇을 더 얻으려고 내가 진심으로 부탁한 명령(　　)을 깨뜨렸느냐? 에덴(　　)동산 생활이 그렇게 따분했더냐?

너의 호기심이 내가 부탁한 사랑의 명령(　　)보다 더 컸던 이유는 무엇이냐?

어떠한 불편함도 없이 '완벽한 조화(perfect harmony)'된 에덴의 삶에 무엇이 부족했느냐?

'아담(　　)아! 아담(　　)아! (" ", " ")'라고 부르는 하나님(▲)의 목소리가 지금도 우리 '마음의 에덴 동산'에서 메아리 치고 있지 않은가?

창세기 2-3장 타락한 인간, 하나님의 구원 계획, 교훈과 경고에 대한 묵상(표 2)

구분	표현	환경과 드러남	결과

뱀과 하와의 대화
* 사탄의 전략
* 사탄의 승리
	• 정말 모든 나무의 열매를 먹지못하게 했느냐?
	• 하와의 기초를 흔들다
	• 결코 죽지 아니하리라
	• 먹으면 눈이 밝아진다
	• 하나님처럼 된다
		• 스스로 판단
		  '좋아보이는데? 왜?'
		• '만지지도 말라!' 첨부
		• 죽을까 하노라! 결정적인
		  거짓말
		• 달콤한 유혹 속에 들어
		  있는 독약 모름
		• 혼란과 충격에 빠졌다
		• 하나님 말씀 vs
		  자기 스스로 추측/결단
			• 뱀의 결정적인 거짓말로
			  속임
			• 육체를 가진 사탄의 노예
			• 나의 주인은 하나님인가?
			• 나의 주인의 사탄 인가?
			• 스스로 사탄을 주인 삼다
			• 자원하여 사탄의 노예가
			  되다

타락한 인간
* 하나님의
  부끄러움
* 하나님 마음
  고통
* 하나님의 눈물?
* 생명 나무 길
  닫음
	• 보암직, 먹음직, 탐스러운
	  선악과 열매....... 그러나
	• 선악과 열매를 먹다
	• 하나님 말씀 불순종
	• 하나님 권위에 불순종
	• 자신이 신(神)이 되다
	• 흙으로 다시 돌아간다
		• 하나님의 형상의 빛이
		  사라짐
		• 전적으로 육체가 지배
		• 자기 실현, 자아 극대화,
		  자아 폭발
		• 자발적으로 사탄의 노예
		• 하나님 목소리를 듣고 숨다
		• 하나님에게서 독립한 존재
		  임을 강조
		• 땅이 저주받음: 가시,
		  엉겅퀴 방해
			• 눈이 밝아졌다
			• 벗은것을 알게 되었다.
			• 무화과나무 잎으로 가림
			• 하나님 목소리가
			  두려워지다
			• 언약 파기,
			  불법을 저지르다
			• 신성 반항과 도전
			• 하나님을 조롱하는 사탄

* 그럼에도
  불구하고
* 하나님
  구원 계획
* 메시야 약속
• 자신을 비우신
  메시야 예수
• 빌립보서 2:5-8
* 교훈과 경고
	• 동산에 거니심
	• 아담을 부르심
	• 질문하심
	• 여자 후손 vs 뱀 후손
	* 율법 주의
	• 겉으로 순종?
	• 마음으로 순종?
		• 타락한 인간에게 먼저
		  찾아오심
		• 하나님의 명령은 단순한
		  법 조항이 아님
		• 하나님 명령에 불순종으로
		  확인
		• 타락한 후 생명나무 열매를
		  먹을 때 큰 문제?
		• 구원받지 못한 그대로
		  영원히 멸망?
		• 에덴에서 내어보냄
		• 사탄의 또다른 미혹에 대한
		  대비책
		• 광야 시험(3가지)과
		  십자가 사건
			• 가죽옷을 직접 만들어
			  입힘
			• 하나님 성품을 계시
			• 에덴에서 추방
			• 그룹과 두루 도는 불 칼로
			  생명 나무 길을 지키신다
			• 진실한 순종? vs 거짓 순
			  종?
			• 십자가에 죽기까지 순종한
			  메시야
			• 사탄 미혹에서 완전
			  승리하신 예수

(주: 도표 2은 저자가 위에서 밝힌 내용 즉, '하와는 뱀의 유혹에 어떻게 응답하는가? (5), '타락한 이후의 인간의 모습과 인간의 반응은 무엇인가?' (6), '타락한 인간을 구원하려는 하나님의 계획은 무엇인가?' (7)의 내용을 정리한 차트다)

바울의 승리와 우리의 고백(로마서 7:15-25, 8:1-39)을 묵상한 도표

하나님은 우리가 사탄에게 계속 미혹 받아 고통 당하지 않도록 '구원자 예수 그리스도'를 보내셨다. 그러므로 우리 자신의 우울함, 타인의 조롱, 천사와 사탄까지 손대지 못하도록 보호해 주신다.

문제	하나님이 하신 일	확신과 고백	핵심 구절
속사람: 하나님의 법과 죄의 법 싸움	성령의 법이 죄와 사망의 법에서 우리를 해방 (로마서 8:1-1-2) * 육신의 생각...하나님과 원수 하나님을 기쁘게 못한다.	* 그리스도 예수 안에 있는 자를 결코 정죄할 수 없다. * 육신을 따르는 자---육신의 일영을 따르는 자...영의 일 집중 * 육신의 생각...사망 영의 생각...생명과 평안	로마서 7:15-25
종의 영 양자의 영	하나님은 아빠 하나님	* 하나님의 자녀요 상속자 * 영광 받기 위해 고난도 받아야	8:15-17
피조물의 탄식	처음 열매를 주신 하나님	* 양자 될 것...몸의 속량을 기다림	8:21-23
우리의 연약함	성령이 탄식하며 돕고 간구하심	* 탄식하며 고통, 하지만 소망 있다. * 모든 것이 합력하여 선을 이룬다.	8:26-27
부르신 목적	정하시고-부르시고-의롭다 하시고...영화롭게 하신다.	예수님의 형상을 본받게 하려고 미리 정하여 부르심을 받았다.	8:29-30
누가 대적?	하나님이 우리를 위하여...아들을 아끼지 않고 내어 주심	아들과 함께 우리에게...모든 것을 주신 것을 받는 자	8:31-32
누가 고발?	선택하여...의롭다 하신다.	하나님의 선택과 의롭다 하신다	8:33
누가 정죄?	죽으시고 부활하신 예수님 * 하나님 우편에서 우리 위해 간구	예수님의 중보 기도를 받는 자	8:34
누가? 하나님 사랑을 끊을 수 있나?	하나님 사랑은 끊을 수 없다 환난, 곤고, 박해, 기근에서 보호	도살 당할 양처럼 고통 당한다. 그러나... 넉넉히 이긴다! (We are more than conquerors through esus who loved us!)	8:35-37
고통과 아픔 확신하는 이유	* 하나님 사랑의 능력 * 예수 그리스도 안에 있는 자 * 완벽하게 보호하신다.	* 사망과 생명 * 천사들과 권세자들 * 현재 일과 장래 일 * 능력 & 높음과 깊음 * 다른 어떤 피조물	8:38-39

8. 영원한 제사장 예수 그리스도는 어떤 분인가?

Who is Jesus as the forever priest?

창세기 1:26-28

26절

하나님(   )이

이르시되(   ),

"우리(   )의 형상을 따라

우리(   )의 모양대로

우리(   )가   사람을

만들고(   )

그들로   바다(   )의

물고기(   )와

하늘(   )의

새(   )와

가축(   )과

땅(   )에 기는

모든 것(   )을

다시리게(   )하자" 하시고

27절

하나님(　)이
자기(　)　형상 곧
하나님(　)의　형상 대로　　　　　　사람(　)을
　　　　　　창조(　)하시되
　　　　　　　　　　남자(　)와
　　　　　　　　　　여자(　)를
　　　　　창조(　)하시고

28절

하나님(　)이　　　　　그들에게
　　　　복을　주시며
하나님(　)이　　　　　그들에게
　　　　이르시되(　),
　　　　　　　　　　"생육하고
　　　　　　　　　　번성하여
　　　　　　　　땅에　　충만하라,
　　　　　　　　땅을　　정복하라,
　　　　　　　　바다의　물고기(　)와
　　　　　　　　하늘의　새(　)와
　　　　　　땅에 움직이는　모든 생물을

다스리라"

하시니라

1) 시편 110:4
4절

여호와( )는 맹세하고 변하지 아니하시리라. 이르시기를 너 ( )는 멜기세덱의 서열을 따라 영원한 제사장이라 하셨도다.

The LORD has sworn and will not change his mind: "You ae a priest forever, in the order of Melchizedek."

영원한 하나님의 신성의 형상을 갖고 있는 제사장이 필요하다. 이러한 제사장을 위해 '말씀(Logos)이신 하나님'이 영원 전부터 예비되어야 한다. 창조될 인간을 위하여 준비된 영원한 제사장이다. 미리 준비하지 않으면 어떻게 하나님의 사랑(♥)을 보여 줄 수 있단 말인가?

인간은 하나님에게는 '사랑하는 님'이다!
사랑하고 사랑하다 목숨까지 내어준 님이 아닌가?

아무것도 부족하지 않은
에덴 동산의 아침

영원한 기쁨을

아침 햇볕에 물처럼 마신다.

새 떼가 나뭇가지 사이를
오르락 내리락
사랑의 꽃비를 뿌린다.
풀잎들이 바람에 나부끼며
계속 춤을 춘다

님이 한눈을 팔아
눈 멀어
날 버리고 떠날 때

발걸음 헛디뎌
천길 만길 낭떠러지
굴러 떨어지지 않도록

사랑의 등불 밝혀
등대에 올라
통곡하며(💧?) 소리친다.
내 사랑은 변하지 않는다.
어떤 일이 있어도
날 잊지 말아라!

어둠(●)에 속아

하나님의 명령을 깨뜨려

영원한 형벌의 굴레가 씌워진 그날 오후 세시?

2) 예수님이 돌아가신 시간(?)과 아담과 하와가 타락한 시간(?)이 동일한 시간일까?

아담과 하와가 '선악과를 따 먹고' 하나님 형상에 치명적인 상처와 고통을 받은 시간(?)이, 예수님이 십자가에서 운명한 시간과 일치한 다면 '하나님의 속죄' 역사는 얼마나 극적인가? 또 하나님이 아담과 하와에게 가죽옷(창세기 3:21)을 만들어 입혀 준 시간(?)이, 예수님이 십자가에 죽은 시간과 동일한 시간인가? 하나님은 인류를 구원할 '하나님의 어린 양'을 보내실 것을 연출하시고 감독하시고 실행하셨다.

* 출애굽할 때 '유월절 양(Passover Lamb)'을 해질 때에 잡았다(출애굽기 12:6).

* 예수님은 '제 육시로부터 온 땅에 어두움이 임하여 제 구시까지 계속되더니, 제 구시쯤에 예수께서 크게 소리 질러 이르시되, '엘리 엘리 라마 사박다니!' 하시니 이는 곧 나의 하나님, 나의 하나님, 어찌하여 나를 버리셨나이까 하는 뜻이라…예수께서 크게 소리 지르시고 영혼이 떠나시니라(마태복음 27:45-50).'

히브리서 7:1-3에서 멜기세덱이 언급되어 있다.

1. 이 멜기세덱은 살렘 왕이요 지극히 높으신 하나님의 제사장이라

여러 왕을 쳐서 죽이고 돌아오는 아브라함을 만나 복을 빈 자라

2. 아브라함이 모든 것의 십분의 일을 그에게 나누어 주니라 그 이름을 해석하면 먼저는 의의 왕이요 그 다음은 살렘 왕이니 곧 평강의 왕이요

3. 아버지도 없고 어머니도 없고 족보도 없고 시작한 날도 없고 생명의 끝도 없어 하나님의 아들과 닮아서 항상 제사장으로 있느니라

영원한 대제사장 예수 그리스도,

성자 하나님(聖子, God the Son)은 어떤 분인가?

---

(1) 창조 이전부터 대제사장 하나님(요한복음 1:1-3)

태초에

말씀이

계시니라

이 말씀이

하나님과   함께   계셨으니

이 말씀은

곧

하나님   이시니라

그가   태초에

하나님과   함께   계셨고

만물이

그로		말미암아	
	지은 바		되었으니
		지은 것이	하나도
그가 없이는		된 것이	없느니라

- 삼위 하나님은 영원부터 완전한 연합을 이루고 있다.
- 삼위 하나님은 계속하여 서로 나누고 있다.
- 삼위 하나님은 언제나 서로에게 속하여 있으면서 독립된 신격, 신성 (divinity)이다.
- 삼위 하나님은 직임(duty, position)이 달라 서로에게 영향을 끼친다.
- 그러나 삼위 하나님은 하나이면서 셋이다. 또한 셋이면서도 완벽한 하나다.
- 삼위 하나님 중 한 제사장 하나님이 성부(聖父, God the Father)에게 요청, 기도한다. 말씀이신 하나님(God the Logos), 성자(聖子, God the Son)가 요청한다.
- 삼위 하나님이 천지와 우주를 창조하여 '영적 세계'를 보이는 세계에 나타내어 영광을 돌릴 때 성자(God the Son)는 말씀(Logos)이신 분이다. 즉 성부 하나님(God the Father)이 '말씀이신 하나님을(by Logos & in Logos)' 통해 일하신다. 성자 하나님은 자신을 기쁘게 내어놓았다. 거룩한 '자기비움'이 천상에서 일어났다. 즉 말씀(Logos)이신 하나님, 성자(God the Son)의 영원한 겸손이 있었기 때문에 성자는 하나님이심을 증명(?)하셨다.

(2) 성자(聖子, God the Son)의 천상에서의 겸손과 성육신(成肉身, incarnation)이전과 이후의 모습을 살펴 볼 수 있는 구절이다.

빌립보서 2:5-8

5. 너희 안에 이 마음을 품으라 곧 그리스도 예수의 마음이니

Have this mind among yourselves, which is yours in Christ Jesus

6. 그는 근본 하나님의 본체시나 하나님과 동등됨을 취할 것으로 여기지 아니하시고

who, though he was in the form of God, did not count equality with God a thing to be grasped

7. 오히려 자기를 비워 종의 형체를 가지사 사람들과 같이 되셨고

but emptied himself, by taking the form of a servant, being born in the likeness of men

8. 사람의 모양으로 나타나사 자기를 낮추시고 죽기까지 복종하셨으니 곧 십자가에 죽으심이라

And being found in human form, he humbled himself by becoming obedient to the point of death, even death on a cross.

❶ 천지 창조 이전의 '영원 세계'에서 '말씀(Logos)이신 하나님', 성자의 이러한 '자발적이며 끝없는 비움과 낮춤'을 삼위 하나님(Trinity)은 기뻐하였다.

❷ 한없이 자신을 낮추고 내어 놓은 것을 기뻐하는 '제사장적 하나

님', 성자 하나님(聖子, God the Son)의 마음이 '삼위 하나님'에게 감동되어 그 향기가 온 우주에 진동한다.

❸ 영원 세계에서 '성령 하나님의 기름 부음'과 '성부 하나님의 영광'과 임재의 향연과 구름이 온 우주에 가득차고 솟구치며 끝없이 흘러내렸다.

❹ 삼위 하나님의 영광과 기쁨과 빛과 영광이 더욱더 빛나게 되자 온 우주가 찬양하며 삼위 하나님에게 영광을 돌린다. 그러자 '성부 하나님(聖父, God the Father)'은 '완전한 빛 가운데 있는 생명의 빛' 즉 완전하고 충만한 빛을 발함으로 응답한다.

❺ 그리하여 '우주 창조 이전'부터 '삼위 하나님'은 '완전한 빛의 충만'과 '완전한 사랑'과 '완전한 기름부음'과 '완전한 연합'의 기쁨으로 충만하였다. 삼위 하나님은 스스로 '하나님이 하나님이심'의 긍지와 보람을 느끼고 기뻐하였다.

(3) 우주 창조와 대제사장 하나님, 성자 하나님(聖子, God the Son)

요한복음 1:3 "만물이 그로 말미암아 지은 바 되었으니 지은 것이 하나도 그가 없이는 된 것이 없느니라. Through him all things were made; without him nothing was made that has been made."

❶ '영원한 말씀(Logos)'이신 하나님이 자신을 '성부(聖父, God the Father)'에게 끝 없이 계속하여 자신을 내려 놓으면서 말한다.

❷ '때가 되었으니' 우주 창조를 통하여 하나님 아버지, 성부(聖父)의 영광을 선포하소서!

❸ '성부 하나님'(聖父, God the Father)이 기쁨으로 '말씀(Logos) 하나님' 즉 성자(God the Son)를 통하여 온 우주를 창조한다.

❹ '성령 하나님'도 기쁨으로 '능력과 권능'으로 우주 창조에 함께하여 '성부의 뜻과 권세'와 '성자의 겸손과 사랑'을 온 우주 끝까지 펼쳐진다.

(4) 천상 세계(celestial, invisible world), 영적 세계(spiritual world)가 창조 된다.

❶ 천상, 영적 세계는 며칠 동안 창조되었을까? 천상 세계, 영적 세계에도 제 칠일의 안식일(창세기 2:1-3)이 있는가?

❷ 천상의 영적 생물과 존재들이 창조된다.

❸ 천사들이 창조된다.

❹ 천상 존재들의 처소가 창조된다.

❺ 천상 세계와 조화되는 모든 환경과 갖추어야 할 것들이 창조된다.

❻ 천상 세계의 창조 순서는 어떻게 되었을까?

❼ 천상에서의 하루(one day)는 어느 정도의 시간인가?

❽ 천상에서 '가장 먼저 창조한 존재'와 '천상 창조의 꽃/절정'은 무엇일까?

(5) 보이는 세계(visible world)가 창조된다(창세기 1:1-2:25).

❶ 제한되게(Limited) 유한한 모습으로 창조된다.

❷ '나타난 것(what is seen)'은 '보이는 것(visible things)'으로 만들어진 것이 아니다(히브리서 11:3).

❸ 순서와 질서에 따라 창조되었다.

❹ 창조된 것들은 본래 서로에게 대항하고 천적과 해로움이 되지 않았다. 즉 완전한 조화와 통일과 균형과 일치가 있었다.

❺ 먹이 사슬(food chain)이 극히 제한적으로 창조되었다. 본래는 모든 동물과 조류와 물고기와 인간에게는 식물이 먹이로 주어졌다.

❻ 천체와 인간, 동물, 조류, 식물, 어류, 파충류, 광산물, 미생물, 곤충 사이에 구별이 있다.

❼ 오직 사람에게만 '하나님의 형상(image of God)'이 주어졌다. 사람에게 만물을 다스리는 능력과 권세가 주어졌다.

(6) 인간 타락에 애통하는 대제사장 하나님, 성자(聖子, God the Son)

❶ 대제사장 하나님, 성자 하나님(聖子)의 애통이 하늘/천상과 온 땅

에 울린다.

❷ 성자(聖子)는 자신보다 더 크게 마음(♥) 아파하는 '성부 하나님 (God the Father)'의 눈물(?)을 보고(?) 성자 하나님(聖子)은 자신을 속죄 제물로 내어 놓는다.

❸ '성령 하나님'도 말할 수 없는 탄식으로 '인간의 타락'을 애통한다.

❹ '천상 세계(celestial world)'에서 한 번도 없었던 '삼위 하나님 (Trinity)의 통곡(?)'이 온 우주에 퍼진다. '내 형상을 입은 인간이 범죄하였다! 어이할꼬? 어쩜 좋노?' 천사들과 영적 존재들이 깜짝 (?) 놀란다.

❺ 인간을 유혹하여 타락시킨 사탄(Satan)의 비웃음, 너털 웃음, 조롱이 온 우주에 천처럼 퍼져간다.

❻ 하나님의 비상회의(?)가 열렸다.

❼ '하나님의 결정'이 서서히 드러나기 시작했다. 신비하게, 은밀하게, 계속해서, 자세히 역사 속에 나타났다. "내가 너로 여자와 원수가 되게 하고 네 후손도 여자의 후손과 원수가 되게 하리니 여자의 **후손은 네 머리를 상하게** 할 것이요 너는 그의 발꿈치를 상하게 할 것이니라 하시고(창세기 3:15)."

'여호와 하나님이 아담과 그의 아내를 위하여 **가죽옷을 지어 입히시니**(창세기 3:21).'

❽ 예표되는 인물들을 통하여 '대제사장 하나님'의 모습이 나타난다.

❾ 예표되는 인물들의 행동과 제사와 제물, 예식, 옷, 도구 등을 통해 표현된다.

❿ 하나님이 보낸 자들(족장, 지도자, 선지자, 예언자, 사사, 왕, 지파, 후손)과 그들이 전하는 메세지를 통해 자세히 예언되었다.

⓫ 역사를 통해 '대제사장 하나님'의 모습을 계시한다.

⓬ 때가 차매 '대제사장 하나님'이 인간으로 성육신(incarnation)하여 출생한다.

⓭ 출생한 '대제사장 하나님, 성자 하나님(聖子)'이 인간과 동일한 경험을 한다.

⓮ 왜? '대제사장 하나님, 성자(聖子)' 이 땅에 성육신 했는지 선포하고, 가르치고 '하늘나라 말씀'을 선포한다.

⓯ '대제사장 하나님'이 예언의 성취대로 성육신 했음을 증명하고 자신과 성부 하나님과 성령 하나님을 드러낸다.

⓰ 결정적인 시간(kairos)을 기다린다.

(7) 대제사장 하나님, 성자 하나님(聖子)이신 예수님이 자신을 십자가에 제물로 내어 놓는 이유는 무엇인가?

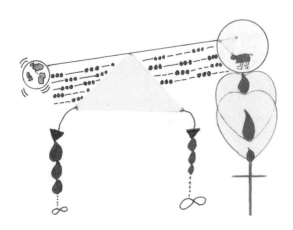

❶ '인간 구원 역사의 정점'을 실제로 보여 준다.

❷ 성육신(incarnation)한 예수님이 십자가에 실제로 못박혀 '영원한 제물로 자신을 드린' 대제사장임을 밝힌다.

❸ 타락으로 인간에게 굴레 씌워진 '영원한 죽음'을 풀어준 '해방 선언'이다.

❹ 성부 하나님(聖父, God the Father)의 공의를 만족시킨 '제사장 하나님'

❺ '삼위 하나님(Trinity)'를 대항, 거역, 방향, 반란, 불순종한 사탄(Satan)의 머리를 깨트렸다.

❻ '하늘의 영적 존재들과 천사들'에게 '영원한 대제사장 하나님, 성자(聖子)'의 속죄 비밀을 선포한다.

❼ 세상 죄를 지고 가는 '하나님의 어린 양. The LAMB of God, who takes away the sin of the world(요한복음 1:29, 36).'의 모습을 보여 주었다. '하나님의 어린 양'을 통하여 치유(healing)의 강물이 흐른다.

❽ '하나님 나라의 기초'가 무엇인지 실제로 값을 지불하여 확정했다.

❾ '하나님의 무조건적인 사랑(God's unconditional love)'의 결정판을 실제로 보여주었다.

❿ '하나님 형상(image of God)'으로 창조된 인간이 어떤 존재인지 '성자의 죽음으로 확인'시킨다.

⓫ '실낙원(lost paradise)'를 완전하게 회복시켜 이전보다 새롭게 '복낙원(regained paradise)'이 되게 만든다.

⓬ '영원한 탕자'를 영원한 아들과 딸로 맞이한다.

⓭ 타락한 인간을 고아처럼 버려두지 않는 천부의 사랑을 보여준다.

⓮ '하나님의 통치'가 얼마나 깊고 넓은지 선포한다. 본질상 진노의 자식인 타락한 인간을 위해 죽은 하나님의 끝없는 사랑을 보여준다.

⓯ 단절된 관계가 다시 회복되어 '하늘 잔치'가 열리는 준비가 시작되었다.

⓰ 화해와 화목이 이루어져 만물이 기뻐한다.

⓱ 옥에 있는 영혼들에게도 '대제사장 하나님', '성자(聖子, God the Son)'의 죽음이 선포된다.

⓲ 온 우주와 천상에 '가장 큰 사건'이 발생되었음이 실시간으로 방송된다.

⓳ 천상의 영적 존재들과 천사들도 깜짝 놀라게 되는 '하나님의 통치'의 신비가 두렵게 한다.

⓴ 하나님이 준비한 '영원한 천국'과 '영원한 지옥'이 존재하는 이유를 확실하게 알게 된다.

㉑ 인간이 가장 두려워하는 '사망의 값'을 예수님이 지불했다.

사탄의 유혹을 물리치신 예수님을 묵상한 도표

구분	유혹의 방법	유혹의 내용	결과
사탄의 유혹 '네가 만일 하나님의 아들이라면?' 사탄은 * 가장 낮은 자 * 밑 바닥으로 내어 쫓긴 자 • 겸손이 불가능한 자 • 하나님 순종이 불가능한 자 • 자신을 모르고 높아지려는 자 • 하나님보다 높아지려는 자 그러므로 * 가장 악한 자 * 가장 더러운 자 * 가장 큰 심판을 받을 자	* 육체의 필요 (의식주 문제) * 성경 인용: 영웅이 돼라 • 명예를 위해 하나님도 무시 * 돈과 땅이 제일이다 • 재정 문제 해결 방법	* '왜? 굶주리고 있어 돌을 떡으로 만들어 먹어라' * 성전 꼭대기에서 뛰어 내려 * 사탄에게 엎드리면 모든 재물을 줄 수 있다.	* 옛 뱀의 속임수 굶주림 > 하나님 말씀 * 세상이 주목하는 영웅이 되라 * 돈이면 못할 것 없다 * 모든 수단 방법을 동원 • 의식주와 재정 해결 하라
대적하신 예수님	* 하나님 말씀으로 대적 * 하나님 말씀의 권위 * 하나님 시험 vs 하나님 보호 * 하나님은 사탄도 복종 해야할 분이다.	* 굶주림 < 하나님 말씀 • 하나님의 선하심과 공급을 확신 • 하나님을 시험하지 않았다. * 하나님만 섬기라	* 세례받은 후 이미 하나님의 인정을 공식적으로 받음 (마태복음 4:17) * 시험을 물리침 * 올바른 선택과 결정
되새김 & 교훈	* 하나님 말씀으로 사탄의 유혹을 물리친 예수님 * 옛 뱀(사탄)은 첫째 아담에게 접근한 것처럼, 둘째 아담, 예수님에게 접근했다. * 항상 깨어있어야 할 이유가 여기에 있다. * 모든것을 공급해주시는 하나님(의식주, 건강, 재정을 염려하지 말라) * 먼저 하나님의 의와 나라를 구하라(마태복음 6:25-34) * 하나님 의존? vs 독립적 태도? * 천국은 어린아이처럼 '하나님을 전적으로 신뢰'하는 자가 누린다.		

(8) 부활 승천하신 '대제사장 하나님', '성자(聖子, God the Son)' 예수님은 어떤 분인가?

❶ '성자 하나님(聖子, God the Son)'이 직접 '성부 하나님 (聖父, God the Father)'에게 '죽음을 이긴 사랑'을 보여준다.

❷ 삼위(Trinity) 하나님이 성 자, 예수님의 부활과 승천을 함께 기뻐한다. 삼위(Trinity) 하나님은 '하나님의 사랑'을 직접 보여주고 돌아온 '대제사장 하나님', '성자 하나님(聖子, God the Son)'을 기쁨으로 환영한다.

❸ 우리에게 죽음을 넘어 부활체의 모습이 어떠한지 직접 보여 준다.

❹ 인간들이 가장 두려워하는 죽음을 정복하여 하나님 사랑의 비밀을 풀어 놓는다.

❺ 창조된 인간의 본래 모습이 얼마나 '영광스런 존재'였는지 알려준다.

❻ 예수님의 '십자가 죽음'이 '영광의 부활'과 '영생의 기초'임을 선포한다.

❼ 예수님의 많은 증인들을 통해 '성자 예수님'이 '대제사장 하나님' 임을 증거한다.

❽ 예수님이 승천한 이후 '대제사장 하나님', '성자(聖子, God the

Son)'의 모습이 어떠한지 알려 준다.

❾ 우주 창조 이전과 우주 창조에서 '대제사장 하나님', '성자(聖子, God the Son)'가 '말씀하신 그대로' '성부 하나님(聖父, God the Father)'에게 실제로 순명, 순종하여 '자신을 비우고, 내려놓고' 사명을 완수한 것을 온 우주에 알린다.

❿ 성자 예수님의 순종은 천상 세계와 지상 세계의 모든 존재들에게 모범을 보여 준다.

⓫ 하늘의 영적 존재들과 천군 천사들에게도 '하나님의 법'을 순종해야 할 이유를 증명한다.

⓬ 하나님이 '참으로 하나님이심'을 십자가 사랑으로 증명한 '대제사장 하나님', '성자 하나님(聖子, God the Son)'을 통해 삼위 하나님은 스스로 한없이 기뻐한다.

⓭ 구원받은 성도들이 머물 '새 예루살렘 성'을 준비하기 시작한다.

⓮ '영적 전쟁'의 비밀 무기를 공개하고 누구든지 예수님의 이름과 권세를 사용하도록 허락한다.

⓯ '대제사장 하나님', '성자 하나님(聖子, God the Son)'는 하나님 영광 가운데 '하나님 우편'에서 계속 중보한다(사도행전 7:55-56, 로마서 8:34, 에베소서 2:20).

⓰ 각 교회의 사자들에게 사랑의 편지를 열심히 보낸다(요한계시록 2:1-3:22).

(9) 재림하실 영원한 '대제사장 하나님', '성자 하나님(聖子, God the Son)' 예수님은 어떤 분인가?

❶ 모든 예언들과 '말씀'을 완전히 성취하기 위하여 다시 강림한다.

❷ 예수님은 '호령과 천사장의 소리와 하나님의 나팔 소리로 친히 하늘로부터 강림한다(데살로니가전서 4:16).'

❸ 예수님은 '그리스도 안에서 죽은 자들을 먼저 일으킨다.'

❹ 예수님은 재림할 때 그리스도 안에서 살아남아있는 자들을 구름 속으로 끌어올린다.

❺ 예수님은 '어린 양의 혼인 잔치'를 직접 준비하고 초청한다(요한계시록 19:7-9).

❻ 예수님은 '만왕의 왕'이요 '만주의 주'로 통치한다(요한계시록 18:14, 19:16).

❼ 예수님은 '죽임당한 어린 양'으로서 생명책을 가지고 있다(요한계시록 5:8, 12, 13:8).

❽ 예수님은 '대제사장 하나님'으로서 세세토록 살아 '사망과 음부'의 열쇠를 가지고 있다.

❾ 각 교회에게 편지한 것을 점검한다(요한계시록 2:1-3:22).

❿ 모든 인간들이 행한대로 살펴보고 심판한다(요한계시록 20:11-15).

⓫ 첫째 부활에 참여한 자들을 '하나님과 그리스도의 제사장'으로 삼아 천년 동안 왕 노릇하도록 한다.

⓬ 창조된 모든 존재들이 입으로 '예수님을 주로 고백하게 하고' 모든 존재들이 '무릎을 꿇고' 그들의 머리를 숙여 경배하게 된다.

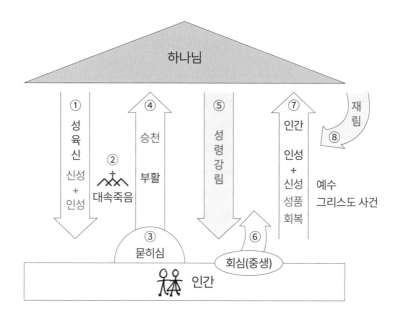

* 하나님의 성품에 참여하게 된 사건(베드로후서 1:4)

예수님이 하나님과 메시야 되심을 묵상한 도표

구분	예언과 성취		성육신하신 하나님
구약의 증거 vs 신약의 증거	* 아브라함의 씨 　(창22:18, 갈 3:16) * 애굽으로 피난 　(호11:1, 마 2:14-15) * 유월절 양 　(출12:21, 요1:29) * 자신의 백성에게 거절 　(사53:3, 요7:5) * 배척당함 　(사 53:3, 요1:11) * 성전을 향한 열심 　(시69:9, 요2:15-17) * 가치 있는 돌 　(시118:22, 벧전2:7) * 능욕당함 　(사50:6, 마26:67) * 조롱당함 　(시22:7-8, 마27:39-42) * 다윗의 왕위를 상속 　(사9:7, 눅1:32) * 함께 못박힘 　(사 53:12, 막 15:27) * 옷 제비 뽑은 　(시22:17-18, 눅23:34) * 헤롯왕의 유아 학살 　(렘 3:15, 마2:16-18) * 대신 고난 받음 　(사 53:5, 롬 5:8) * 이방의 빛 　(사60:3, 행 13:47) * 버림받음을 부르짖음 　(시22:1, 마27:46) * 부자 무덤 장사됨 　(사53:9, 마27:57-60)	* 베들레헴 탄생 　(미5:2, 마2:1) * 주의 길 예비 세례요한 　(사40:3-5, 눅3:3-6) * 선지자로 오심 　(신18:15, 행3:20-22) * 갈릴리에서 전도 　(사 9:1, 마4:13-16) * 가난한 자에게 복음 전파 　(사61:1-2, 눅4:18) * 은 삼십에 팔림 　(슥11:12, 마26:15) * 상함과 찔림 　(사53:5, 마27:26) * 찔린 손과 발 　(시22:16, 요20:25) * 고소자 앞에서 침묵 　(사53:7, 막15:4-5) * 자신의 백성에게 거절당함 　(사53:3, 요7:5) * 범죄자와 함께 못박힘 　(사53:12, 막15:27) * 옆구리를 찔림 　(슥12:10, 요19:34) * 뼈 꺾이지 않음 　(시 34:20, 요19:32-33, 36) * 고난 받는 메시야 　(사 53장, 시22:16-18) * 흩어지는 제자들 　(슥13:7, 마26:31) * 핍박자를 위해 기도 　(사53:12, 눅23:34) * 땅 위에 임한 어둠 　(암8:9, 마27:45)	* 선재성 　(미5:2, 골1:17) * 임마누엘이 되심 　(사7:14, 마1:23) * 하나님의 아들 　(시2:7, 마 3:17) * 하나님의 심판자 　(사33:2, 요5:30) * 왕(시2:6, 요18:3) * 여자의 후손 　(창 3:15, 갈 4:4-5) * 동정녀 탄생 　(사 7:14, 마2:1) * 성령 강림 　(사11:2, 마 3:16-17) * 기적의 사역 　(사35:5-6, 　마11:4-5) * 비유 가르침 　(시78:2, 　마13:34-35) * 나귀타고 입성 　(슥9:9, 마21:4-7) * 제자의 발을 씻김(요 　13:3-11) * 제사장 　(시110:4, 히 5:5-6) * 십자가 죽음 & 영혼 　을 하나님에게 의탁 　(시31:5, 눅23:46)

되새김
&
교훈
	* 하나님이 되시길 기쁘게 비우고 내려놓은 예수님
	* 십자가에 죽기까지 순종하신 예수님
	* 첫째 아담은 하나님에게 불순종하여 타락
	* 둘째 아담, 예수님은 '하나님 뜻과 말씀'에 순종하여 본을
	  보였다.
		* 부활하심
		  (시 49:15,
		  막 16:6-7,
		  고전15:4)
		* 승천하심
		  (시68:18,
		  막16:19)
		* 하나님 우편
		  (시110:1, 히1:3)
		* 자신을 비우신 하나
		  님(빌 2:6-8)
		
		성자 하나님이
		* 끝없이
		* 맨 밑 바닥까지
		  낮추어 순종함으로
		• 예수님은 가장
		  높으신 하나님
		• 예수님은 가장
		  위대한 하나님
		• 예수님은 가장
		  거룩한 분이다.

(참고: Chuck Missler, 『Learn the Bible in 24 hours』)

4장

광야와 시편과 선지서에서 묵상한 하나님 마음
God's intention with wilderness, Psalms & Prophets

1. 무엇 때문에 광야(廣野, wilderness, 🏞️)에서 이스라엘 백성들은 불평(不平)하는가?
Why did the Isralites complain against God in the desert?

신 광야 르비딤에서 물(💧)이 없어 하나님과 모세를 원망(🔥)한 사건

(출애굽기17:1-7, 민수기 20:1-13)

하나님이 백성들의 갈증과 절박한 상황을 몰랐을까? 하나님은 출애굽 이후 계속 문제와 어려운 일이 있을 때마다 해결해주었다. 그러나 이스라엘 백성은 문제가 있을 때마다 전진하기보다는 계속 '애굽으로 되돌아가면 좋겠다'고 말하면서 원망했다.

출애굽한 이스라엘이 '애굽으로 돌아가는 것'은 불가능하다. 애굽으로의 회군은 하나님의 계획을 모두 거절하는 반역과 불신이다. 하나님은 광야에서 불평하고 원망하는 백성에게 특별한 이적을 베풀어 문제를 해결해주었다. 그러나 그들의 마음은 굳어 있어 '하나님의 계획'을 믿지 않았다.

하나님은 왜 광야(wilderness)를 통과하는 훈련을 하시는가? 광야에서 애굽의 노예 근성, 세상 욕심의 옷을 벗긴다. '나는 아무것도 아니다.' 라고 고백하길 바란다. '나는 아무것도 아니다. 나는 무(無, nothing)이다. 오직 주님만이 전부다. 아버지여 저를 도우소서! I am nothing, but You are everything. Abba Father, help me!'

목이 말라 헐떡거리는 것처럼 하나님의 말씀을 사모해 보았는가? 내 영혼의 가장 '깊은 목마름'은 오직 주 예수의 보혈이 해결책이다.

내 영혼의 오아시스(⛰)는 예수 보혈이다. My soul's oasis is the blood of Jesus!

---

1) 광야(廣野, wilderness, 🌄)는 우리에게 무엇을 가르쳐주며 묵상하게 하는가?

---

* 광야(wilderness)는 '내가 독립적인 존재'가 아니라 철저히 하나님에게 의존해야만 하는 존재임을 깨닫게 한다(I am totally dependent on the Lord!). 광야는 '나를 내려 놓고, 다듬어가는' 겸손의 학교다. 몸의 욕구와 혼의 충동을 내려 놓는 곳이다. 능동적인 활동이 줄어든다. 수동적으로 하나님의 은혜를 받는 연습을 한다. 하나님을 의지하는 법을 배우는 곳이다. 광야에서 매일의 삶은 기적이다.

* 광야(wilderness)에서는 '내가 나를 바라보는 시간이 늘어'난다. '내 실존을 생각한다.' 나는 바람에 불려가는 흙먼지 같은 존재다. 그런데 그 흙 먼지 알갱이 속에 '하나님의 형상을 불어넣다니!' '영원을 사모하는 마음'을 심은 하나님을 찬양한다. 하루살이 같은 나에게 영원을 심은 하나님의 신비를 다 표현할 수 없다. 광야는 '하나님과 독대하여' 홀로 서는 시간이다. 시끄러운 소음이 사라진 곳에서 내 자신의 밑바닥을 바라볼 수 있다. 참 나와 나의 정체성을 생각하게 한다.

* 광야(wilderness)에서는 '인위적으로 꾸민 아름다움, 조형물, 화장, 장식'이 없다. 모든 것이 자연스럽고 본래적이며 생래적인 모습으

로 나타나 있다. 하나님이 창조한 후 '놓아둔 그대로' 모든 것이 단순하게 놓여있다. 이 광야에서 하나님은 '있는 모습 그대로' 살기를 바란다.

* 광야(wilderness)에서는 '나를 찾아오고, 서로 연락하여 함께' 파티를 할 기회가 적다. 생존을 위해 싸우며 '하나님의 인도와 지시'를 계속 기다린다. 광야에서는 이전에 관심을 두지 않던 동물과 새와 곤충과 전체를 더 많이 관찰하게 된다. 동물과 새와 곤충과 전체를 통해 깨닫고 지혜를 얻게 된다.

* 광야(wilderness)에서는 '단독자로 하나님 앞에' 서게 한다. 나는 누구인가? 하나님은 나에게 무엇을 원하는가? 구원받은 내가 할 일은 무엇인가? 하나님의 임재를 경험한 나는 어떻게 살아야 하는가? 하나님의 말씀을 받은 나는 어떻게 응답해야 하는가?

* 광야(wilderness)에서는 방해받지 않고 하나님과 교제할 수 있다. 하나님을 마음껏 만나 귀를 열어 들을 수 있다. 하나님의 말씀을 마음의 속에 가득 담아둘 수 있다. 하나님 말씀을 받아 살면서 '모든 문제 속에 개입하시는' 하나님의 사랑을 현장에서 직접 체험할 수 있다. 하나님의 역사를 직접 체험할 수 있는 '최고 선물을 받는 것'이다.

* 광야(wilderness)에서 '하나님과 하나 되어' 사는 것은 기쁨이 있다. 독수리가 날개를 펴서 새끼를 옮겨오듯이 '하나님은 이스라엘 백성을 출애굽시켜' 광야로 데려왔다. 아무도 없는 곳에서 '온갖 보물과 기쁨'을 주고 무장시킨다.

* 광야(wilderness)길을 걷기 위해서는 짐을 가볍게 해야한다. 모든 잡동사니와 치장, 사치품을 던져버리고 필수품만 메고 걸어야 한

다. 광야에서 보물은 무엇인가? 광야 길을 걸으며 '우리의 대화 주제'는 무엇인가?

＊ 광야(wilderness)에서는 '구름 기둥(☁)과 불 기둥'(🔥)을 통해 하나님의 임재를 목격하게 된다. 애굽에 머물며 '하나님의 임재가 무엇인지 알지 못하는' 노예 생활이 '그렇게도 좋다!'는 것은 무슨 뜻인가? 하나님을 알지 못하여 '멸망하는 짐승 같은 삶'으로 계속 유혹하는 원인은 무엇인가?

＊ 광야(wilderness)에서 시간(⏱)은 '내 중심으로 흘러가는 것'이 아니라 하나님 중심으로 흐른다. 내가 원한다고 '장막을 걷고' 이사할 수 없다. 하나님의 지시가 필요하다. 그것은 자유가 없는 로봇 같은 존재는 아니다. 광야를 잘 알고 있는 '인도자 하나님 함께 걷는 것'이 더 안전하다.

＊ 한 광야(a wilderness)가 지나면 또 다른 광야가 다가온다. 그 광야를 지나면 또 다시 다른 광야가 내 앞에 있다. 광야에서는 계속 문제와 어려움이 다가온다. 문제(???)는 하나님을 직접 만날 수 있는 좋은 기회다. 하나님은 '문제 속에서' 술래잡기 놀이를 하는것처럼 보인다. 내가 '못하겠습니다! 꾀꼬리!' 할때까지 기다리는 것 같다. 하나님은 문제 속에 해결책을 숨겨 놓고 '문제 해결 보다 하나님의 얼굴을 찾도록' 한다.

하나님은 자주 보물을 문제의 모래 속에 숨겨 놓고 찾도록 훈련하지 않는가? 하나님은 이미 애굽에서 이스라엘 백성 전체에게 수많은 기적을 보여주었다. 이스라엘의 출애굽을 위해서 그들이 거주지, 고센 땅을 재앙에서 구별하여 보호해주었다. 출애굽의 기적과 홍해의 위험에서 건져냈다. 그러나 그들은 문제 속에서 '하나님의 계획을 깨닫지 못했다.' 문제가 해결될 때마다 '하나님을 아는 지식으로 자라가는' 성숙함이 없었다.

하나님이 이렇게 초청하지 않는가? '사랑하는 아들아! 사랑하는 딸아! 문제와 어려움이 또 생겼구나! 문제와 어려움을 두려워하지 말아라! 이 문제와 어려움을 네가 해결할 수 있겠니? 네가 해결할 수 없다면 나에게 가져오너라! 네 눈물 기도(🙏)에 섞어 이 문제를 함께 풀어보자!' 하나님은 우리가 '하나님과 함께 일하는 동역자(coworker)가 되길' 바란다. 하나님은 우리가 지금도 '광야 전문 안내자'가 되도록 계속 초청하며 격려한다.

문제와 어려움이 생기면 이렇게 기도할 수 있는가? '하나님을 찬양합니다. 또 다시 하나님 은혜를 맛볼 수 있는 기회를 주시니 감사합니다. 문제와 어려움을 밥으로 먹습니다. 영혼의 근육(💪)을 기르겠습니다. 감당할 수 없는 문제와 어려움을 주셨으니 감사합니다. 지혜와 분별력을 주시옵소서. 제가 할 일과 하나님이 하실 일이 무엇인지 알려주옵소서. 언제, 어떻게 해야 할 것인지 인도해 주옵소서!'

하나님은 문제를 100%로 해결한 후 어떻게 말하실까? '네가 아니었으면 아직도 어려움이 해결되지 않아 많은 사람들이 헤매고 있겠지?' 하나님이 칭찬한다. 그러나 그 때 조심해야 한다. 자신이 해결한 것처럼 교만하여 '하나님에게 돌릴 영광'을 스스로 취하지 않아야 한다. '저는 무익한 종입니다! 저는 먼지입니다! 저는 하나님만 찬송하고 예배합니다!'

체면과 형식과 가식을 모두 벗을 수 있다면 얼마나 좋을까? 광야 길은 혼자 걷는 것이 아니다. 이 언덕에서 바라보면 '내가 서 있는 언덕이 너무 커 보여' 아무도 보이지 않는다. 그러나 다른 사람들은 이미 '한 광야를 지나' 또 다른 광야의 언덕을 오르고 있다. 함께 걸어가는 친구가 있으니 기쁘지 않은가?

* 광야(wilderness)에서 나는 누구를 기다리는가? 또 무엇을 기다리는가? 광야에서 철저히 '자신을 버리는 훈련'을 받은 사람은 어떻게 될까? 사람을 바라보고 낙심하지 않는다. 오직 하나님만 바라보며 계속 걸어간다.

2) 광야 길의 끝에서 우리가 배워야 할 것은 무엇인가?

성경 읽고 묵상을 하면서 기도하면서 영성의 길을 걸으면 여러 단계를 지나게 된다.

첫째, 처음엔 혼란과 번민하는 언덕을 오른다.

옛 자아의 습성이 계속해서 새 마음과 싸우는 혼란과 전쟁(confusion, spiritual warfare)의 단계가 있다. 그러나 예수님을 바라보고 끝까지 씨름하면 새로운 경험을 맛보게 하신다. 요엘 선지자를 통해 예언한 것들(방언, 예언, 꿈을 꾸고, 환상 등)이 오순절에 성취되었다(사도행전 2:16-21). 이것은 영성의 절정과 마지막 단계가 아니라 시작일 뿐이다. 이런 신비한 경험은 '예수님의 복음을 증거'하기 위한 성령님의 은혜와 역사하심이다. 자신의 노력과 기도의 결과가 아니라 전적으로 하나님의 은혜일 뿐이다(Not I, but only by Jesus' grace).

둘째, 하나님에게 더 가까이 나가는 거룩한 열망이 커져 '하나님과 하나'되는 단계다.

더 많은 시간을 쏟아 성경을 읽고 묵상하고 기도할 때 깨달음이 넓혀진다. 성령님의 역사로 '주님이 내 안에 내가 주 안에 있는(요한복음 15:4-16)' 즉 하나님과 연합하는 경험(union with God)을 한다.(길동무, 『비움의 길』, pp. 147-175) 이 단계에서는 마치 결혼한 부부가 오랫동안 함께 삶을 살 때 서로의 필요와 요청을 '말하지 않아도 눈빛으로'도 알아차리는 것과 같다. 성령님을 통해 나의 삶 속에 '하나님이 원하시는 것'을 알게 되는 것이다. 침묵 속에서도 '이미 읽고 묵상한 성경 말씀의 속뜻'을 알게된다. 또한 그 성경 말씀의 적용과 실천을 위해 몸부림치게 된다.

셋째, 변화 산 위의 경험을 한(mountaintop experience, 마태복음 17:1-9) 후에는 산 아래로 내려와야만 하는 단계가 있다.

삶의 자리로 내려왔다. 생활 환경은 조금도 변한 것이 없다. 때로는 '산 위의 경험'을 할 때보다 더 어려울 때도 있다. 그러나 분명하게 변한 것이 있다. 그것은 자신이 변한 것이다. 모든 사람을 '하나님 아버지 마음(♥)으로 바라보며' 사랑하려고 하는 마음이 생겼다. 예수님이 성육신(incarnate)하여 사람이 되어 삶을 나누고 '하나님 나라'를 전파했다. 십자가에서 예수님의 삶의 절정을 보여 주었다. 그래서 우리도 예수님을 따라, 작은 예수처럼 살고자하는 '하나님의 사람'이 된 것이다. 하나님 마음(♥)과 부딪치고 하나님 마음(♥)을 품고 사는 것이 광야 영성의 끝이다(Henri J.M. Nouwen, pp. 250-280).

광야 끝은 하나님 마음♥

내 마음(♥)과 하나님의 마음이 연합되는 것이다. 광야에서 내가 가진 것은 아무것도 없다. 광야에서는 땅, 건물, 책, 과일, 발명품, 오락, 돈도 없다. 내가 가지고 있는 것은 마음뿐이다. 하나님은 나의 마음을 독차지하려고 나를 광야로 보냈다. 마음과 마음이 만난다. 사랑과 사랑이 만난다. 중심과 중심이 만나 뜨거워진다. 하늘의 역사와 땅의 역사가 하나가 된다. 광야에 생명의 바다가 흐른다. 하나님과 연합(union with God)이 되었다! '주가 내 안에 내가 주 안에 있는 것'이다(요한복음 10:30). 광야 길을 걸어오며 많은것(이기심, 세상 욕망, 조급함, 속임, 거짓, 분별없음 등)이 변했다. 소금이 고르게 배인 생선(∽)처럼 되었다.

* 광야(wilderness)에서 불어오는 바람을 온 몸으로 받아 보았는가? 광야는 '오감과 영적 감각'을 깨우쳐 주는 곳이다. 누구에게 배우려고 힘쓰지 않아도(?) 된다. 광야 길에서 만난 사람은 특별한 선물

이다. 외롭고 고독한 곳에서 만난 사람이니 '사람이 귀하다.' 그 사람의 필요를 채우고 '사람을 구하고', '사람을 세우자!' 광야는 전인 학교(♥)다. 광야는 인격 전체와 생활을 다듬어 주고 훈련시키는 최고 훈련소다.

광야는 믿음과 은사의 실습장이다. 광야는 하나님의 동역자가 되는 입문 학교다. 광야는 하나님과 동행하며 일기를 쓰게(✍)한다. 광야에서는 모든 것이 아름답다. 전에는 보이지 않던 것이 새롭게 느껴지는 '깨달음(eureka)의 장소'다. 떠다니는 구름, 아침에 솟아나는 태양과 저녁의 달과 밤 하늘의 별들, 모래 폭풍, 바람을 가르고 날아가는 새들, 달리기 경주하는 곤충(🐜)들과 파충류, 새벽에 텐트와 거미줄(🕸)에 맺혀있는 이슬을 보는 것마다 신비롭다. 그래서 말마다 노래가 되고 글마다 시(詩)가 된다.

* 광야(wilderness)에서는 지금도 만나(manna 🏺)가 내린다. 하나님 말씀을 통해 '구름 기둥과 불 기둥'이 계속 떠오른다. 불뱀에 물려 죽어갈 때 '십자가에 달린 예수를 바라보면' 살게 된다. 광야에는 회막(tent of meeting)이 있다. 마음이 무너질 때마다 달려갈 곳이 있으니 얼마나 기쁜 곳인가?

2. 시편에 나타난 하나님의 마음(♥)은 무엇인가?
How does Psalms portray God's heart?
1) 시편 1편 (Psalm 1)

1절

복 있는 사람은(♡) 악인( )의   꾀를(   ) 따르지   아니하며

　　　　　　　　　죄인들(   )의   길에(   ) 서지   아니하며

　　　　　　　　　오만한(   )자들의 자리에(   ) 앉지   아니하며

2절

　　　　　　　　　　　　오직

여호와(   )의 율법(📖)을

　　　　　　　　　　　　　　　즐거워하며(   )

그의   　율법(   )을   　주야로(   ) 묵상하는도다(   )

3절

　　　　그는   　시냇가(〰️)에   심은 나무가(   )

　　　　　　　　　철을 따라   열매를 맺으며(   )

　　　　　그 잎사귀가(   ) 마르지 아니함 같으니

　　　　그가   하는 모든 일이(   )   다 형통하리로다

4절

　　　　　악인들은(🖤)   　그렇지

아니함이요

　　　　　　　오직　　　바람(　)에 나는

　　　　　　　　　　겨(🌾)와 같도다

5절

　　　　　　　　　그러므로

　　　　　악인들은

심판(⚔)을　　　　　　　　　견디지 못하며(　)

　　　　　죄인들이

의인들의　　　　모임(　)에　들지 못하리로다.

6절

　　　　　　　　무릇

　　　의인들의　　　길은(　)

여호와(⛰)께서

　　인정(　)하시나

　　　　악인들의　　길은(　)

　　　　　　　　　망하리로다(　)

(1) 시편 1편 분석

1절

복 있는 사람은(　) 악인(　)의　　꾀를(　) 따르지　아니하며

　　　　　　　　죄인들(　)의　　길에(　) 서지　　아니하며

　　　　　　　　오만한(　)자들의 자리에(　) 앉지　아니하며

2절

　　　　　　　　　　　　오직

여호와(　)의 율법(　)을

　　　　　　　　　　　　　　　즐거워하며(　)

그의　　　　율법(　)을　　　주야로(　) 묵상하는도다(　)

3절

　　　　그는　　　　　시냇가(　)에　　심은 나무가(　)

　　　　　　　　　　　　철을 따라　열매를 맺으며(　)

　　　　　　그 잎사귀가(　) 마르지 아니함 같으니

　　　　그가　하는 모든 일이(　)　　다 형통하리로다

4절

악인들은(　　)　　　　　　　그렇지
아니함이요

오직　　　바람(　　)에 나는 겨(　　)와 같도다

5절

그러므로

악인들은

심판(　　)을　　　　　　　　　　견디지 못하며(　　)

죄인들이

의인들의　　　　　　　모임(　　)에　들지 못하리로다.

6절

무릇

의인들의　　　　　　길은(　　)

여호와(　　)께서 인정(　　)하시나 악인들의 길은(　　) 망하리로다(　　)

Psalm 1

V1 Blessed is the man

    who doesn't walk **in** the counsel of **the wicked**

      or stand **in** the way of **sinners.**

        or sit **in** the seat of mockers

V2 But **his** delight is   **in** the law of the LORD

          and   **on** His law he meditates day &

                night

V3 He is like a tree planted **by** streams of water

Which yields its fruit   **in** season

& whose leaf does not   wither,

        whatever he does prospers.

V4 Not so the wicked!   They are like chaff

        that the wind blows away

V2 But **his** delight is   **in** the law of the LORD

V5 Therefore   **the wicked**

    will not stand   **in** the judgment

      nor sinners   **in** the assembly of the righteous.

V6 For the LORD watches **over** the way of the righteous,

but the way of **the wicked** will perish.

---

(2) 복 있는 사람의 생활과 회로는 무엇인가?(서인석, pp. 329-340)

• **공간 격리**

❶ 악인의 꾀를 좇지 아니하며(1절 a)

❷ 죄인들의 길에 서지 아니하며(1절 b)

❸ 오만한 자들의 자리에 앉지 아니하며 1절 c)

• **시간 표현**

❶ 여호와의 율법을 주야로 묵상한다(2절 b).

❷ 시절을 좇아 과실을 맺으며(3절 a)

❸ 여호와께서 심판하실 때 인정받는다(5절 a, 6절 a).

• 시냇가에 심은 나무와 같은 사람이다.

* 악인들의 생활과 회로를 찾아본다.

• **공간 애착**

❶ 악한 꾀를 도모하는 곳을 찾아간다(1절 a).

❷ 죄인들이 다니는 길에 서성거린다(1절 b).

❸ 오만한 자리에 앉기를 좋아한다(1절 c).

• 악인의 삶

❶ 어떻게 일상의 시간을 보내는지 침묵하고 있지만(4절 a), 악인은
의인의 생활과 비교할 때 여호와의 율법을 전혀 묵상하지 않는
것을 알 수 있다.

❷ 바람이 불때 알맹이 즉 과실이 없어 이리저리 불려 다니는 것처럼
방황한다(4절 b).

❸ 여호와 하나님의 심판이 있을 때 견디지 못하며(5절 a) 의인의 회
중에 들지 못하고 망한다(5절 b, 6절 b).

• 대조와 비교

시냇가에 심은 나무(tree) vs 바람에 나는 겨(chaff)

복있는 사람, 의인의 **길** vs 악인, 죄인의 **길**

여호와께서 심판할 때 인정하는 자 vs 심판하여 망하게 하는 자

2) 시편 40:1-3

　　　　　　　　　　내가(　　)

　여호와를(　　)　　　　　　　　기다리고 기다렸더니

　귀를(　　) 기울이사　나의(　　) 부르짖음을

　　들으셨도다.

　　　　　　　　　나를(　　) 기가 막힐 웅덩이와(　　)

　　　　　　　　　　　　수렁에서(　　)

　　끌어올리시고

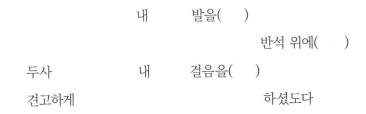

내   발을(   )

　　　　　　　　　　　　반석 위에(   )

두사   　　　내   걸음을(   )

건고하게   　　　　　　　　　　　하셨도다

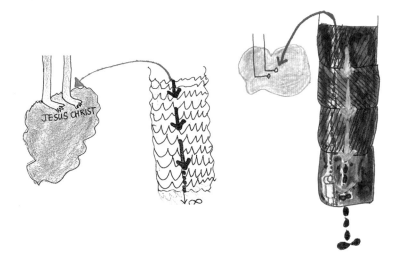

　시편을 쓴 다윗처럼 나도 끝없는 웅덩이와 수렁(endless pit & mire)의 죄와 절망에 빠져있다. 이 웅덩이와 수렁은 너무 깊고 넓어 어떤 기계로도 꺼낼 수 없다. 헬리콥터와 최대형 기중기도 소용없다. 꺼낼려고 조금만 움직일수록 더 깊은 곳으로 빠질 뿐이다. 시시각각 다가오는 죽음의 공포와 두려움 때문에 벌벌 떨면서 탄식한다. 그런데 그때 구원자 예수 그리스도의 복음을 받게 되었다. 예수 그리스도를 주인이요 왕으로 영접했다. 그러자 예수님이 '그 구덩이와 수렁에서 건져내어' 반석 위에 세워주었다.

　요셉의 형들은 요셉을 미워하여 구덩이에 던졌다. 요셉은 미디안

상인들에게 은 이십에 팔려 애굽으로 끌려갔다(창세기 37:18-28). 예레미야는 하나님의 말씀을 그대로 전했다. 그러자 시드기야 왕과 고관들이 예레미야를 줄로 달아 내려 진흙탕 구덩이에 가두었다(예레미야 38:1-13). 다니엘은 왕의 조서가 있었으나 평소대로 '예루살렘을 향한 창문을 열고' 하나님에게 기도하였다. 그러자 원수들이 고소하여 사자굴에 떨어지게 되었다. 그러나 '사망의 음침한 골짜기로 해를 두려워하지 않을 것은 주께서 함께하시기 때문이다! 하나님은 원수의 목전에서 상을 차려 주시고 기름을 머리에 부어 주신다(시편 23:4-5)!'

3) 시편 40:3

새 노래( )곧

우리

하나님( )께   올릴( )   찬송( )을

내 입에( )

두셨으니( )

많은 사람이( ) 보고( )

두려워하여( )

여호와( )를   의지하리로다( )

He( )

   put   a new song( )

in my mouth,(　)

a hymn of praise(　) to

our God.(　)

Many(　) will see(　) and

fear(　) and

put their trust(　) in

the LORD!(　)

하나님(▲)께 올려드릴 찬송(♩♪)은 어떤 것인가?

---

(1) 새 노래(new song)는 어떤 노래인가?

매일 매일 또는 매시간 예배 때마다, 새롭게 하나님의 은혜를 퍼올려 '하나님 영광'에 합당한 가사와 찬양 곡으로 찬양한다. 이것은 마치 새로운 음식(fresh food?)을 만들어 섬기는 것 같은 모습이 아닌가? 찬양곡에 온갖 악기를 동원하여 찬양한다. 큰 음성으로 이르되 죽임을 당하신 어린 양(🐑)은 능력과 부와 지혜와 힘과 존귀와 영광과 찬송을 받으시기에 합당하도다! In a loud voice they sang: Worthy is the LAMB(🐑), who was slain, to receive power, wealth, wisdom, strength, honor, glory & praise!(요한계시록 5:12) 하나님의 기름부음을 따라(anointing of the Holy Spirit), 임재의 거룩한 향이 가득해 '감사! 영광! 경배!'를 외친다. 이것은 진정을 다하여 생명이 약동하는 새 노래다.

(2) 새로운 기쁨의 노래(new joyful song)는 무엇인가?

핍박을 받아도 기뻐하고, 고난 중에 즐거워하고, 몸이 아파도 기뻐하고, 재산을 기쁘게 나누고, 사랑하는 사람을 먼저 보내면서도 낙심하지 않고 '하늘 소망'을 품고 세상이 감당할 수 없는 새 사람들이 부르는 새 노래이다.

"사람마다 두려워하는데 사도들로 말미암아 기사와 표적이 많이 나타나니. 믿는 사람이 다함께 있어 모든 물건을 서로 통용하고 또 재산과 소유를 팔아 각 사람의 필요를 따라 나눠주며 날마다 마음을 같이하여 성전에 모이기를 힘쓰고 집에서 떡을 떼며 기쁨과 순전한 마음으로 음식을 먹고 하나님을 찬미하며 또 온 백성에게 칭송을 받으니 주께서 구원받는 사람을 날마다 더하게 하시니라(사도행전 2:43-47)."

"또 어떤 이들은 더 좋은 부활을 얻고자하여 심한 고문을 받되 구차히 풀려나기를 원하지 아니하였으며, 또 어떤 이들은 조롱과 채찍질뿐 아니라 결박과 옥에 갇히는 시련도 받았으며, 돌로 치는 것과 톱으로 켜는 것과 시험과 칼로 죽임을 당하고 양과 염소의 가죽을 입고 유리하여 궁핍과 환난과 학대를 받았으니. 이런 사람은 세상이 감당하지 못하느니라. 그들이 광야와 산과 동굴과 토굴에 유리하였으니라(히브리서 11:35b-38)."

(3) 마음(♥)을 일으켜주는 노래는 어떤 것인가?

광야 생활에 용기를 주는 노래, 하나님의 군대의 행진, 승리의 노래 하늘 높이 퍼져 마치 하나님의 보좌를 흔들듯이 찬양하는 노래다.

(4) 회개하며 찬양하는 노래는 무엇인가?

죄를 깨닫고, 하나님의 마음이 부딪혀와 감사하며 부르는 노래다. 잘못을 애통하며, 손해를 변상하며 영으로 기뻐하며 마음 깊은 곳에서부터 부르는 노래다.

(5) '하나님을 진정으로 찬양하고 경배' 했던 잊혀진 노래를 다시 찾아 부르는 이유는 무엇인가?

옛날 가사를 사용하여 새롭게 편곡하여 불러보고 싶다. 그리하여 영원한 고향과 선구자들의 믿음과 생활을 존경하며 그리워하며 우리도 '옛적 선한 길을 걸었던 믿음의 용사들'처럼 걷겠다고 결심하며 부르고 싶기 때문이다.

(6) '깊은 찬양의 바다 (ocean of praise)'를 항해하며 부르는 노래는 무엇인가?

그 바다에서 활동하는 고기(영혼)들을 하나님께 올려 드리는 노래다. 그 응답으로 하나님의 보좌에서 쏟아지는 영원한 자비와 사랑을 감사하는 노래다.

(7) 음과 음들이 새롭게 부딪치며 조화를 이루는 노래를 들어보았는가?

음들이 새롭게 만나면 끝없이 이어지는 기쁨의 창고가 열린다. 이 창고에서 꺼낸 것들은 사용하면 사용할수록 더 '새로운 노래'가 채워지고, 측량할 수 없도록 배가 된다.

하나님의 능력과 은혜를 노래하는 '영원한 찬양의 산'이다.

(8) '어린 양(🐑)의 피'로 영혼(spirit)이 거듭난 많은 사람들이 부르는 노래는 무엇인가?

그들은 여자와 더불어 더럽히지 아니하고 순결한 자들이다. 그들은 어린 양이 어디로 인도하든지 따라가는 자 즉 144,000명이 부르는 노래다.

"또 내가 보니 보라 어린 양이 시온산에 섰고 그와 함께 십사만 사천이 서 있는데 그들의 이마에는 어린 양의 이름과 그 아버지의 이름을 쓴 것이 있더라. 내가 하늘에서 나는 소리를 들으니 많은 물 소리와도 같고 큰 우렛소리와도 같은데 내가 들은 소리는 거문고 타는 자들이 그 거문고를 타는 것 같더라. 그들이 보좌 앞과 네 생물과 장로들 앞에서 새 노래를 부르니 땅에서 속량함을 받은 십사만 사천 밖에는 능히 이 노래를 배울 자가 없더라. 이 사람들은 여자와 더불어 더럽히지 아니하고 순결한 자라 어린 양이 어디로 인도하든지 따라가는 자며 사람 가운데에서 속량함을 받아 처음 익은 열매로 하나님과 어린 양에게 속한 자들이니 그 입에 거짓말이 없고 흠이 없는 자들이더라(요한계시록 14:1-5)."

(9) 수많은 천사들과 각 종족, 언어, 여러 나라들에서 구원 받은 무리들이 함께 영원토록 새 노래를 부른다.

(10) 우주에 있는 모든 피조물(all of creation)이 하나님을 찬양

하는 노래를 들어 보았는가?

'생각하건대 현재의 고난은 장차 우리에게 나타날 영광과 비교할 수 없도다. 피조물이 고대하는 바는 하나님의 아들들이 나타나는 것이니 피조물이 허무한 데 굴복하는 것은 자기 뜻이 아니요 오직 굴복하게 하시는 이로 말미암음이라. 그 바라는 것은 피조물도 썩어짐의 종 노릇 한 데서 해방되어 하나님의 자녀들의 영광의 자유에 이르는 것이니라. 피조물이 다 이제까지 함께 탄식하며 함께 고통을 겪고 있는 것을 우리가 아느니라. 그뿐 아니라 또한 우리 곧 성령의 처음 익은 열매를 받은 우리까지도 속으로 탄식하여 양자 될 것 곧 우리 몸의 속량을 기다리느니라(로마서 8:18-23).'

4) 시편 40:4

여호와(   )를   의지(   )하고

　　　　　　　교만한 자(   ) 와

　　　　　거짓에 치우치는 자(   )를

　　　　　돌아보지 아니하는 자(   )는

　　　　　　　　복(   )이 있도다.

　　　　　Blessed is the man(   )

　　　　　　　who　　　　makes

The LORD( )　　　　his　　　　trust,

　　　　　　　who　　　　does not look to

the proud	to
those who	turn aside
	to
	false gods.

여호와(▲)를 의지하는 것은 무엇인가?

어떤 어려움, 문제, 고통, 질병, 재난(홍수, 산불, 지진), 전쟁 등이 있을 때 '하나님에게 가장 먼저 응급 구조 요청(SOS)'을 보낸다. 그리고 하나님이 주시는 지혜로 전진한다. 그러나 항상 '사람을 일보다 귀중히 여기고', 하나님 명령과 영혼 구원, 영혼 사랑에 관심과 목표를 집중한다. '하나님이 원하시는 것'이 무엇인지 알기 위하여 하나님 말씀을 따라 행동하며 하나님과 동행한다. 그리하여 무엇을 하든지 '하나님 아버지! 아빠 하나님! 지금 어떻게 해야 하나요?' 질문하며 응답을 기다리고 그 응답을 기록(✒)한다. '지금 들은 말(⋯), 상처 받은 말, 가시돋힌 말, 모함, 배반, 쓴말'들을 '예수님 이름으로 꿀꺽 삼키고', 단순하게 무릎을 꿇고(🧎) 하나님 앞에 그 아픔과 눈물을 쏟아 놓는다.

'그는 **육체에 계실 때에** 자기를 죽음에서 능히 구원하실 이에게 **심한 통곡과 눈물로 간구와 소원을 올렸고** 그의 경건하심으로 말미암아 들으심을 얻었느니라. 그가 **아들이시면서도 받으신 고난으로 순종함을 배워서** 온전하게 되셨은즉 자기에게 순종하는 모든 자에게 영원한 구원의 근원이 되신다(히브리서 5:7-9).' '믿음으로 에녹은 죽음을 보지 않고 옮겨졌으니 하나님이 그를 옮기심으로 다시 보이지 아니하였느니라. **그는 옮겨지기 전에 하나님을 기쁘시게 하는 자라** 하는 증거를 받았느니라(히브리서 11:5).'

하나님(   )안에서 모든 것을 내려 놓고 쉬는 것이다.

수고하고 무거운 짐진 자들아(   ) 다(   )

내게로(   )   오라(   )

　내가(   )   너희를(   )

　　쉬게(   )하리라.

나는(   ) 마음(   )이

　　온유(   )하고

내게로(   )   오라(   )

　　온유(   )하고

　　겸손(   )하니

나(   )의 멍에(   )를   메고(   )

내게(   )   배우라(   )

그리하면

　　너희　마음이(   )　쉼을 얻으리라(   )

이는

내(   ) 멍에(   )는

쉽고(   )

　　가벼움이라   (마태복음 11:28-30)

사람들에게 인정과 칭찬을 받고, 인기와 선물을 기대하고, 위엄을 보이고, 체면을 세우려고 하는 이유는 무엇인가? 사람들이 떠날까 전전긍긍하여 불법과 거짓, 조작, 협작, 뇌물을 제공하고, 술수 등을 써서 얻으려 하는 것은 무엇인가? 하나님과 양심, 신앙과 정의와 공의를 버린 결과를 생각해 보았는가? 가난하지만 당당하게, 외모와 허영에 놀아나지 않고, 사람들의 박수와 칭찬보다 하나님의 인정을 귀중히 여기며 사는 것이 떳떳하지 않는가?

"이제 내가 사람들에게 좋게 하랴? 하나님께 좋게 하랴? 사람들에게 기쁨을 구하랴 내가 지금까지 사람들의 기쁨을 구하였다면 그리스도의 종이 아니니라(갈라디아서 1:10)."

"우리는 속이는 자 같으나 참되고 무명한 자 같으나 유명한 자요 죽은 자 같으나 보라 우리가 살아 있고 징계를 받는 자 같으나 죽임을 당하지 아니하고 근심하는 자 같으나 항상 기뻐하고 가난한 자 같으나 많은 사람을 부요하게 하고 아무것도 없는 자 같으나 모든 것을 가진 자로다(고린도후서 6:8b-10)."

어떤 사람은 말(자동차 🚗), 병거(보트, 집, 보석, 재산, 땅, 건물 등)를 자랑한다. 그러나 우리들은 언제나(whenever), 어떻게 해서든지(however), 어디서나(wherever), 누구에게나(whomever) 여호와 하나님을 자랑한다.

"여호와께서 이와 같이 말씀하시되 지혜로운 자는 그의 지혜를 자랑하지 말라! 용사는 그의 용맹을 자랑하지 말라! 부자는 그의 부함을 자랑하지 말라! 자랑하는 자는 이것으로 자랑할지니 곧 명철하여 나를 아는 것과 나 여호와는 사랑과 정의와 공의를 땅에 행하는 자인 줄 깨닫는 것이라! 나는 이 일을 기뻐하노라 여호와의 말씀이니라. Thus says the Lord: Let not the wise man boast in his wisdom, let not the mighty man boast in his might, let not the rich man boast in his riches, but let him who boasts boast in this, that he understands and knows me, that I am the Lord who practices steadfast love, justice, and righteousness in the earth(예레미야 9:23-24)."

"어떤 사람은 병거, 어떤 사람은 말을 의지하나 우리는 여호와 우리 하나님의 이름을 자랑하리로다! Some people trust the power of chariots or horses, but we trust you, LORD God(시편 20:7)."

마음(heart)에 보초(watchman)를 세우는 것이다. 마음이 함부로 주인(主人)의 허락 없이 외출하지 않게 한다. 즉 불 같이 화냄, 폭군, 절망, 낙심, 왕고집, 극한 방탕, 술수, 속임, 거짓, 간음, 살인 등을 쏟아 놓지 못하도록 보초를 세운다. 심지어 잠잘 때 꿈에서도, 의식 속에서도 범죄하지 않도록 보초를 세운다.

"청년이 무엇으로 그의 행실을 깨끗하게 하리이까 주의 말씀만 지킬 따름이니이다. How can a young man keep his way pure? By guarding it according to your word. 내가 주께 범죄하지 아니하려 하여 주의 말씀을 내 마음(♥)에 두었나이다. I have stored up your word in my heart, that I might not sin against you (시편 119:9, 11)."

병들고 아프면 병원에 입원하여 치료와 수술을 받고 영양을 취한다. 마찬가지로 마음이 지치고, 피곤하고, 아프면 가족과 함께 조용한 곳을 찾아 쉬면서 하나님 말씀을 읽고, 묵상 하고, 마음에 와닿는 말씀을 써 보고, 때로는 큰 소리로 읽고, 암송하고 기도하여 영혼을 흔들어 깨운다. 또한 긴장을 풀고 실컷 쉬고 산책한다.

하나님의 말씀이 골수에 사무치도록 마음속 깊은 창고에 차곡 차곡 담아 놓는다. 그래서 예고 없이 찾아온 돌풍처럼 못된 생각, 허망한 마음이 찾아올 때 자동 차단기, 자동 응답기보다 더 빠르게 반응할 수 있도록 성경 말씀의 근육을 기른다.

마음(♥)이 '마음 속에만 갇혀'있지 않도록 실천, 행동, 삶으로 성육신하신 예수님처럼 살기 위해 끊임없이 발버둥친다. 삶의 현장에서 사람들에게 '하나님의 사랑'과 '구속의 복음'이 성령님의 감동과 기름부음이 나타나도록 기도하며 분별한다. 일상 생활에서 가장 귀한 시간에 가장 활기가 넘칠 때, 하나님 말씀을 읽고, 묵상하고, 되새김질한다. 마음에 불길이 치밀어 올라올 때까지 읽고 또 읽어 새긴다!

하나님 말씀을 베개 삼아 잠을 잔다. 야곱이 돌베개를 하고 벧엘에서 머물러있을 때 사닥다리를 보았다. 천장과 벽에도 매일 보는 거울에 '하나님 말씀'을 붙여 놓는다. 때로는 다국어(영어, 한글, 중국어, 히브리어, 헬라어)로 써놓고 읽고, 암송하여 속 뜻을 삶아서, 빨아서, 볶아서 먹는다(?).

마음(♥)을 개간(cultivate)하는 일을 계속한다. 마음 속에 있는 돌과 가시를 치우고 잡풀을 뽑아낸다. 땅을 개간하는 일은 기계를 이용하면 몇 주 혹은 몇달 안에 마칠 수 있다. 하지만 마음, 영혼을 개간하는 일은 힘들다. 질기고 질긴 죄성, 타성, 습관, 게으름 때문에 정말 조금씩 한 뼘씩 밖에 개간될 뿐이다.

우리의 뒤틀린 마음(♥)은 변명하길 좋아한다. 비록 얼굴이 화끈거려도 '있는 그대로 인정'하지 못하기 때문에 마음 속에 있는 잡풀과 돌과 가시를 뽑아내기 어렵다. 마음속에 있는 죄와 악습을 끊기 어렵다. '지구를 들어 올리기보다 어렵게(?)' 느껴진다. 옛날 사람들은 여름 복더위에 익모초를 빻은 물을 마셨다. 마음을 개간하기 위해서 창피함, 부끄러움을 인정하고 눈물로 회개하고 죄에서 돌이킨다.

마음은 어떤 때는 '빛보다 빠르게 닫히는' 본성이 있지 않는가? 마음을 훈련(training)하고 통제(control)하고, 재갈 먹이기(bridling) 일은 불가능하다. 방금 감격하며 너무 기뻐 눈물을 흘린다. 그런데 몇 분, 몇 시간도 지나지 않았는데 마음을 완전히 닫아 잠근다. 어둠의 충동, 욕망, 호기심으로 또다시 더러운 죄를 향해 끝까지 달려가는 자신을 보고 놀랄 때가 많지 않은가?

마음을 펼쳐(stretching) 기쁘게 자원하여 '하나님에게 완전히 복종, 순종해야'한다. 그렇지 않으면 내 마음이 펼쳐질 때 스스로 속아 어둠에 빠질 수 있음을 명심해야 한다. 내 마음이 영원히 닮고, 인도받을 수 있는 분 즉 예수 그리스도의 마음을 품고 살 수 있도록 기도한다.

5) 시편 40:9-10

내가(OOO) 많은 회중( )가운데 서서

의의(　　)

기쁜 소식(　　)을

전하였나이다.

여호와여(　　) 내가(OOO) 내 입술(　　)을 닫지 아니할 줄을

주께서(　　) 아시나이다.

내가(OOO)

주(　　)의 공의를 내(OOO) 심중(　　)에 숨기지 아니하고

주(　　)의 성실과

구원을 선포하였으며

내가(OOO)

주(　　)의 인자와

구원을 많은 회중(　　) 가운데에서

감추지

아니하였나이다.

회중(in a great assembly)에게, 회중 앞에서 선포할 것은 무엇인가?

---

(1)의(righteousness)의 기쁜 소식

어린 양(羊, Lamb of God, 🐑) 예수 그리스도의 속죄, 대속의 죽음이다. 하나님의 사랑을 잃어버리고 스스로 하나님을 떠난 '바람난 인간'을 위해 자신을 십자가에 내어 놓은 예수 그리스도다. 예수님을 통해 '하나님의 불 같은 사랑'이 홍수와 쓰나미처럼 밀려온다. 그 사랑이 내 영혼에 지진을 일으키고, 화산이 폭발하듯 터져 나온다. 하

나님의 영원한 사랑을 감사한다.

변심한 인간을 위해 성자 하나님은 하늘 영광을 비우고 성육신하여 제물이 되었다. 하나님의 형상을 입은 인간에게 하나님의 위엄과 권세에 알맞은 '새로운 덧입음'이 필요하다. 말을 듣지 않은 애인을 포기하거나, 거들떠보지 않아도 되는데 '끝없는 사랑(endless love)'을 품고 직접 찾아와 '죄값을 지불'하신 영원한 하나님에게 감사한다. 스스로 제물이 된 하나님을 찬양한다. 하나님의 신비한 사랑에 감격한다. 얼마나 큰 사랑을 받았는지 어찌 말과 글로 표현할 수 있을까? 하나님의 영원한 자비를 엎드려 예배할 뿐이다.

(2) 하나님의 공의(Justice)

하나님이 원하는 공의는 어떤 수준일까? 외국을 방문하는 한 나라의 대표(왕, 대통령, 수상) 에게는 그들에게 알맞는 예우와 대접을 한다. 왕중의 왕, 만주의 주가 되시는 하나님에게 걸맞는 예우와 대접은 어떻게 해야 하는가? 우주를 창조하신 '창조주 하나님'은 우주 통치에 흠이 없어야 한다. 하나님은 하나님의 공의를 깨뜨린 사탄을 추방했기 때문이다. 죄의 값은 마땅히 지불해야 한다. 어떤 존재에게도 예외가 될 수 없는 것이 하나님의 공의다. **그러나** 인간을 향한 하나님의 사랑은 특별한 것이다. 에덴에서 하나님은 하나님의 명령을 깨트린 인간을 에덴에서 추방했지만, 하나님은 인간을 하나님의 품속에 더욱 깊게 끌어 안았다.

에그머니나! 이를 어찌하면 좋겠냐?

저 어린 것이 어떻게 눈에 콩깍지가 씌워

사탄(Satan)의 미혹에 홀딱 빠졌네!!

아이고! 아이고! 영원한 죽음에 떨어지게 되었으니!

불쌍해서 어찌할꼬?

인간이 영원한 죽음에 떨어지는 것을 볼 수 없다!

성부 하나님의 공의를 드러내는 일은

저와(성자, 聖子, God the Son) 성령님(聖靈, Holy Spirit)의 기쁨(?)이었다!

제가(성자, 聖子, God the Son) 인간이 되어 저들의 죄값을 직접 지불하여

하나님의 공의와 사랑을 선포하겠습니다. 저들을 용서하여 주옵소서!

(3) 하나님의 성실하심(God's faithfulness)

하나님의 성실하심은 시대와 환경에 따라 변하지 않는다. 하나님의 능력은 끝이 없다. 하나님은 말씀과 언약을 신실하게 지키고 성취한다. 세계 역사 속에서 전쟁, 기근, 가뭄, 홍수, 지진, 화산 폭발, 쓰나미, 여름과 겨울, 배반, 거절, 불순종, 우상 숭배, 살인, 거짓, 분쟁 등이 계속되어도 '하나님의 성실'하심은 변하지 않고 깊은 강처럼 흘러간다. 하나님의 성실하심은 폭우처럼 쏟아지다가 조금 후에는 가랑비처럼 내리면서 사라지는 것이 아니다. 언제나 변함없이 한 번도 쉬지 않고 떨어지는 폭포처럼 흘러온다. 당신은 하나님의 성실하심을 맛보았는가?

(4) 하나님의 구원(God's salvation)

계속되는 사탄의 고소, 거짓, 이간, 저주, 경멸, 조롱, 능욕, 채찍, 불화살을 막아설 존재는 누구인가? 하늘의 천사, 땅의 존재도 사탄을 통제하기는 쉽지 않다. 오직 전능하신 하나님만이 다스릴 수 있다. 예수 그리스도의 보혈이 사탄을 이길 수 있는 열쇠이다. 예수 그리스도의 대속하심을 믿음으로 받아들인 사람은 '예수 그리스도의 이름으로' 하나님과 함께 사탄/마귀/귀신을 대항할 수 있다.

"예수께서 그의 열두 제자를 부르사 더러운 귀신을 쫓아내며 모든 병과 모든 약한 것을 고치는 권능을 주시니라(마태복음 10:1)."

"믿는 자들에게는 이런 표적이 따르리니 곧 그들이 내 이름으로 귀신을 쫓아내며 새 방언을 말하며 뱀을 집어 올리며 무슨 독을 마실지라도 해를 받지 아니하며 병든 사람에게 손을 얹은즉 나으리라 하시더라(마가복음 16:17-18)."

사람들 사이에서 계속 반복되는(🔁) '혼란, 오해, 갈등, 불신, 모함, 상처, 속임, 술수, 원수 맺음, 위협' 등을 누가? 풀어줄 수 있는가?

한 사람이 중재하려고 하면 사람들은 이렇게 말한다. '당신(OOO)은 내 형편을 알지 못한다. 어떻게 자세히 알지 못하면서, 한쪽 편만 들고 전후 상황을 모르지 않는가?'라고 말하면서 거절한다. 화해는 커녕 서로 더 대적할 것이다. 그러나 예수님은 사람의 중심을 꿰뚫어 보신다. '그들이 속으로 이렇게 생각하는 줄을 예수께서 곧 중심에 아시고 이르시되 어찌하여 이것을 마음에 생각하느냐?(마가복음 2:8).' 하나님은 솔로몬보다 더 뛰어난 지혜로 공의로 판단하시는 왕 중의 왕이다.

(5) 하나님의 인자하심(God's grace)

하나님의 인자와 사랑은 끝없이 폭발하며 배가 되는 것이 특징이다. 한번 역사하시면 멈추지 않고 계속 커지는 중력이 작용한다. 영원부터 시작된 인자와 사랑은 영원까지 계속되는 사랑이다. 하나님의 사랑은 받으면 받을 수록 더욱더 배가 된다. 하나님의 사랑은 거절할수 없이 더욱더 깊게(⬇️), 높게(⬆️), 넓게(↔), 길게(⬅️)안으로 자라가며 뿌리를 내려가는(taking root) 놀라운 사랑이다.

하나님의 사랑은 사람들이 '하나님을 진정으로 예배하며', '이웃을 사랑할 때' 30배, 60배, 100배로 증가한다. 믿음의 선진(히브리서 11장)들과 순교자와 헌신자들이 지금도 선교 현장에서 자신을 희생하면서도 기쁘게 살아가는 증거다. 하나님의 사랑은 마음에 되새길수록 깊어져 '하나님의 사랑의 바다'까지 흘러간다. 하나님 말씀은 하나님의 사랑(♥)을 더 깊게 또한 그 바닥까지 넓게 맛보게 한다. 기도하면 할수록 이전에 경험하지 못한 신선한 하나님의 사랑에 빠지게 된다.

하나님의 사랑은 거래할 수 없고 줄다리기할 수 없다. 그냥 단순하게, 기쁘게 사랑의 바다에 빠져 헤엄칠(🏊) 뿐이다. 하나님의 사랑엔 제한 속도(MPH🔞)가 없다. 나와 하나님이 서로 사랑한다고 고백하면 '영원히 하나'가 된다. 이 사랑은 서로 주고받을 뿐만 아니라 '자신의 전부'를 기쁘게 내어놓는 자유 의지의 왕국이다.

하나님의 사랑의 꽃은 시들지 않고(💐) 영원한 향기가 난다. 한번이 사랑의 향기를 맡으면 세상의 어떤 향기보다 진하고 깊기 때문에, 하나님을 떠나면 그 향기가 사라져 버린다. 하나님의 사랑은 끝없이 이어지는 끝말 이어가기 게임이다. 끝없이 이어지는 노래며, 시(詩)와, 드라마이며 영화다. 그러므로 하나님의 사랑을 맛본 후 내어놓는 말과 글은 그대로 시와 노래가 된다.

(6) 하나님의 진리(God's truth)

하나님의 진리는 머리를 상쾌하게 씻어 준다. 또한 가슴과 온 영혼을 시원하게 만들어준다. 하나님의 진리는 온갖 어두움을 뚫고 영혼을 비추고 인도해 주는 길이다. 주님의 진리는 깊은 동굴에 비추는 빛이요 노래다.

하나님의 진리는 분명하다. 이 진리는 얼음을 녹이는 태양(☀)보다 더 강력하다. 한번 녹아내린 진리는 다시는 '얼어붙지' 않는다. 진리는 그 자체가 확실한 증거가 되므로 대적자에게 경고한다. 하나님의 진리는 '종이와 이론에 갇혀 있는것'이 아니다. 이 진리를 따라 살아가는 사람들을 통하여 '실제로 경험'되어 기쁨이 된다. 하나님의 진리는 스스로 증명되기 때문에 '외적인 증명과 설명'이 필요 없다. 이 진리는 알면 알수록 더욱 더 알고 싶고, 닮고 싶어진다. 이 진리는 더 깊은 진리의 바다로 인도하는 '신비한 이끌림'이 있다. 진리를 알수록 더욱 겸손과 온유한 마음을 갖게 되어 예수 그리스도를 닮아 간다.

참된 스승이신 '성령 하나님'의 가르치심과 이끄심을 따라 '회개에 민감한 사람'이 되면 이렇게 고백한다. "만물의 찌꺼기 같은 나에게 이런 큰 은혜와 깨달음을 주심을 감사합니다. 이 모든 것은 오직 하나님의 영광만을 위한 것입니다. 이것은 절대로 죄인 중의 가장 큰 죄인인 나에서 나온 것이 아니라 오직 예수님 뿐입니다! not I, but

Jesus!"

하나님의 진리는 온 우주에 나타나 있다. 예수님 안에서 남녀노소, 빈부귀천, 민족과 종족을 불문하고, 어느 시대든지 '마음 눈을 열고, 마음 귀를 열면' 깨닫게 되는 하나님의 선물(🎁)이다. 이 선물은 값없이 주시는 은혜일 뿐이다. 그러므로 자랑할 것이 하나도 없다. 100%가 하나님 은혜로 받은 것이기 때문이다.

6) 시편 42:1

하나님(　　)이여!　　　　사슴(　　)이　　시냇물(　　)을
　　　　　　　　　　　　　　　　　　　　찾기에 갈급함 같이

　　　　　　　　　내(　　)영혼이
주(　　)를　　　　　　　　　　　　　　　찾기에(　　)
　　　　　　　　　　　　　　　　　　　　갈급하나이다!

　　　　　　　　　　　As deer　　　pants for streams of
　　　　　　　　　　　　　　　　　　water
　　　　　　　　　so my soul　　　pants for
you, O LORD.

양과 목자

(1) 생명을 담보하고 '물(水, water,)'을 마시려고 몸부림 치는 양을 보았는가?

산등성이를 오르락 내리락 하다가 갈증으로 쓰러질 정도로 지친 사슴()이 보인다. 그런데 사나운 짐승들이 떼를 지어 계속 쫓아오고 있다. 더군다나 사냥꾼이 사냥개를 풀어 놓아 추격하고 있다. 사슴은 숨을 헐떡이면서 소리친다. '아! 목이 탄다! 물을 마셔야 한다! 물이 있는 곳은 어딘가? 저 등성이를 지나면 시원한 물이 흐르는 곳이 있다. 조금만 더 힘을 내자!'

죽을 힘을 다해 시냇가에 도착했다. 그러나 냉큼 시냇물을 마실 수 없다. 시냇가에 사냥꾼과 전문 포수(사탄, 마귀, 귀신, 어둠, 방해, 원수)들이 방아쇠를 쥐고 있거나 활을 당기고 기다리고 있기 때문이다. 잠깐! '타들어 가는 목마름인가? 생명의 끝인가?' 분별해야 한다. 그러나 타들어가는 목마름에는 '이성과 논리'가 작동하지 않는다. 사슴은 죽음을 무릅쓰고 '시냇물(生水, the Living Water)을 마신다.' 바로 그때 포수가 방아쇠를 당겼다. 사슴이 총에 맞아 쓰러졌다(). 그러나 사슴은 아직도 남은 갈증 때문에 조금씩 기어가 냇물을 더 마시고 마신다. '이제 충분히 갈증을 풀었다! 죽어도 좋다! 뼈속 깊이 스며든 갈증이 사라졌으니 여한이 없다!' 내 영혼의 생수되신 예수 그리스도를 만났으니 '지금 죽어도 좋다!'

그런데 웬일인가? '포수가 쏜 총은 성령님의 기름부음 마취총'이었고, 그 포수는 하나님의 사람이었다. '생명을 내어놓고' 시냇물(生水, The Living Water)을 마셨는데…내가 살아 있다니! 놀라운 일이다! 죽을 힘을 다해 '숲과 언덕(절망, 고난, 방해, 두려움, 교만, 조롱과 멸시, 위험, 궁핍, 질병 등)'을 넘고 넘어 이 시냇물을 찾아왔다. 드디어 생수이신 예수 그리스도를 만나게 되었다!

---

(2) 다시 회복된 사슴(deer refreshed by Living Water)은 어떻게 행동하는가?

머리 속에 별들이 아른거리고, 목구멍에서 불덩이가 올라와 위장과 속을 태워버릴듯한 '불같은 갈증'이 해결되어 모든 세포에 생기가 솟는다. 이제는 가장 높은 산도 꼭대기까지, 에베레스트 산(⛰️순교)도 단숨에 뛰어갈 수 있을 것 같다. 이젠 어떤 것도 무섭지 않고 부럽지 않다. 얼마나 발걸음이 가벼운지 마치 날개를 달고 구름 위를 떠다니는 것 같다. 그래서 전에는 뛰어넘지 못한 '웅덩이(절망, 불평, 교만, 조롱)'와 '작은 골짜기와 낭떨어지(고난, 궁핍)'를 훌쩍 훌쩍 뛰어넘게 되었다. 진흙과 늪(우울증, 자기 연민)에 빠져도 힘차게 몸을 흔들고 조금만 발버둥 치면 빠져나오게 되었다! 하늘이 더욱 파랗게 보인다. 태양(☀️)이 방실 방실 웃는다. 새들(🐦)이 부르는 노래를 함께 부를 수 있게 되었다. 노랫말도 지을 수 있게 되었다. 비가 오자 별들과 나뭇잎들이 춤출 때 함께 덩실 덩실 춤을 춘다. 밤이 되면 별들(🌀)과 달(🌙)과 함께 실컷 찬양(🎶)한다.

(3) 다시 회복된 사슴들(　　　)은 어떻게 교제하는가?

모일 때마다 대화 주제가 바뀌었다. 그 주제는 오직 생수이신 예수 그리스도, 죽임당한 어린 양 뿐이다. 혹시 세상 이야기와 정치에 대해 말하기 시작하면 즉각 반응한다. '미안합니다. 그런 이야기는 여기서는 금지됩니다!' '우리를 영원한 죽음에서 구원해 주신 하나님 사랑(♥)이야기, 예수님의 성육신의 비밀, 예수님 십자가 죽음과 부활 이야기, 예수님의 보혈의 능력, 메시야 예언과 성취, 예수님의 제자들 이야기, 예수님 재림 이야기 등을 나누고 기도하며 함께 예수님을 닮아갑시다! 또한 형제님과 자매님과 가족들이 복음을 전파하신 삶의 이야기를 나누어 주십시오! 고난과 박해를 헤쳐 나온 이야기를 전해 주십시오! 그런 간증을 또 듣고 싶군요! 고맙습니다!'

생수(生水, the Living Water)이신 예수 그리스도를 온 세상에 전파합시다! 거듭난 증거와 사역과 삶에 열매가 있는 '변화 받은 사슴 부부와 가족'을 파송합시다. 그들은 초대교회 제자들처럼 기간을 정하여 함께 모여 예배드리고 간증을 나누고, 금식하며 기도한 후 파송했다(사도행전 13:1-3).

생수를 전달하는 군대를 세웠다. 흙탕물(더러운 물, 번영 신학, 땅의 축복 강조)을 멀리 멀리 밀어내고, 진흙(절망, 우상 숭배)과 늪(핍박, 거절)이 아니라 옥토에 복음의 씨를 함께 뿌리며 전진합시다!

끝없이 흐르는 생수의 강(江, River of Life) 우리 주 예수 그리스도

7) 시편 42:3

                        사람들이(   )   종일(   )
        내게(   )   하는 말이(   )
        네(   )
하나님(   )이   어디 있느냐?
                                하오니
        내(   )   눈물이(   )
                        주야로
        음식이(   )   되었도다!

사람들이 증명해 보라고 조롱하는 하나님(▲)은 어떤 분인가?

대적들은 하나님을 예배, 경배하려고 찾는 것이 아니다. 원수들은 우리의 형편, 환경, 외모, 재산, 집, 직장, 사업을 보고 조롱한다. '딱하다!', '네가 하나님을 믿은 결과가 이것뿐이냐?', '너(0000)를 보면 우리가 하나님에게 나갈 수 없다!'

하나님은 우리의 농사, 사업, 재산을 불려주는 소위 '도깨비 방망이'가 아니다. 하나님은 내 필요를 채워주어야 하는 신(神)이 아니다. 이는 우상 숭배(崇拜)이지 기독 신앙이 아니다.

하나님을 '인간의 계산, 돈, 욕망'에 가두어 놓는 자들이 있다. '지금, 내가 원하는 대로 문제를 해결하도록' 설득하고 위협(?)하고 협박(?)하는 자들도 있다. 하나님을 내 마음대로 조정, 통제하려는 자들이 있다. 내 문제를 빨리 해결하라고 명령(?)한다.

하나님을 '내가 생각하는 창고와 상자에 가두어(🙁) 놓는다.' 그래서 저온 창고에 보관한 과일(감, 사과, 배, 포도 등)을 꺼내 먹듯이, 내가 필요할 때만 꺼낸다. 하나님을 마치 프라이팬에 집어 넣고( ),내 입맛에 따라 '깎고, 떼내고, 볶고, 튀긴다.' 하나님의 초월성, 거룩, 능력, 영원성, 심판 주, 창조주, 동정녀 탄생, 기적, 십자가 구속, 부활, 승천, 재림을 부정한다. 하나님을 마치 리모콘으로 조정, 통제 ( ) 하려고 하는 사람도 있다.

8) 시편 47:2

지존하신 여호와(   )는

두려우시고

온 땅에(　　)

큰 왕(　　)이   되심이로다!

How awesome   is

The LORD

most high,

The great king   over all the earth!

하나님의 보좌에서 빛이 쏟아질 때 천사들도 얼굴을 가리고 사람들도 얼굴을 가릴뿐이다. 하나님의 영광과 거룩함의 빛이 쏟아질 때 그 앞에 설 수 있는 사람이 없다. 세상에서 동원할 수 있는 모든 보석, 장식, 꽃, 악기, 찬양도 하나님의 은혜와 사랑을 표현할 수 없다. 왕중의 왕, 만주의 주이신 하나님! 모든 왕들과 사람들이 드릴 선물은 무엇인가? 하나님에게 감사! 영광! 찬송! 경배 드릴 뿐이다. 온 마음(♥)을 다하여, 힘을 다하여 목소리 높여 찬양(♪♪) 찬양(♪♪)을 드리자!

큰왕(The LORD, most high, the great King over all the earth)이신 하나님께 영원히!(∞) 영원히!(∞) 찬양드리세!

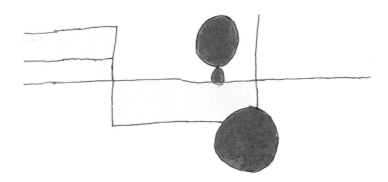

9) 시편 51편

무릇 나(OOO)는

　　내(OOO)　　죄과(　　)를 아오니

　　　　내(OOO)　　죄가(　　)항상

　　　　내(OOO)　　앞에(　　) 있나이다(3절)

　다윗은 시편 51:1-5까지 죄(transgression)를 9회 언급한다. 죄를 회개한다. 원통한 마음으로 눈물을 흘리며 '하나님과 친밀한 교제 (intimacy with God)'가 회복되길 기도한다. 다윗은 '하나님과 친밀한 교제'를 잃고 어둠에 빠졌을 때 통곡한다. 어디서부터 잘못되었는가? 무엇이 문제인가? 왜 범죄하게 되었는가? 얼마나 큰 고통과 슬픔을 하나님과 사람에게 주었는가? 다윗은 마음을 찢는 회개를 하며 다시 하나님 앞에 서있다.

　하나님은 겉모습(appearance)보다 중심(中心, Inner Being)의 진실을 원하신다.

❶ 네(000) 중심(   )을 다하여 하나님(   )을 만나러 나오라!

❷ 네(000) 가슴(   ) 밑바닥에 아직도 남아 있는 찌꺼기는 무엇이냐?

❸ 네(000) 마음(   )속에 떠다니는 욕망은 무엇이냐?

❹ 네(000) 꿈에(   ) 자주 나타나는 것은 무엇이냐?

❺ 네(000) 생각(   )으로 범죄하는 것이 무엇이냐?

❻ 네(000) 입(   )에서 독한 저주, 험담, 비난, 조롱, 추한 말을 쏟아 놓은 것은 없느냐?

❼ 네가(000) 침대에서 일어나 맨처음 하는 말은 무엇이냐?
또한 하루 일과를 마치고 침대에 누워 잠잘때 매일 마지막으로 하는 말은 무엇이냐?

❽ 네가(000) '무릎을 꿇고 기도할 때'(   ) 맨 처음 하나님에게 드리는 첫 마디는 무엇이냐?

하나님(   )이여   내(000)   마음 속에(   )
                                    정한 마음을

    창조(   )하시고
                    내(000)   안에(   )
                        정직한 영을(   )

    새롭게(   ) 하소서!

Create   in me(000)   a pure heart(   ),
O God,(   )

and

renew   a steadfast spirit

within me.(V 10)

나의 간절한 소망은 무엇인가?

그것은 정결한 마음과 정직한 영을 갖는 것인가?

---

❶ 내 마음(♥)이 더러워졌다. 하나님과 친밀한 교제를 나눌 수 없는 것은 무엇인가?

❷ 분주한 생활로 하나님과 교제하지 못하고 말씀을 묵상하지 못했다. 그러자 '말이 거칠어지고' 조금씩 성령의 열매가 사라졌다. 나는 지금 영적으로 졸고 있다.

❸ 마음을 대청소했어도, 마음은 계속해서 매순간, 매일 청소하지 않으면 금방 더러워진다.

❹ 교회와 공동체에서 '서로 서로 마음을 내어 놓고' 고백하고, 용서하고, 기도하고, 치유 받아도 속마음(♥)의 먼지를 털어내지 않으면 전체를 썩게한다. 아무리 외모(예배, 기도, 말씀 공부)를 꾸미지만 썩은 냄새는 그대로 남아있다.

❺ 분명한 말씀과 성령님의 감동과 깨달음을 받아도 회개하지 않고 계속 거절하고 반항하고 불순종하는 굳은 마음을 버리지 않는다. 그 때 바치는 기도는 위선과 우상 숭배가 된다.

❻ 정직한 영을따라 살아간다. 마음(♥)을 덮고 있는 위선, 체면, 습관, 변명, 거짓, 속임, 위장을 벗어 버리고 솔직하게 단순하게 살자.

나(000)를

주( )앞에서

쫓아내지( ) 마시며

주의 성령( )을

두지( ) 마소서!(11절)

Do not cast

me

From your( )presence   or

take your

Holy Spirit( )   from me!

3. 왜? 하나님은 우리에게 가까운 사람들에게 배반을 당하게 하실까? Why does God allow us to experience betrayal from close ones?

하나님은 에덴 동산에서 사랑하는 사람에게 배반(창세기 2:16-17, 3:6-13, 3:22-24)을 당했다. 이스라엘 백성들을 애굽에서 해방시키고 수많은 기적과 은혜를 베풀었으나 그들에게 계속 거절당했다. 포로로 끌려간 백성들을 고국으로 귀환시켰지만 하나님의 은혜를 버리고 또 타락했다. 예수님이 찾아오셨지만 백성들은 '메시야를 거절하고' 학대했다. 하나님은 수 만번 애인에게 '바람을 맞아' 삐치고 돌아설 수도 있는데 '십자가에 죽기까지' 사랑하셨다. 하나님은 우리가 삶 속에서 당하는 아픔을 통해 '하나님의 마음(♥)'을 느껴 보도록 하신다.

1) 시편 41:9(주: 다윗의 통회와 함께 묵상하기 위해 시편 51:1 이후 묵상)

내가(OOO)   신뢰하여
내(OOO)   떡(   )을   나눠 먹던(   )
나(OOO)의   가까운 친구(   )도
나(OOO)를   대적하여(   )
        그(OOO)의 발꿈치(   )를
                                            들었나이다.

하나님이 에덴 동산에서 가장 가까운 아담과 하와에게서 가슴 아픈 배반과 아픔을 당했기 때문이다. 하나님은 인간을 사랑하여 '하나님의 형상(image of God)을 주었지만' 배반당했다. 그러나 하나님은 인간을 계속 사랑하며 '집 떠난 탕자'가 돌아오길 원했다. 우리에게 상처를 준 사람을 만날 수 있다. 과거의 상처 때문에 스트레스를 받을 수 있다. 그러나 원수 같은 사람이라도 '십자가 사랑'으로 용서하지 않으면 제대로 하나님의 사랑을 알 수 없다. '예수님이 십자가에서 죄인을 용서한 것처럼' 너도 할 수 있느냐? 하나님의 용서를 실제로 깨달아 보도록 하나님이 초청하는 것이다.

사람에게 속은 하나님이 아닌가? 얼마나 우스운 '아들과 딸 바보 아버지 하나님'이신가? 딸이라면? 아들이라면? 껌뻑 껌뻑 진짜 바보가 되는 아빠와 엄마처럼 하나님은 사랑하는 자녀, 신부, 교회를 위

하여 십자가의 죽음을 통해 진짜 바보 아버지임을 증명했다.

> ## 2) 아담과 하와를 잃은 하나님의 아픔과 상실감 vs
> ## 아벨을 잃은 아담과 하와의 아픔

하나님은 아담과 하와가 범죄했을 때 얼마나 당황했을까? 아담과 하와가 범죄한 후에 그들을 에덴 동산에서 내어쫓을 때 얼마나 마음이 아팠을까? 아담과 하와는 큰 아들, 가인(Cain)이 동생 아벨(Abel)을 돌로 쳐 죽이는 일을 직접 보면서 '무슨 생각을 하였을까?' 아담은 하와를 '내 뼈 중의 뼈요 살 중의 살'이라고 했는데, 그 하와가 출산한 아들이 죽었다. '나의 기쁨, 웃음, 즐거움, 자랑, 생명의 꽃'이 짓이겨졌다. 머리에 피를 흘리며 '아픔과 고통 속에' 죽었다. 부모는 자녀가 죽으면 가슴에 묻는다고 한다. 아담과 하와는 아벨을 땅에 묻으면서 하나님에게 어떤 기도를 했을까?

❶ 하나님! 우리 보다 더 아프셨군요!

❷ 하나님 아버지! 이 슬픔이 '우리(OOO, OOO)의 배반과 타락이 하나님 아버지에게 얼마나 고통이 되었을까?' 생각나게 합니다. 티끌을 무릅쓰고 땅에 엎드려(🧎‍♂️)회개합니다! 이 슬픔을 통해 '하나님 아버지'를 바라봅니다!

우리의 고통을 통해 '하나님 아버지의 눈물(💧)'을 기억합니다!

❸ 이 시간 아벨을 땅에 묻으며 하나님의 사랑을 우리(OOO, OOO)의 뼈에 새깁니다!

❹ 사랑하는 아들이 우리(OOO, OOO)보다 먼저 죽으니 우리는 가슴

에 슬픔이 넘칩니다..

❺ 하나님 아버지! 우리(OOO, OOO)들의 배반과 타락이 하나님 아버지 가슴에 대못을 박은 것을 이제야 알겠습니다!

❻ 이 한줌 흙덩이 속에 '하나님 형상'을 불어넣어 주셨군요! 영원을 사모하는 마음을 주셔서 감사합니다!

❼ 하나님 아버지! 얼마나 괴롭고 아프셨습니까?
우리(OOO, OOO)는 그것을 모르고, 하나님 마음을 헤아리지 못했습니다. 용서하소서!

❼ 우리(OOO, OOO)가 자식을 가슴에 묻었지만 슬픔이 밀려와 몸서리칠 때가 너무 많습니다.

❽ 그런데 하나님 아버지께서는 어떻게 오직 하나뿐인 독생자, 성자 하나님, 예수 그리스도를 죄인을 위해 내어 주실 마음(♥)을 품으셨습니까?

❾ 하늘이 땅보다 높음 같이 우리(OOO, OOO)의 배반과 타락 보다 하나님의 사랑이 훨씬 더 크심을 찬양합니다!

❿ 하나님 아버지의 사랑과 성자 하나님의 자신을 비우심에 감사합니다!

⓫ 우리 몸을 엎드려(🙇🙇) 경배합니다!

⓬ 우리 마음으로 하나님에게 입맞추며 찬양(♪♪)합니다!

아담과 하와는 사람들이 서로 죽이는 것을 직접 보았다. 또한 사람들이 집단적으로 서로 죽이는 것도 보았다. 아담과 하와는 악행과 살인이 계속 점점 커지고 번져가는 것(😵)을 볼 때마다 '가슴을 치며',

'내 탓입니다! 내 탓입니다! 하나님! 아버지!'라고 울부짖으며 회개한다.

오직 하나님의 어린 양(🐑) 외에는 이 가슴 속이 떨리는 고통과 죽음의 공포에서 우리를 구원할 자가 없음을 고백합니다! 매일 매일 살인, 자살을 목격합니다. 매 순간마다 하나님 아버지를 바라봅니다. 동물의 피로 만든 옷(lambskin garmen)을 볼 때마다 아담과 하와는 회개하며 '하나님 앞에 서 있는' 자신의 모습을 떠올린다.

3) 다윗은 아들 압살롬에게 배반당하여 피난갈 때 어떤 마음(🖤)이었을까?

다윗은 장인, 사울 왕의 살해 위협을 피해 이리저리 도망다니는 생활을 했다. 다윗은 수많은 전쟁터를 누비며 지낸 후 많이 지쳐 있었다. 왕이 전쟁 때에 직접 출전해야 했지만 다윗은 왕궁에 머물러 있었다. 그때 부하 장군, 우리아의 아내를 범하여 '집 안에 칼(🗡)과 죄악'이 떠나지 않게 되었다. 함께 빵을 먹던 부하에게 고통과 슬픔을 주었다. 다윗이 정욕에 눈이 멀어(👀) 범죄했을 때 '하나님의 공의와 정의'는 먹칠되었다.

다윗은 아들, 압살롬의 '반역을 피하여 도주할 때' 자신의 범죄를 되새겼다. '내가 이전에 나와 함께 떡을 먹던 부하를 배반하여 죽였는데, 이제는 나와 함께 떡을 먹던 아들에게서 배반을 당하는구나!' 다윗은 자신이 사랑했던 아들에게 반역 당하여 시내를 건너야 했다. 다윗은 시내를 건너가며 눈물(💧)로 회개하며 걸어갔다.

'하나님! 제 안에 이렇게 큰 죄악으로 달려가는 괴물(monster)

이 있음을 고백합니다. 정직한 영을 새롭게 하여 주옵소서! 저를 주 앞에서 쫓아내지 마옵소서! 제 영을 새롭게 하옵소서!'라고 계속 기도했다. 다윗은 반역자 압살롬이 죽자 '애가'를 부른다. 에릭 위탁케(Eric Whitacre)가 작곡한 '다윗이 들었을 때(When David Heard)' 노래에 다윗의 슬픔 마음이 표현되어 있다.

4) 예수님은 가룟 유다의 배반과 베드로가 부인하는 고통을 당한 것은 무엇을 알려 주는가?

삼위 하나님, 성자(聖子, God the Son) 하나님, 성부(聖父, God the Father) 하나님과 성령(聖靈, Holy Spirit) 하나님은 피조된 천사인 사탄에게 배반당했다. 또한 삼위 하나님은 에덴 동산에서 '아담과 하와'에게 배반당했다.

하나님은 천사가 범죄하고 타락하여 '하나님을 대항하는 것'을 용서할 수가 없었다. 그러나 하나님은 자신의 형상을 입은 아담과 하와가 범죄했을 때는 더욱 가슴 아파하셨다. 이 고통과 아픔은 마치 '모든 기쁨을 전부 뒤집어 엎어놓은 것'처럼 큰 슬픔이 되었다. 성자 하나님조차 '고꾸라질 정도(?)'였다. 성부 하나님의 슬픔은 온 우주가 크게 요동칠 정도로 큰 것이었다. 하나님이 울부짖는(?) 소리와 눈물(💧)을 상상(?)해 보았는가? 성자의 눈물 어린 기도가 들리는가?

성부 하나님! 진정하옵소서!
성자인 제가 인간들에게
아버지 하나님의 눈물(💧)어린 사랑을 전하고

성자인 제 피(血, Blood, 💧)로 인을 치고
버림 받은 영혼들을 대속하겠습니다!

시냇물이 여러 개울(creek)에서 흐르는 물을 '팔 벌여 품어 주면' 시내가 된다. 시냇물을 강(江)이 안아 준다. 강들이 함께 모여 바다로 흐른다. 바다는 강들을 손잡고 함께 춤을 춘다. 성육신(成肉身, incarnation)하신 예수님은 에덴 동산의 반역 뿐만 아니라, 출애굽한 이스라엘 백성들의 반역과 타락을 품었다. 또한 가룟 유다의 배반과 베드로가 부인하는 쓴물도 마셨다. 그런 다음 옷 벗김을 당하고, 매맞고, 가시관을 쓰고, 십자가에서 피를 흘리며 인간을 용서했다.

해변에서 일렁이는 작은 물방울과 모래를 큰 파도가 쓸어버린다. 삼위 하나님의 보좌로부터 솟구쳐 흐르는 사랑의 불(🔥 〰️)이 큰 폭풍이 되어 모든 배반, 아담으로부터 인류 역사에 계속 흘러온 저주, 반역, 불순종, 범죄, 불평, 대적, 교만, 편견, 싸움, 속임, 더러움, 살인, 우상 숭배, 시기 등의 모든 더러움을 태웠다.

5) 인생 중에서 가장 비참한 사람은 누구인가?

(1) 아담과 하와처럼 하나님 앞에서 쫓겨나는 자

"여호와 하나님이 에덴 동산에서 그를 내보내어 그의 근원이 된 땅을 갈게 하시니라. So the LORD God sent them out of the Garden of Eden, where they would have to work the ground from which the man had been made(창세기 3:23)." 아담과 하와는 에덴 동산에서 추방당했다. 그들은 다시는 에덴 동산으로 돌아갈 수 없었다. 하나님은 그룹들과 두루 도는 불칼을 두어 지켰다. 그들은 하나님과 더불어 더이상 얼굴과 얼굴을 대하며 나누는 친밀한 교제를 나눌 수 없었다. 반역한 자를 쫓아냈다. 평생 회개하며 살아갈 기회를 준 것이다.

(2) 가인(Cain)처럼 여호와 하나님 앞을 스스로 떠나는 자

"가인이 여호와 앞을 떠나서 에덴 동쪽 놋 땅에 거주하더니. But Cain had to go far from the LORD and live in the Land of Wandering, which is east of Eden(창세기 4:16)." 아담과 하와는 부모로서 두 아들에게 하나님이 받으실 제물을 가르쳤을 것이다. 가인이 가져온 땅의 소산은 하나님이 받으실 수 없는 제물이었다. 가인은 '하나님의 요구하는 방식'아니라 '자기 방식'으로 하나님을 섬긴 것이다. 그러나 아벨은 부모가 가르쳐 준 그대로 '하나님이 요구하는 방식'을 따라 제물을 드렸다. 문은 삶으로 들어가는 입구다. 가인에게 문은 죄와 어둠이 접근하는 통로였다. 하나님은 죄와 어둠의 세력에게 문을 열어주는 무엇인지, 닫는 것이 무엇인지 알려 주신다. 죄의 문을 열러주는 것은 불순종이고 어둠을 닫는 것은 '하나님 말씀'을 순종하는 것이다(John Bevere, pp. 74-78). 동생을 살해한 후 가인은 탕자처럼 스스로 하나님 앞(From God's presence)을 떠나 방황했다. 동생을 죽인 죄가 양심을 통해 계속 고소한다. 꿈속에서 '호소하는 아벨의 모습'이 보인다. 죄의 충동을 다스리지 못해 평생을 후회하며 살게 되었다. 빛을 벗어나 평생을 어둠 속에서 도망 다니며 살게 되었다.

내(OOO) 속에(♥)는 또 다른 내가 (👤🙂) 너무 많은 것을 찾아 보았는가?

거칠은 나, 모순된 나, 절망하는 나, 자학하는 나, 비교하는 나, 오만한 나, 허풍떠는 나, 건방진 나, 더럽고 추한 나, 불처럼 화를 내는 나, 경박한 나, 계산하는 나, 염치 없는 나, 얼굴이 두꺼운 나, 뻔뻔한 나, 욕심 많은 나, 음란한 나, 안하무인처럼 거만한 나, 오만 불손한 나, 냉혹한 나, 무정한 나, 고집센 나, 괴팍스러운 나, 회개할 줄 모르는 나, 후회만하지 고칠줄 모르는 나, 불만 가득한 나, 변덕스런 나, 이중인격적인 나, 말만 하는 나, 인내심 부족한 나, 조급한 나, 비겁한 내가 있다.

내 이익만 챙기는 나, 이기적인 나, 내 중심적인 나, 실행력이 부족한 나, 거짓말 하는 나, 세상 더러움이 가득찬 나, 양보할 줄 모르는 나, 깨닫지 못해 멸망하는 짐승같은 나, 잘못을 인정하지 않고 계속 변명하는 나, 개구리가 올챙이 되었을 때를 잊어버린 듯 감사를 모르는 나, 배은망덕한 나, 주기를 싫어하는 나, 화해와 용서를 거절하는 나, 양보할 줄을 모르는 나, 원수 맺는 나, 양심이 화인 맞은 나, 영적인 눈이 감긴 나, 쾌락 사랑하기를 하나님보다 더 하는 나, 부모를 거역하는 나, 차라리 나지 않으면 좋을 뻔한 나….

나는 이처럼 죄인 중의 죄인이다. 하나님의 원수된 나를 위하여 성부 하나님은 성자 예수 그리스도를 이 땅에 보냈다. 십자가에 피흘려 '영원한 속전을 지불'하고 나(ㅇㅇㅇ)를 저주와 영원한 심판에서 구원해 주셨다. 그러므로 이제 나(ㅇㅇㅇ)의 모든 것은 내 것이 아니다. 모든 것이 예수님 것이다. 모든 것이 통째로, 주권과 소유권이 예수님에게 이전되었다. 나는 처형을 앞둔 극악 무도한 죄인이었는데 '특별 사면을 받아' 살게 되었다.

(3) 요나(Jonah)처럼 여호와의 얼굴을 피하여 도주하는(🚶) 자

"그러나 요나가 여호와의 얼굴을 피하려고 일어나 다시스로 도망하려 하여 욥바로 내려갔더니 마침 다시스로 가는 배를 만난지라 여호와의 얼굴을 피하여 그들과 함께 다시스로 가려고 배삯을 주고 배에 올랐더라. Instead, Jonah ran from the LORD. He went to the seaport of Joppa and bought a ticket on a ship that was going to Spain. Then he got on the ship and sailed away to escape(요나 1:3)."

요나는 하나님의 명령, 소명, 사명을 받았다. 얼마나 복되고 기쁜 일인가? 그러나 요나는 자기의 소견에 옳은대로 결정했다. 하나님에게 묻지도 않았다. 자기 생각, 판단이 중요했다. 자기 마음을 타인과 나누지도 않는다. 다른 사람들이 자신의 결정을 방해하거나 거절하면 불처럼 화를 낸다. 나는 이렇게 독선적이고 완고하고 고집불통이 아닌가?

(4) 악하고 게으른 종처럼 바깥 어두운 곳(●)으로 내쫓기는 자

"이 무익한 종을 바깥 어두운 데로 내쫓으라 거기서 슬피 울며 이를 갈리라 하니라. You are a worthless servant, and you will be thrown out into the dark where people will cry and grit their teeth in pain(마태복음 25:30)."

한 달란트 받은자는 받은 달란트를 땅에 묻어두었다. 그는 '악하고, 게으르고, 무익한 종, 불법을 행하는 자'가 되어 내어 쫓겼다. 그는 주인의 의도를 모르고 주인의식도 없는 자다. 자신이 받은 달란트를 선용하여 사람들을 옳은 길로 돌아올 수 있도록 '지혜롭고 충성된 종'으로 살지 않았다. 주여! 제가 '때를 따라 하나님 말씀 양식을 나눌 수' 있도록 인도하소서.

바울은 디모데에게 이렇게 명령한다. '너는 이것을 알라! 말세에 고통하는 때가 이르러 사람들이 자기를 사랑하며 돈을 사랑하며 자랑하며 교만하며 비방하며 부모를 거역하며 감사하지 아니하며 거룩하지 아니하며 무정하며 원통함을 풀지 아니하며 모함하며 절제하지 못하며 사나우며 선한 것을 좋아하지 아니하며 배신하며 조급하며 자만하며 쾌락을 사랑하기를 하나님 사랑하는 것보다 더하며 경건의 모양은 있으나 경건의 능력은 부인하니 이같은 자들에게서 네가 돌아서라!(디모데후서 3:1-5)', '향락을 좋아하는 자는 살아 있으나 죽은 자이다(디모데전서 5:6).'

(5) 아나니아와 삽비라처럼(👀) 성령을 속이고(lie to the Holy Spirit), 주의 영을 시험하는 자(test the Spirit of the LORD)

"아나니아라 하는 사람이 그의 아내 삽비라와 더불어 소유를 팔아 그 값에서 얼마를 감추매 그 아내도 알더라 얼마만 가져다가 사도들의 발 앞에 두니. 베드로가 이르되 아나니아야! 어찌하여 사탄이 네 마음에 가득하여 네가 성령을 속이고 땅 값 얼마를 감추었느냐? 땅이 그대로 있을 때에는 네 땅이 아니며 판 후에도 네 마음대로 할 수가 없더냐? 어찌하여 이 일을 네 마음에 두었느냐? 사람에게 거짓말한 것이 아니요 하나님께로다(사도행전 5:1-4)!"

"베드로가 이르되 그 땅 판 값이 이것뿐이냐? 내게 말하라! 하니 이르되 예 이것뿐이라 하더라. 베드로가 이르되 너희가 어찌 함께 꾀하여 주의 영을 시험하려 하느냐? 보라 네 남편을 장사하고 오는 사람들의 발이 문 앞에 이르렀으니 또 너를 메어 내가리라 하니(사도행전 5:8-9)."

아나니아(Ananias)와 삽비라(Sapphira) 부부는 영적 눈이 어두(👀)웠다. 남편과 아내 중에 한 사람이라도 영적 진리를 깨달았다면 얼마나 좋았을까? 부부가 모두 영적 진리의 말씀 밝히 깨닫는 분별력(👓)을 가져야 한다. 자기가 소유한 땅을 처분하고 '일부만 내어 놓아도 되는데', 땅 전체를 바친 것처럼 거짓말을 했다. 명예와 공명심 때문에 죽었다. 처음 부름 받았을 때 하나님과 약속한 것이 있다. 선교사로서 약속과 헌신, 목회자의 약속과 헌신, 신년 약속과 특별한 헌신은 어떻게 되었는가? 나는 어떠한가?

우리 부부는 어떠(👓? 👓? 👓 ?)한가?

(6) 사탄처럼 자기 지위를 지키지 않고 자기 처소를 떠나는 자

"또 자기 지위를 지키지 아니하고 자기 처소를 떠난 천사들을 큰 날의 심판까지 영원한 결박으로 흑암에 가두셨으며. You also know about the angels who didn't do their work and left their proper places. God chained them with everlasting chains and is now keeping them in dark pits until the great day of judgment(유다서 1:6)."

하나님이 주신 직무, 자리, 명령, 위치, 책임, 직분을 잊어버린 자이다. 주어진 직분을 이용하여 '하나님 영광'보다 자신의 유익, 기쁨, 영광을 위해 행동하는 자다. 본분을 지키지 않는 자는 하나님의 질서를 깨뜨리는 자다. 자신을 하나님처럼 높여 항상 '하나님과 사람'에게 고통을 준다. 이러한 사람들은 이웃과 이웃을 이간하고, 서로 비난하며 결국 모두를 파멸시키는 자다. 내가 하고자 하는 일과 사역의 동기, 이유, 목적을 동역자들과 함께 나누고 '하나님 앞에서' 점검할 필요가 있다.

왜 사탄은 하나님을 더이상 찬양하지 않을까? 사탄은 항상 하나님을 대적하고, 부인하고, 부정하고, 반항하고, 멸시하고, 조롱하는 어둠(●) 자체이기 때문이다. 사탄은 하나님을 대적하는 자다.

사탄은 '스스로 타락한 존재'다. 사탄은 자신이 영원한 불못에 던져질 존재임을 알고 '자신과 함께 멸망할 자를 찾아' 으르렁거리는 사자(Lion)와 같다. 끝없는 낭떨어지에서 굴러 가는 바위처럼 점점 가속되기 때문에 스스로 제어할 능력이 없는 자다. 감사를 할 줄 모르는 자다. 사탄은 극악한 존재다. 영원한 저주 아래 사는 존재다. 가장 뛰어난 피조물이 가장 비참한 존재로 떨어진 불가사의한 존재다. 출구가 없는 곳에 영원히 갇힐 존재다.

(7) 가룟 유다처럼 차라리 태어나지 않으면 좋은 자

"대답하여 이르시되 나와 함께 그릇에 손을 넣는 그가 나를 팔리라. 인자는 자기에 대하여 기록된 대로 가거니와 인자를 파는 그 사람에게는 화가 있으리로다. 그 사람은 차라리 태어나지 아니하였더라면 제게 좋을 뻔하였느니라. 예수를 파는 유다가 대답하여 이르되 랍비여 나는 아니지요(❓) 대답하시되 네가 말하였도다 하시니라(마태복음 26:23-25)."

가룟 유다는 돈을 너무 좋아했다. 유월절 6일 전에 마리아가 향유 옥합을 깨뜨려 예수의 발에 붓고 머리털로 닦았다. 향유 냄새가 온 집에 퍼졌다. 그러자 가룟 유다는 "이 향유를 팔면 300 데나리온 가치가 된다. 그 돈으로 왜 가난한 사람을 돕지 않는가?" 라고 말했다. 그러나 가룟 유다는 돈궤를 맡았으나 돈을 훔쳐가는 도둑(thief)이었다(요한복음 12:1-8). 가룟 유다는 3년 동안 예수님을 따라다녔다. 예수님의 말씀을 듣고 기적을 보았다. 그러나 자신을 제자로 선택한 스승이요 구주이신 예수 그리스도를 은 30을 받고 팔아 넘겼다(마태복음 26:14-16). 오직 돈과 성공이 가롯 유다의 목표였다. 돈을 사랑하는 것(🪙)은 일만 악의 뿌리가 된다. 돈을 탐하는 자는 미혹을 받아 믿음에서 떠난다. 또한 많은 근심으로 자기가 자기를 찌르게 되어 자살로 생을 마치기 쉽다(디모데전서 6:10).

가롯 유다는 회개할 줄을 모르는 자다. 예수님은 마지막 성찬에서 '너희 중에 한 사람이 나를 팔리라(요한복음 13:21)'라고 말씀하면서 가롯 유다에게 회개할 기회를 주었다. 또한 '내가 떡 한조각을 적셔다 주는 자가 바로 나를 파는 자(요한복음 13:26)'라고 두 번째 경고하며 회개할 기회를 주었다. 그러나 가롯유다는 '마음을 닫고(🖤)' 회개하지 않았다. 예수님의 뜨거운 말씀을 들었다. 그러나 그는 돈(🪙) 때문에 눈이 어두워(👓) '성만찬의 떡을 직접 받고서도' 회개하길 거절했다.

사탄이 가롯 유다에게 들어갔다(누가복음 22:3-6, 요한복음 13:21-27). 그는 적극적으로 예수님을 배반하여 대적들과 함께 체포 방법과 암호를 만들었다. 예수님을 넘겨줄 절호의 기회를 계속 찾았다. 결국 그는 자살로 생을 마쳤다.

---

6) 달고 오묘한 하나님 말씀

(1) 시편 119:97-105

내가 주의 **법**을 어찌 그리 사랑하는지요 내가 그것을 종일 작은 소리로 읊조리나이다

주의 **계명**들이 항상 나와 함께 하므로 그것들이 나를 원수보다 지혜롭게 하나이다

내가 주의 **증거**들을 늘 읊조리므로 나의 명철함이 나의 모든 스승보다 나으며

주의 **법도**들을 지키므로 나의 명철함이 노인보다 나으니이다

내가 주의 **말씀**을 지키려고 발을 금하여 모든 악한 길로 가지 아니하였사오며

주께서 나를 가르치셨으므로 내가 주의 규례들에서 떠나지 아니하였나이다

주의 **말씀**의 맛이 내게 어찌 그리 단지요 내 입에 꿀보다 더 다니이다

주의 **법도**들로 말미암아 내가 명철하게 되었으므로 모든 거짓 행위를 미워하나이다

주의 말씀은 내 발에 등이요 내 길에 빛이니이다

내가(000)

주의(   ) 법(   )을   어찌 그리

사랑(   )하는지요

내가(000)

그것을   종일(   ) 작은 소리로(   )

읊조리나이다(   )

주의(   ) 계명들이   항상

나와   함께(   ) 하므로

그것들이

나를(000)　　　　원수 보다(　)

지혜롭게(　)

하나이다

주의(　) 증거들을　내가(000)　　　늘

읊조리므로(　)

나의　명철함이(　)

나의 모든　스승

보다(　)

나으며

주의(　) 법도들을　　　지키므로(　)

나의 명철함이 노인 보다(　)

나으니이다

내가(000)

주의(　) 말씀을　　　　　　지키려고 발을(　)

금하여

모든 악한 길로(　)

가지 아니하였사오며

주께서(　)　　　　나를(　)

가르치셨으므로(　)

내가(000)

주의(　) 규례들에서　떠나지 아니하였나이다

주의(　)말씀의 맛이　내게　어찌 그리 단지요

	내 입에( )	꿀보다( )
		더 다니이다
주의( ) 법도들로 말미암아 내가(000)		명철하게 되었으므로
		모든 거짓 행위를
		미워하나이다( )
주의( ) 말씀은		내 발에 등이요( )
		내 길에( ) 빛( )
		이니이다

욥의 고백은 무엇인가? '내가 그의 입술의 명령을 어기지 아니하고 **정한 음식보다 그의 입의 말씀을 귀히 여겼도다.** I have not departed from the commands of his lips; I have **treasured** the words of his mouth more than my daily bread'(욥기 23:12). 육체 건강을 위한 일용할 양식(🍚)보다 더 귀중하게 여길 수 있는 것은 무엇인가? 게임, 도박, 음란물 등에 중독되면 일상이 바뀐다. 그러나 욥은 분주한 일이 많았지만 하나님 말씀을 읽고 묵상하는 것을 귀중히 여겼다. 음식을 먹고 에너지를 얻어 활동하는데 욥은 그 활동의 목적을 하나님 말씀을 읽고 묵상하며 실천에 초점을 두었다. 우선순위(priority)를 정한 지혜자다.

요즘엔 개 사료를 여러 곳에서 판매한다. 그러나 옛날 한국 가정에서는 주인이 먹고 남은 음식을 주로 먹였다. 개부터 먼저 밥을 주는 일은 거의 없었다. 하나님과 친밀한 교제를 원한다면 가정 귀중한 시간을 내어 하나님 말씀을 묵상하는 기쁨을 누려야 한다. 개에게 음식 찌꺼기를 던져 주듯이 '짜투리 시간, 남는 시간'을 내어 놓지 않아야 한다. 하나님을 우리가 키우는 반려동물보다 더 귀중히 여겨야 하지 않을까? 우리의 흥미와 주의를 끄는 많은 정보와 SNS 때문에 정작 하나님의 말씀을 묵상하고 기도하는 '하나님과 친밀한 교제 시간'을 잃고 방황하지 않은가? 가장 귀중한 시간(prime time), 상쾌한 시간에 하나님과 교제한다.

왜? 하나님은 이스라엘 백성들에게 출애굽 이후 광야를 여행하는 동안 만나(manna◖)를 내려 주셨는가? 그 만나는 아침에 내렸다. 해가 돋은 후에는 그 만나는 녹았다. '무리가 아침마다 각 사람은 먹을 만큼만 거두었고 햇볕이 뜨겁게 쬐면 그것이 스러졌더라. Each morning everyone gathered as much as they needed, and in the heat of the day the rest melted'(출애굽기 16:21). 신선한 만나, 상큼한 만나를 먹어야 한다. 햇볕이 뜨겁게 쬐면 만나는 녹아 내려 구할 수 없었다.

주의 계명들이( ) 항상 함께 할 때	나는(000) 원수(⬆)보다 지혜롭게 된다.	
주의 증거들을( ) 늘 읊조리므로	나는(000) 스승(⬆)보다 명철함이 낫다.	
주의 법도들을( ) 지킴으로	나는(000) 노인(⬆)보다 명철함이 낫다.	

도둑과 **원수**는 항상 나의 문제와 약점을 알고 공격한다. 그러나 그

원수와 도적이 공격하는 방법과 시간을 알면 대처할 수 있다. 하나님이 역사하신 성경 역사를 배워 되새기고 읊조리면 명철을 얻게된다. 세상 지식을 강조하며 '하나님이 역사 하시는 은혜'를 부인하는 선생을 뛰어넘는 지혜로 그들의 이론을 대항할 수 있다. 또한 하나님의 법도를 알기는 하지만 실천하지 않는 노인들에게 '하나님 말씀대로 살려고 하는 자'는 큰 도전이 될 수 있다. 하나님 말씀을 늘 읊조리고 지키려고 힘쓰는 자는 '하나님이 함께하는 사람'이 되는 것이다!

자동차는 밤과 날씨가 흐린 날에는 전조등을 켜고 운행한다. 특히 밤중에 전조등을 켜고 운행하지 않으면 사고가 발생한다. 사람들이 등불을 사용할 때 만약 등 뒤에 켜 놓는다면 앞을 볼 수가 없다. 자기 등 뒤에서 만든 더 큰 그림자 때문에 위험하다. 하나님 말씀은 내 길의 빛(🕯)이다. 무슨 일을 하기 전에 '하나님 말씀의 빛'에 비추어 보아야 한다. 그런데 대부분 일을 그르치고 문제가 발생한 후에 '하나님 말씀을 살펴보는' 경향이 있다.

(2) 시편 130:6

파수꾼이(　　) 아침을 기다림(　　)보다

내 영혼이(　　)

주를(　　)　　　　　　더 기다리나니(　　)

참으로

파수꾼이(　　) 아침을 기다림(　　)보다

더 하도다!

파수꾼(watchman)이 칠흑 같은 어두운 밤에 보초를 서는 이유는 무엇인가? 적들은 보초가 졸거나 틈을 보이면 전면 공격할 준비를 한다. 적들은 얼굴을 검게 칠하고 옷과 무기를 위장해 놓았다. 먹히느냐? 지키느냐? 아군의 최선과 적군의 최선이 부딪칠 때 긴장은 높아간다. 적군이 파수꾼을 경계하는 것은 파수꾼이 갖고 있는 무기가 아니다. 그것은 파수꾼의 경고와 비상 호출 때문에 아군 전체가 동원되는 것이다. 그러나 파수꾼이 졸면 적들이 감쪽같이 파수꾼을 살해한 후 전 부대를 몰살시킨다.

하나님의 말씀을 읽고, 묵상하고 연구하며, 기도하여 실천할 수 있는 방법을 제시해야 한다. 또한 하나님 말씀 따라 살지 못한 생활을 회개하도록 외쳐야 한다. 자살률이 빠르게 증가하고 있다. 왕따와 학교 폭력과 성폭행과 음란물이 홍수처럼 넘쳐난다. 지금 망루에 올라가 파수꾼처럼 비상종을 울리며 복음을 외치는 일꾼들이 필요하다. 파수꾼이 아침을 기다리고 기다림보다 더 하나님을 기다림은 무엇인가? 파수꾼은 더위와 추위와 긴장을 풀고 아침이 되면 쉴 수 있다. 그러나 파수꾼은 육체의 본능보다 더 하나님을 갈망하며 살아가는 것이다.

4. 선지서는 하나님의 마음을 어떻게 표현하는가?
How do the prophetic books portray God's heart?
1) 이사야 53:1-12

우리가(000,000)　　　전한 것을(　)

누가(000,000)　　　　믿었느냐(　　)

여호와의(　　)팔이　　누구(000,000)에게

　　　　　　　　　　나타났느냐(　　)

　　그는(000)

주(　　) 앞에서　　　　　　　　자라나기를

　　　　　　　　　　연한 순 같고(　　)

　　　　마른 땅에서 나온 뿌리 같아서(　　)

　　　　　　　　고운 모양도 없고

　　　　　　　　풍채도 없은즉

우리가(000,000)　　　　　　　보기에(　　)

　　　　　　　흠모할 만한

　　　　　　아름다운 것이

　　　　　　　　　없도다

　그는(000))　　　　　멸시를 받아

　　사람들에게(000,000)

　　　　　버림 받았으며

　　　간고를 많이 겪었으며

　　　　　　　　질고를

아는 자라(000)

　마치 사람들이

그에게서　　　　얼굴을 가리는(　　)　것 같이

　　　　　멸시를 당하였고

　우리도(000,000)

그를(OOO)　　　　　귀히 여기지　　　아니하였도다

그는(OOO)　　　　　실로

　　　우리의(OOO,OOO)

　　　　　　　질고를 지고

　　　우리의(OOO,OOO)

　　　　　　　슬픔을 당하였거늘

　　　우리는(OOO,OOO)　　　　생각하기를( )

그는(OOO)　　　　징벌을 받아

하나님께( ) 맞으며( )

　　　　　고난을 당한다　　　　　　　　하였노라

그가(OOO)　　　찔림은( )

　　　우리의(OOO,OOO)　　　　　　허물 때문이요

그가(OOO)　　　상함은

　　　우리의(OOO,OOO)　　　　　죄악 때문이라

그가(OOO)　　　징계를 받으므로

　　　우리는(OOO,OOO)　　　　　평화를 누리고

그가(OOO)　　　채찍에 맞음으로

　　　우리는(OOO,OOO)　　　　나음을 받았도다

　　　우리는(OOO,OOO) 다 양( )같아서

　　　　　　　　　그릇 행하여

각기　　　제 길로( )　　　　　갔거늘

여호와께서는( ) 우리(OOO,OOO) 모두의 죄악을( )

그에게(OOO)　　　　　담당( )시키셨도다

그가(000)   곤욕을 당하여
                                                    괴로울 때에도
그의(   )   입을   열지 아니하였음이여
                                    마치 도수장으로 끌려 가는
                  어린 양과(   )
                  털 깎는 자(   ) 앞에서
                  잠잠한 양(   ) 같이
그의(000)   입을   열지 아니하였도다
그는(000)   곤욕과 심문을 당하고
                                              끌려

갔으나

                        그 세대 중에
                  누가(000)   생각하기를
그가(000)   살아 있는 자들의   땅에서   끊어짐은
그의(000)   입을   열지 아니하였도다
그는(000)   곤욕과 심문을 당하고
                                              끌려

갔으나

                        그 세대 중에
                  누가(000)   생각하기를
그가(000)   살아 있는 자들의   땅에서   끊어짐은
                                      마땅히   형벌 받을
내 백성의(000,000) 허물 때문이라   하였으리요

그는(000)   강포를 행하지 아니하였고

그의(000)   입에(   )   거짓이 없었으나

그의(000) 무덤이(   )   악인들과   함께 있었으며

그가(000)   죽은 후에   부자와   함께 있었도다

여호와께서(   )

그에게(000)   상함을 받게   하시기를 원하사

                     질고를 당하게   하셨은즉

그의(000)   영혼을 속건제물로   드리기에 이르면

그가(000)   씨를   보게 되며

그의(000)   날은   길 것이요

                                또

그의(000)   손으로

여호와께서(   )   기뻐하시는 뜻을   성취하리로다

그가(000)   자기 영혼의   수고한 것을 보고

                                    만족하게 여길 것이라

나의(   )

의로운 종이   자기 지식으로   많은 사람을   의롭게 하며

                                또

그들의 죄악을   친히 담당하리로다

                      그러므로

내가(   ) 그에게   존귀한 자와 함께 몫을 받게 하며

                     강한 자와 함께   탈취한 것을

                                    나누게 하리니

                        이는

그가(OOO)   자기 영혼을 버려

            사망에 이르게 하며   범죄자 중 하나로

                        헤아림을 받았음이니라

                    그러나

그가(OOO)   많은 사람의(OOO,OOO) 죄를 담당하며

            범죄자를 위하여 기도(   )하였느니라

고난 받는 구원자, 버림 받고 매맞고 죽임당하는 어린 양

  하나님은 사랑의 상대가 있었다. 그 분은 아들 성자(聖子, God the Son)였다. 성자는 성부 하나님의 모든 것으로 인간을 충만하게 채우기 위하여 자신을 비웠다(빌립보서 2:6). '그는 근본 하나님의 본체시나 하나님과 동등됨을 취할 것으로 여기지 아니하시고(요한복음 3:35)', '아버지께서 아들을 사랑하사 만물을 다 그의 손에 주셨으니', '성자 예수 그리스도는 하나님의 영광의 광채이며 하나님 본체의 모습이다. 성자는 말씀으로 만물을 보존하신다(히브리서 1:3).'

  메시야는 인간을 멸망시키려고 탄생하지 않는다. 도리어 인간을 사랑하고 영원한 죄와 죽음에서 구원하기 위하여 보냄을 받는다. 하지만 인간들은 메시야를 알아보지 못하고 거절하고 처형한다. 그러나 성자 예수는 하나님의 어린 양(🐑)으로서 인간을 위한 '완전한 속죄 제물'이 되어 인간 구원을 완성한다(히브리서 9:11-14). 고난 받는 메

시야는 타락한 인간을 구원하기 위하여 구약에서 예언한 모든 것을 성취하였다. 이것은 인간이 얼마나 위대한 존재인지 온 우주에 밝히는 것이다. 인간을 창조할 때보다 훨씬 더 어렵고(?) 가슴 아픈 계획이지 않았을까? 우주를 창조한 것보다 더 큰일(?)은 메시야를 고난 받는 자로 이 땅에 보내는 것(?)이었다. 하나님은 예수님의 대속과 부활을 통해 인간을 구원하여 '하나님의 완전한 사랑'을 보여 주었다.

모세는 학살될 운명이었다(출애굽기 1:22). 모세의 어머니는 전략적으로 나일 강가에 그를 놓아 둠으로(출애굽기 2:3), 그에게 살 수 있는 기회를 제공해 주었다. 모세와 그의 어머니는 꿈도 꾸지 못했지만 하나님은 이미 모세를 통해 그분의 백성들을 구원하시려는 계획을 가지고 있었다. 애굽왕 바로가 히브리 남자 아이들을 죽이려고 한 것처럼 헤롯도 베들레헴의 모든 남자 아이들을 죽이라고 명령하였다(마태복음 2:13-16). 이러한 증오 뒤에는 우리의 적인 사탄/마귀가 있다. 하지만 그런 포악함도 하나님의 계획을 바꾸지 못한다(Our Daily Bread, March 29, 2023). 고난 받는 메시야는 십자가 죽음을 통해 우리가 '본질상 진노의 자식(에베소서 2:3)'으로서 '죄인과 원수 되었을 때(로마서 5:6-10)' 하나님과 화목하는 죄의 값을 지불했다.

(1) 예레미야 23:18 '누가 여호와의 회의에 참여하여 그 말을 알아들었으며 누가 귀를 기울여 그 말을 들었으냐? But which of them has stood in the council of the LORD to see or hear His word? Who has listened and heard His word?'

성부 하나님(聖父, God the Father)이 성자(聖子, God the Son)에게 말씀한다.

        동시에   성자(聖子, God the Son)의 말을 듣는다.

성부 하나님(聖父, God the Father)이 성령(聖靈, Holy Spirit) 하나님에게 말씀한다.

        동시에   성령(聖靈, Holy Spirit) 하나님의 말을 듣는다.

성자 하나님(聖,子God the Son)이   성부(聖父, God the Father)하나님에게 말씀한다.

        동시에   성부(聖父, God the Father)하나님의 말을 듣는다.

성자 하나님(聖子, God the Son)이   성령(聖靈, Holy Spirit)하나님에게 말씀한다.

        동시에   성령(聖靈, Holy Spirit)하나님의 말을 듣는다.

성령 하나님(聖靈, Holy Spirit)이   성부(聖父, God the Father)하나님에게 말씀한다.

        동시에   성부(聖父, God the Father)하나님의 말을 듣는다.

성령 하나님(聖靈, Holy Spirit)이   성자(聖子, God the Son)하나님에게 말씀한다.

        동시에   성자(聖子, God the Son)하나님의 말을 듣는다.

        또한

성부 하나님(聖父, God the Father)이 동시에 성자와 성령에게 말씀한다.

성자 하나님(聖子, God the Son)도 동시에 성부와 성령에게 말씀한다.

성령 하나님(聖靈, Holy Spirit)이 동시에 성부와 성자에게 말씀한다.

---

(2) 하나님의 회의(God's Council)에 어떻게 참여할 수 있는가?

❶ 입을 열지 않는다(Do not open your mouth)

절대 침묵(absolute silence)을 지켜야 한다. 입술을 하나님 제단의 핀숯(burning coal)으로 지져야 한다(이사야 6:5-13). 인간의 제한된 이성, 경험, 판단, 분석을 뛰어넘는 회의다.

❷ 절대 침묵을 어떻게 배울 수 있는가?

사람들은 무엇을 주장하고, 요구하고, 변명하고, 내세우고, 알리고, 확인하고, 억울한 것을 호소하고, 반박하고, 공격하려고 할 때 입을 열거나 글을 쓴다. 그러나 어떤 상황, 조건, 장소에서도 절대 순종, 절대 복종하려고 하면 말을 하지 않고, 무릎을 꿇고 '그럼에도 불구하고 하나님에게 순종하려는 마음'을 갖게되면 침묵하게 된다.

❸ 입을 열지 않는 것을 습관을 어떻게 길들일 수 있겠는가?

시시하고, 사소한 일, 생명을 구하고 세워주는 일 외에는 관심을 갖지 않고 눈을 감아버리는 것이다. 입을 식사할 때만 크게 벌린다.

우리가 하나님의 회의에 참여하는 것은 '무엇을 말하려는 것'이 아니다. 단순히 참석하여 관찰하는 것(observation)이다. 세상 법정에서도 판사와 검사, 증인과 범죄자만 이야기한다. 방청객, 참관자는 말할 수 없고 말해서도 안된다. 다만 그 재판이 법대로 공정하게, 정의롭게 진행되고 판결되는지 '두 눈을 크게 뜨고, 두 귀를 열고' 지켜보고 감시한다. 하나님의 회의에 참여하면 '하나님의 통치하시는 모습과 마음'을 더 깊게 알게 된다. 그러나 하나님의 말씀 즉 성경에 자세히 기록되어 있다.

하나님은 어떤 사건과 사람(개인, 선지자, 왕, 제사장), 국가와 민족과 가족을 다루실 때 '영원의 관점'에서 결정한다. 하나님의 공의와 정의 아래 공평하게 언제나 하나님이 손해를 감수하면서(?) 집행한다. 그러나 하나님의 뜻은 당시에는 알 수 없고 역사를 통해 나타난 하나님의 사랑과 인내를 엿볼 수 있을 뿐이다.

하나님의 회의(God's council)에서는 삼위 하나님만 말씀하시는 회의다. 하늘의 수많은 천사, 천사장, 그룹과 네 생물들도 입을 열지 않고 절대 침묵하고 있는데…어찌 인간이 말을 할 수 있는가? 말 없이 큰 건물을 떠 바치고 있는 기둥과 기초석처럼 마음 속에 그 어떤 것도 일렁이지 않는 즉 절대 고요와 침묵이 필요하다.

(3) 입을 다물고 있는 단계가 지나면 다음은 어떤 단계를 거쳐야 하는가?

❶ 하고 싶은 말이 있으나 입을 다물고 있다.

❷ 입은 다물고 있으나 속으로 계속 웅얼 웅얼거린다.

❸ 입술만 움직이고 속으로는 잠시도 쉬지 않고 말을 한다.

❹ 입과 혀도 움직이지 않고 속으로도 말하지 않지만 계속 의식적으로 머리로 말한다. 그 의식도 조용히, 잠잠히, 차분히 비워놓음이 필요하다.

❺ 입과 혀와 머리와 의식이 침묵을 지키고 있는데 계속 한쪽 몸이 계속 움직이는 것도 멈추어야 한다.

❻ 모든 육체가 고요히 멈추어 침묵하고 있는데 마음이 너무 바쁘거나 흥분되어 계속 마음이 말하고 이것 저것 생각하는 때가 있다. 마음이 말하는 것도 침묵할 수 있어야 '절대 침묵'으로 나갈 수 있다.

❼ 단순한 고요, 차분한 상태, 어떠한 거리낌과 거침도 두지 않고, 어떠한 생각도 없는 텅빔 속에 머물러 있기는 쉽지 않으나 절제와 기도로 이를 수 있다. 하나님이 주시는 '고요의 선물'이다.

❽ 내 마음(♥) 속에 내주하시는 '하나님'의 보좌로 침묵으로 나간다.

(4) 귀는 열어두는 것은 어떤 것인가?

하나님은 하늘을 땅을 사람에게 내어주었다. 지구촌을 경영하시는 하나님의 전략회의에서는 무엇을 주로 거론하겠는가? 인간 영혼의 구원과 온 땅의 공의와 정의다.

❶ 침묵으로 말씀하시는 '하나님의 음성'을 듣기 위해서는 '적극적으로 들음'(active listening)이 필요하다.

❷ 들을 수 있지만 '인간의 언어로 들리는 것'이 아니다. 내 안과 밖에서 '이미 생겨 난 소리'를 통해 분별하여 추측한다. 심상, 상징, 그림, 만물을 통해서 갑자기 깨달음이 바닷물처럼 파도치며, 눈이 녹아 내리듯이, 꽃잎을 흔드는 바람처럼 '내 의식을 깨우며' 흘러 들어오는 것이다.

❸ 전 존재, 속 사람(inner being)에게 주어진 것을 어떻게 표현할 수 있을까?

이것을 다음과 같이 표현할 수 있다.

무엇이 솟아오르는(soaring)것처럼, 번개처럼 다가오지만 분명

한 것, 물이 흘러오듯이(flowing), 스며들듯이(soaking), 향기가 번지듯이, 감지되어 느껴지는(feeling), 무엇이 닿는(reaching) 것처럼, 지극히 평범하고 일상적인 지혜가 떠오르(floating)듯이, 꾸미지 않고 자연스러운 것이 다가오듯, 자연스럽게 떨어지는(falling), 비 처럼 내리는(raining), 꽃잎과 낙엽이 떨어지듯 자연스럽게 받는(receiving), 아지랑이처럼 작게 조용히 솟아오르고, 안갯속처럼 희미하나 확실한, 어떤 때는 펑펑 쏟아지는 눈처럼 부어지는(pouring), 조각가가 조용히 조각하듯 마음과 생각을 정리해주어 밝혀주는(enlightening)것이다.

계속해서 밀려오고 밀려오는 파도처럼 나의 입을 봉하시는 은혜와 기쁨, 손을 내밀듯이 인도해 주시는, 조용히 쓰레기를 쓸고 닦듯이(sweeping), 독수리가 먹이감을 낚아채듯이 모호함이 사라지고 상쾌한 텅빔, 불필요한것을 털어내듯 본질이 드러남(manifesting), 무진동을 느끼고 놀라듯이(surprising), 복잡하게 뒤섞인것을 확실하게 분류하여 털어내듯이(classifying), 흙탕물 속에 있는 것을 헹구어내듯이(cleansing), 힘들어 할 때 밀어주고 끌어주듯이(pushing & pulling), 손짓하여 가르쳐 주듯이(pointing), 미풍과 솜털 같이 아주 작고 여리게 시작하는, 껍질을 벗기고 속살을 보여주듯이(peeling), 잡초와 죽은 나무를 뽑고 생명 나무를 심어주는(removing & planting) 것처럼 한다.

한 쪽 문은 닫고 다른 쪽 문은 열어주듯이(closing one door &

opening another), 오랜 가뭄으로 갈라지고 벌어진 땅에 물이 흘러오듯이(flowing), 돌을 골라내고 가시를 뽑아내어 태우듯이(thorn burning), 거친 덩어리를 가루로 곱게 빻듯이(flouring), 땅을 파 뒤집어 놓듯이(grounding), 빈 마음에 물감 한 방울 떨어뜨려 놓듯이(dripping) 받는다.

때로는 마음을 휘저어 놓듯이(stirring up), 누르고 흔들듯이(pressing & shaking), 물에 담그듯이(immersing), 빙그레 웃듯이(smiling), 조용히 눈물 흘리듯이(tearing), 눈을 깜박거리듯이(flickering), 연기가 솟아오르듯이, 빈 항아리에 물이 채워지듯이, 흙과 모래가 떠내려가 간 후 알갱이가 남듯이, 잠잠하던 바람개비가 돌듯이, 연이 떠오르듯이, 깃발이 펄럭이듯이, 향유 냄새가 번지듯(diffusing), 무엇을 붙잡듯이(holding), 연필을 깎아 주고 다듬어 주듯이(trimming), 옷을 입혀 주듯이(clothing), 투명한 물을 보듯이(seeing through), 꿈 꾸듯이(dreaming), 계속 받아 적어 내려가듯이 주어진다.

언젠가는 내 속에 다른 손이 있어 움직여 주듯이, 큰 얼룩을 빼어 씻겨 주듯이(washing), 깊은 고랑을 메워주듯이(covering), 안경, 색안경, 현미경, 망원경을 씌워주듯이(putting a lens), 비행기가 이륙하고 착륙하듯이(soaring & landing), 번지점프 하듯이, 함께 걸어가듯이(walking together), 깊은 숲 속에 함께 앉아 있듯이(sitting together, 낭떠러지 절벽에서 이끌어 구해주듯이(being rescued), 물보라 치듯이, 아침 햇살처럼 번져오듯이, 회리바람이 종이와 물건을 들어 올리듯이, 불을 쬐듯이, 물을 들이키듯이(drinking), 지진이 일듯이(quaking), 용암이 터지듯이, 구름이 바람에 밀려오고 밀려가듯이, 혀에 단맛이 번지듯이(tasting) 다가 온다.

보자기에 싼 것을 보여주듯이, 처음 보았으나 너무 오랫동안 본 것처럼 느껴지듯이, 햇볕에 방안에 떠 다니는 먼지를 보듯이, 어항 속의 물고기 처럼 내 모든 행동과 동기가 보이듯이, 토란 잎에 물 방울이 또르르 또르르 흐르듯이, 소나기를 맞고 서 있는 나무처럼, 함께 줄 넘기 하듯이, 겨울에도 얼지 않고 솟아나는 옹달샘처럼, 바람에 흔들리는 갈대 끝에 앉아 노래하는 새처럼 노래하듯이(singing), 땀과 눈물을 닦아 주듯이, 반지와 메달을 목에 걸어주듯이, 개인 지도를 받듯이, 빠져 있는 것을 갑자기 알게되듯이, 얽히고 뒤죽박죽이 된 실 타래가 풀어지듯이, 몇십 년 돌아 걸어다닌 산길에 새도로가 뚫리듯 '하늘이 열리고 정확한 시간'에 극적인 깨달음이 찾아온다.

---

(5) 그러나 조심해서 분별(分別, discern)해야 하는 이유는 무엇인가?

---

❶ 하나님께서 침묵 속에서 '크게 분명하게' 말씀하시지만 확인하고 분별해야 한다.

때로는 하나님의 말씀이 아니라 자기 암시(self-absorption)일 수 있고, 어둠이 주는 혼란, 혼동을 준다. 그것은 순수한 영이 아닐 수 있다.(C. S. Lewis, 『Screwtape Letters』, p. 13)

그러면 어떻게 분별할 수 있는가?

간단하다. '하나님에게 여쭈어보면 된다.' 즉 하나님에게 이런 마음 이런 말, 지시, 환상, 성경 구절과 환경이 예상되는데…이것이 하나님이 주신 마음인지 확인해야 한다.

노트에 시간과 장소 등을 적어 놓고 소리를 내어 기도한다. 그런 다음 친구와 동역자와 지도자들과 함께 응답과 결과를 나눈다. 즉 나 외에도 동일한 은혜를 받은 분들이 함께 동의하는지 살펴야 한다. **응답을 받은 후에도 또 확인할 수 있다.** 친구와 동역자와 지도자와 함께 나눈 것들이 하나님이 주신 평안의 마음인지? 점검할 수 있다. **그런 다음 '하나님에게 기도하며 또 한 번 분별해야 한다.** 내가 이렇게 하는 것이 지금과 미래에 하나님에게 영광이 되는지? 교회 공동체에 유익이 되는지? 이것은 성경에 기록된 말씀과 일치가 되는지? 이것은 성령님의 인도를 받은 다른 성령의 사람들이 확증할 수 있는 것인가? 이것을 객관적으로 증명할 수 있는 시간과 사실로 증명 할 수 있는가? 교회 역사에 나타난 건전한 신앙과 교리적인 문제는 없는지 살펴보아야 한다.'(Zeb Bradford Long, 『두나미스 제 2과정: 성령님의 능력과 은사』, pp. 77-85 요약)

마지막으로 '받은 말씀 혹 기록된 말씀, 명령에 즉각 100% 순종해야 한다' 하나님! 순종하려고 합니다. 어떻게 구체적으로 실천할 수 있을까요? 단계적으로 순서적으로 인도하시는 안내와 지혜를 따라 계속 '다음은 어떻게 할까요?' 질문하며 전진한다. 영적 귀가 커지는 것과 비례하여 마음과 가슴도 커지고 넓어져야 한다. 그리고 손과 발이 재빨리 하나님이 원하는 곳으로 달려 가야 한다.

'모택동이 살아 있을 때 미국 오순절교회의 한 청년이 중국에 가서 서기장에게 복음을 전하라는 뚜렷한 소명을 꿈으로 받았다. 그는 온 교회에 알리고 중국에 갈 수 있도록 헌금을 받았다. 마침내 이 청년은 준비를 하고 홍콩에 갔다. 그런데 홍콩에서 일하고 있던 한 목사가 '중국에 갈 필요가 없다. 1년 안에 복음의 문이 활짝 열리게 되면 수천 명의 선교사들과 함께 들어가라'고 했다. 그래서 그 청년은 귀국했다. 그러나 복음의 문은 열리지 않았다. 공산주의의 억압이 오랫동안 계속되었다. 큰 비극 은 그 청년이 '결정적인 기회(kairos)'를 놓친 것이다. 보도에 의하면 그 무렵 모택동은 기독교에 열 정적인 관심을 보이고 있었다. 깜짝 놀란 정부는 모택동이 서방 사람들을 만나지 못하게 했다. 모택동이 마지막으로 만난 사람은 헨리 키신저였는데 그는 키신저를 만난 후 얼마 되지 않아 죽었다. 하나님 나라의 역사에는 대타가 없는 것이다.'라고 대천덕(Archer Torrey)신부는 전했다(Zeb Bradford Long, 『Practical Lessons in Discipleship and Spiritual Leadership』, pp. 96-101).

그 청년이 자신이 받은 소명과 꿈을 올바로 분별하지 못했다. 한 연로한 목사에게 속지 않고 자신이 받은 비전에 순종했더라면 하나님은 중국 복음화의 문을 열고 모택동이 그에게서 복음을 듣지 않았을까? 그는 '결정적인 기회(kairos)'를 놓쳐버렸다. 하나님에게는 '대타'

가 없는 것이다.

❷ 더 많이, 더 깊게 들어 보려고 인위적으로 힘쓰지 않는다.

항상 주도권(initiative)을 가지고 있는 분은 하나님이다. 결코 내가 아니다. 인간의 욕심과 죄성은 하나님 음성을 듣는데 방해가 된다. 또한 대적에게 조종될 수도 있다. 더 많이 듣는 것이 목표가 아니라 더 깊게 순종하고 더 많이 예수님을 닮는 것이다.

❸ 더 많이 더 깊게 성령님에게 복종하고 순종하여 다스림 받는 것이 필요하다.

하나님은 감화력과 힘(power)이 아니라 살아계시고 인격적인 분이다. 보다 친밀한 교제와 자발적인 순종과 자유와 책임을 요구한다. 한 부분도 남기지 않고 모든 영역에서 하나님의 주권과 통치를 받도록 자신을 내어놓는 '주제권(Lordship)의 이전'이 있어야 한다.

❹ 이미 받은 '말씀'을 덮어두고, 순종하지 않고 새로운 말씀을 구하는 것은 왜 큰 문제인가?

건물을 지으려면 지하 기초와 1층을 튼튼하게 공사를 해야 2층과 3층을 지을 수 있다. 그런데 기초와 1층을 확실하게 만들지 않고 계속 2층과 3층을 지으려고 욕심을 부리고 기본을 무시하면 집을 지을 수 없는 것이다. 이미 받은 말씀을 순종하지 않는 마음은 사탄의 노리개가 될 수 있다.

❺ 이미 받은 말씀이 성경(Bible)과 일치하는지? 예수님의 성품과 삶과 일치하는지? 살펴보아야 한다.

우리의 영원한 기준과 나침반은 성경이다. 우리 삶의 모델은 예수 그리스도이기 때문이다.

❻ 적극적인 피동, 수동적인 태도가 있어야 한다.

무엇을 조금씩 깨닫게 되고, 알아지고, 들려지는 것을 느낄 때가 있다. 그러나 그것을 '내버려 주는(letting go)' 적극성이 필요하다. 이것은 마치 인사만 하고 '본 회의'에 들어가지 않은 것과 같다. 서로 인사를 나누는 인사가 전부는 아니다. 펌프식 우물을 길으려면 준비가 필요하다. 먼저 마중물을 넣어야 깊은 물을 길어낼 수 있다. 마중물을 넣지 않으면 '깊은 우물'을 마실 수 없다. 어떤 그림, 환상, 음성이 나타날 때 겸손하게 '저에게 주시는 것이 아니지요!'(Not me, Lord, but others!) 라고 기도하며 의식과 무의식 속에서도 깊은 겸손이 적극적으로 요청된다. 영적으로 유명인, 영웅, 주인공이 되고자 하는 허영과 교만과 자만을 버리지 못하면 큰일난다. '저 같은 주제에, 제가 어떻게?'라며 우리 중심과 폐부를 '불꽃 같은 눈으로 살피시는 주님 앞에 합당한 마음을 갖게 하소서!'라고 기도하며 겸손하게 기다려야 한다. 마치 투명 인간처럼 자신은 철저히 드러내지 않아야 한다. 오직 하나님의 영광과 예수 그리 스도의 보혈과 복음, 성령 하나님의 역사하심만을 나타내야 한다.

---

(6) 어떻게 마음(♥) 중심으로 천천히 들어갈 수 있을까?

❶ 이미 성경(구약과 신약)에서 보여주신 '하나님 마음'을 살펴보아야 한다. 성경 각 권과 각종 사건과 문제와 등장 인물 속에 나타난 것들을 살펴야 한다.

❷ 성경에 등장하는 인물과 말씀을 통해 하나님의 마음이 드러난 것

을 살핀다.

❸ 예수님을 보내신 성부 하나님(God the Father)과 성령 하나님 (Holy Spirit)을 통해 성육신(incarnation)하신 예수님은 어떤 관계를 가지고 마음을 나누고 있는가? 예수님이 십자가 위에서 대속의 죽음을 맞이할 때 하나님의 마음은 어떻게 나타나 있는 가?

❹ 교회 역사와 선교 역사, 일반 역사 속에 드러난 '하나님의 마음'은 어떻게 나타나 있는가?

❺ 현 시대의 역사와 사건 속에서 '하나님의 마음'은 어떻게 나타나 있는가? 성경 어느 부분을 증명하는가?

❻ 나와, 우리 가정, 교회, 선교회, 공동체는 일상의 삶 속에서 드러 내신 '하나님의 마음'을 어떻게 나누며 구체적으로 실천하고 있는 가? 팀원들과 가족이 동일한 마음을 부어 주시도록 하나님께 기 도할 수 있다.

❼ 우리 마음(♥)이 욕심과 돈과 쾌락, 자기중심적 태도와 이기심으 로 가득차 더러워져 있으면 하나님 말씀은 물론 하나님 마음을 깨달을 수 없다. 인간의 마음을 최신 MRI 기계(복합 전 방향 촬 영)로 찍어 하나님과 공중 앞에서 공개적으로 판독할 수 있으면 얼마나 좋겠는가?

❽ 비록 힘들고 아프고 괴로워도 '하나님 말씀'을 따라 살아야 한다. 믿음의 길은 즉석 김말이 음식이 아니다. 매일 매일의 삶 속에서 자기를 부인하고 십자가를 지고가야 얻을 수 있는 은혜다. 영성의 삶에는 즉석 효과(instant effect)와 만병 통치약은 없다. 영적

질병의 일시적인 치료와 처방 보다 예방을 강조해야 한다. 영적 체력 유지와 건강을 위하여 매일 하나님과 동행한다. 하나님 말씀을 묵상하고 기도하면서 일상의 삶 속에서 작은 것부터 실천하는 것이 영성의 길이다.

❾ 마음(♥)을 찢는 회개는 나와 우리 가정과 교회와 공동체가 기득권을 내려놓고 소유하고 있는 것을 기쁘게 내려 놓고(재정, 건물, 토지) 나누는 것이다.

---

(7) 어떻게 하나님은 침묵(silence)을 요청하시고 침묵을 통해 일하시는가?

토머스 머튼은 관상을 '본질적으로 침묵 속에서 귀를 기울임'인 동시에 '기다림'이라고 정의했다.

'자신이 원하는 특정한 메시지를 듣기 위해 준비하는 것이 아니다. 내 자신의 어둠을 빛으로 변화시켜 줄 말씀을 듣는 것은 기대할 수 없다. 그래서 '마음을 비워 놓을 수 밖에' 없다. 침묵 속에서 말씀을 기다리는데 '대답을 들을 때'는 침묵을 깨트리는 말로써 들려오지 않는다. 그 대답은 느닷없이 설명할 길 없는 모양이지만 큰 능력을 지닌 말이다. 그러나 그 음성은 침묵 자체로서 들려온다.'고 말했다. (Thomas Merton, 『Dialogue with Silence』 서문, pp. 15-16)

❶ 입을 열지 말라(do not open your mouth)

내가 하고 싶은 말(" ")을 말하지 않는다. 내 마음속에 솟구치는 말을 쏟아내지 않는다. 내 마음 속에서 마음이 일렁임에 따라 말을 내뱉지 않는다. 침묵(●) 속에서 하나님이 베푸신 은혜를 되새기며 감사한다. 입을 움직이지 않고 마음으로 감사한다. 하나님은 먼저 우리의 마음을 원한다.

❷ 침묵(silence)의 능력, 비밀을 배우라

　세례 요한이 이스라엘에 나타나기 전에 광야, 빈 들에 머물러 있었던(누가복음 1:80)것을 배운다. 나다나엘은 무화과 나무 아래에 즐겨 머물며 묵상하고 있었는데(요한복음 1:48) 예수님은 그를 보고 있었다. 물을 쏟아 놓듯이 하나님 앞에서 온갖 마음을 내어 놓는다. 하나님은 종종 침묵 속에 다가와 침묵으로 말씀하시며, 조용히 감동해 주지 않던가? 비가 떨어질 때 소리를 내지 않고 침묵 속에 내려온다. 빗방울(☁)은 수직으로 내려와 땅의 수평과 닿을 때 소리를 낼 뿐이다. 아침이 새벽 어두움을 밀어낼 때 아무런 소리를 내지 않고 일한다. 해가 동편 산에 떠오를 때도 조용히 솟아오른다. 천둥치듯 번개치며 해가 떠오르지 않는다. 번개도 하늘 이 끝에서 저 끝까지 불칼을 순간에 휘두른 후 소리없이 칼집에 그 번개를 다시 집어넣는다. 침묵으로 빙그레 웃는 얼굴(☺)은 수많은 말을 전하는 것이다. 바위들은 산의 형태가 깨뜨려지지 않도록 지탱해 준다. 바위는 그 위에 떨어지는 빗물, 눈, 꽃잎, 나뭇잎들과 소리 없이 입을 맞추어준다. 바위는 동물들과 등산객들이 밟을 때마다 침묵으로 이정표를 보여 준다. 그러나 수천 년 침묵으로 말하고 있지 않느냐? 깊은 강은 바다와 만나 함께 흐르며 하나가 된다. 그러다 온갖 지구촌의 찌꺼기들을 가슴으로 껴안고 정화시킨다. 흙덩이가 도공의 손에 짓이겨질 때에도 소리치지 않는다. 침묵 속에서 물과 하나 되어 도공이 어떤 그릇을 만들어도 기쁨으로 노래(♩)한다. 또한 물기가 빠질 때까지 그늘에 말릴 때 조용히 기다린다. 물기가 마른 후 유약을 칠해 불가마에 집어넣어 속살과 겉과 뼈마디가 구워져도 침묵으로 불을 받아들인다. 만들어진 그릇을 물 속에 놓든지, 주방 탁자에 놓든지, 교회 성찬상에 놓든지, 식당 바닥에 놓든지, '사용된 것에 감사'하며 찬양(♪)한다. 나무들이 바람이 불때 내리는 비에 따라 아픈 허리를 이리저리 움직인다. 그래서 뿌리까지 빗방울이 스며들게 한다. 나무들은 침묵으로 합창하면서 하나님의 자비를 전해주며 웃는 모습을 보고 있지 않느냐?

❸ 마음을 다스려라(guard your heart)

생명의 근원은 마음(♥) 다스림에서 나온다(잠언 4:23). '자기의 마음을 다스리는 자는 성을 빼앗는 자보다 낫다(잠언 16:32).' 하나님은 가인에게 '네가 선을 행하면 어찌 낯을 들지 못하겠느냐? 선을 행하지 아니하면 죄가 문에 엎드려 있다. 죄가 너를 원하나 너는 죄를 다스려야 한다. ...But if you do not do what is right, sin is crouching at your door; it desires to have you, but you master it(창세기 4:7).'고 말했다. 마음이 미친 말처럼 날뛰지 않도록 고삐를 잘 잡고 행동해야 한다.

---

(8) 똑! 똑! 똑!(Knock! Knock! Knock!) 누구십니까?

하루에도 수백만 가지 생각이 마음(♥) 속에서 스치고 지나간

다. 그때마다 어떻게 하면 마음을 지킬 수 있겠는가? 내 마음의 방에 방문객이 들어오려고 한다. 그때 마음 안쪽에 있는 내가 그 '손님(guest)'에게 똑! 똑! 똑! 노크를 하고 '누구십니까?'라고 정중하게 물어야 한다. 내 마음의 허락 없이 들어오지 않도록 해야한다. '넌 누구니? 당신은 누구십니까?'라고 질문하고 잠시 기다린 후, '나는(○○○○)…이다.'라고 정체를 밝히면 그 다음에 재빨리 할 일이 있다. 내 마음중심, 보좌에 계신 예수님과 성령님에게 즉각 보고한다. '예수님! 제마음 밖에 손님이 찾아왔습니다. 그 손님 이름은 …입니다. 그 손님이동반한 부모와 가족과 친구들의 이름은 …입니다. 또 방문한 목적은…이라 합니다.'라고 말씀드립니다.

그러면 성령 하나님과 예수님이 마음과 지성과 양심을 감동시키며조언하고 지시한다. '들어오라고 그래라! welcome!' 또는 '정중하게거절해라! Do not welcome! 왜냐하면 너(○○○)와 나에게 도움이 되지 않는 도둑이요 거짓의 아비가 보낸 자이기 때문이다.'

그러나 예수님이 거절하고 성령님이 기뻐하지 않는 손님(guest)을계속 호기심을 가지고, 고집 부리며 마음에 들여보내면, 마음밭이'쓰레기 집합장'이 된다.

똑! 똑! 똑!(Knock! Knock! Knock!) 법칙은 무슨 행동과 말을 하려고 준비할 때도 적용된다.

내가 어떤 말을 하려고 할 때나 행동을 하고 싶을 때가 있다. 그때재빨리 그 말과 행동을 **'예수님 앞에 내려 놓는다.'** '예수님! 이런 말을 하고 싶습니다. 이런 행동을 하려고 합니다. 이 말과 행동이 하나님에게 영광이 되고 상대방과 저에게도 기쁨과 유익이 됩니까?' 이러한 점검(filtering) 없이 즉흥적으로 또는 반사적으로 감정을 주체하지 못하고 행동하고 말하지 않는가?

❶ 예수님과 성령님은 너무나 신사적이고 인격적이다.

그래서 우리(000, 000)의 고집을 꺾지 않고 우리 스스로 결정하도록 한다. 때로는 우리가 잘못된 결정과 선택을 했을 때 '된통 당하게' 한다. '경고와 주의할 것을 예고' 했지만 '함부로 입장시키고 또는 무단 외출한 생각과 말의 씨'가 자라고 뿌리내려 정글이 된 결과를 보여준다. 이제는 불도저로 밀어내려고 해도 힘들게 된 것을 스스로 깨닫게 하신다. '거봐라! 어떻게 되었니? 다시는 함부로 마음을 열고 행동하거나 고집 부리지 않도록 하여라!'

❷ 하나님도 '우리 마음의 문을 두드릴 때' 급하게 문을 열지 말라고 하시는가?

'똑! 똑! 똑! Knock! Knock! Knock! 누구시죠? 예수님이신가요? 성령 하나님이신가요?'라고 하나님에게 계속 질문을 해도 화내지 않고 웃으신다. 도리어 우리가 더욱더 성숙해 가는 모습을 보고 기쁘게 대답해 주신다.

❸ 마음문의 열쇠 잠금 장치와 손잡이는 문 밖에 있는 것이 아니라 항상 안쪽에 있다.

마음(♥)의 손잡이, 열쇠걸이는 쇠처럼 단단한 것일 때도 있고 때로는 솜털처럼 가볍기도 하지만 마음 안쪽에 걸려 있다. 마음에는 마음을 두드리는 손님들(guests)이 있다. 노크 없이 들어오려고 하는 원수(enemy)가 있다. 또한 이미 마음 속을 점령한 도둑과 강도요 거짓의 아비가 있다. 불청객인 도둑과 강도는 우리가 아무리 '나가주세요! 시간이 되어 문 닫을 때가 되었습니다! 평안하게 쉬려고 합니다! 떠들지 마세요!' 라고 요청해도 거절한다. 계속 마음 속에서 소동을 벌인다.

---

(9) 어떻게 마음을 청소(Heart Cleaning) 할 수 있을까?

마음에 잔뜩 먼지와 때가 끼어 악취가 나면 어떻게 청소할 수 있는가?

❶ 회개의 그릇(🪣)에 '깨끗하고 솔직하고 핑계가 묻지 않은 눈물로 자백하고 고백하는 세제'를 넣는다.

❷ 그런 다음 그 회개의 그릇에 물을 붓는다.

그 물은 성경 말씀의 산 속에 있는 구약과 신약 골짜기에 있습니다. 때로는 그 물이 '너무 차갑기도 하고, 너무 뜨겁고, 좌우에 날 선 칼 같아' 조심해야 한다.

❸ 물을 휘젓는다. 이때 어떤 도구도 사용하면 안된다.

오직 양손과 양발만 사용해야 한다. 하나님 앞에서 겸손하게 무릎을 꿇는다. 자신이 말한 것과 행동한 것을 자세히 살펴 노트에 적는다. 그 때 마음에 올라오는 것이 있으면 끄집어낸다.

❹ 예수 보혈의 샘(🩸)으로 나간다.

보혈의 샘, 예수님 앞에 모든 죄를 내려 놓고 '나는 죄인입니다! 불쌍히 여겨 주소서! I am a sinner! Have mercy on me!'라고 기도합니다. '내가 지은 죄로 인해 주님의 마음(♥)을 아프게 했습니다. 이웃들에게 고통을 주었습니다. 아무리 힘써도 죄를 씻을 수 없습니다! 오직 예수 그리스도의 피로 깨끗게 됨을 믿습니다. 자비와 긍휼을 베풀어 주옵소서! 죄를 이기고 승리 할 수 있는 성령님의 능력을 주옵소서!' 라고 계속 기도한다.

❺ 성령 하나님의 불가마(🔥)에 마음을 내려놓는다.

성령 하나님이 인(seal)을 치거나, 태우거나, 전신으로 무장(arm)할 수 있도록 시간을 정하고 간절히 기도한다.

❻ 전심으로 하나님께 찬송(🎶)하며 감사와 경배를 드린다.

그런 다음 마음(♥) 안쪽 문고리와 열쇠에 '예수 보혈의 피를 바르고' 문패, '나의 주인은 예수 그리스도이시다! Jesus Christ is My Lord!'를 단다. 또한 마음 안과 밖에 여러 표지를 만들어 달아 놓는다.

예) 외부인 출입 금지, 노크해주세요! 들어오려면 먼저 예수님에게 허락을 받으시오!

잡상인(세상 욕심)출입 금지! 강도와 거짓의 아비 절대 출입 금지, CCTV 24시간 작동중(기도와 분별), 중무장 경찰 근무중(중보 기도 군대 근무중)임을 알린다.

❼ 배추와 무우를 소금으로 숨 죽여 김치와 깍두기를 담듯이, 마음 구석 구석마다 철저하게 하나님 말씀으로 진하게 소금을 뿌려 놓는다. 말씀 묵상과 영적 여행 노트, 성경 말씀을 암송하고 때로는 성경을 한 권씩 암송한다.

❽ 그럼에도 불구하고 나도 모르게 마음(♥) 속에서 툭툭 튀어나오는 못된 말과 행동은 어떻게 다스려 갈수 있는가?

다음과 같이 솔직하게, 정직하게 인정하면 어떨까?

- 나는 죄인입니다! I'm also a sinner!

- 잘못했습니다! I made a mistake!

- 죄송합니다! 미안합니다! It's my fault! I am sorry!

- 용서해주십시오! Please, forgive me!

이렇게 진심으로 뉘우치고 상처 준 것을 사과하고, 그에 따른 대가(price)를 지불한다.

❾ 어떻게 마음 안과 밖에 보초(guard👤)를 세울수 있을까?

마음 안(inside)과 바깥에(outside) 충성되고 지혜로운 보초(guard)를 세운다.

마음 바깥에서 마음(♥)으로 들어오려고 하는 방문자들(visitors)이 있으면 철저히 조사한다. 방문 목적과 이유가 무엇인지 확인한다. 마음 안의 보초도 질문하고 조사한다. '당신의 방문 목적은 하나님 나라를 위한 것인가? 영혼의 평안인가? 세상적인 욕심과 이기적이고 충동적인 욕망은 아닌가? 그 동기는 무엇인가?' 불안과 불편함이 느껴지면 즉시 방사선 전문의 즉 기도와 분별 의사를 비상(SOS) 호출하여 검사한다.

그런 다음 마음 중심에 즉각 보고한다.

마음(♥) 중심, 본부에서 좋다. 결정이 날 때도 보초(guard)는 그 방문자가 떠날때까지 항상 동행한다. 때로 방문자가 떨어뜨린 미끼와 독이든 커피와 휴지와 쓰레기와 있으면 주워 담아놓는다. 그런 다음 그 방문자가 떠날 때 정중하게 봉투에 담아 건네주며 경고(🔕)한다. '마음 성전(♥)'을 더럽힌 방문자는 영원히 출입을 금지시키고 그 이름을 '출입 금지 명단에 공개'한다. 그런 다음 '열쇠'를 덜컥 덜컥 이

중으로 확인하여 잠근 후 문을 닫는다.

❿ 마음을 혼자서 청소하기 힘들면 두세 명이 함께 또는 교회와 공동체 에서 안전하게 '공동으로 청소'한다.

⓫ 주간, 월간, 계절별, 매년, 특별 청소를 할 수 있다. 특별 청소를 한 후에 영양을 보충한다.

• 신선한 과일과 야채 즉 성경적인 간증, 세미나, 집회, 수련회와 휴식 을 갖는다.

• 계속해서 경전 서적을 읽고 요약하여 정리한다.

• 매일 성경을 읽고 묵상하며 '영적 동행 일기'를 기록하며 기도한다.

• 정기적으로 외식한다. 즉 해외 단기 선교, 장기 선교에 동참한다.

• 봉사와 실천적 삶의 반경을 조금씩 넓혀간다.

• 단순하고 검소한 삶(simple life)을 산다.

• 재정 후원과 나눔을 실천한다.

⓬ 새 찬송, 찬양을 만들어 하나님에게 선물한다.

　하나님께서 내 마음(♥)에 주신 구원의 은혜와 기쁨을 어떻게 감사할 수 있을까? 조용히 십자가에 피흘리시며 죽어가시는 예수님을 바라본다. 마음속에서 울려 퍼지는 새 노래를 입을 열어 불러 본다. 그러면 신기하게도 찬양의 샘이 마음 속에서 솟구쳐 올라와 끝없이 흐르는 것을 알게된다.

⓭ 마음을 열고 '하나님 제가 안아(hug) 드릴게요!' 라고 여쭈어 보면 어떨까?

　하나님이 기뻐하실 것이다. 우리는 하나님에게 지나치게(?) 일방적으로 요구만 했다. 그러나 전능하신 하나님, 피곤하지 않으신 하나님은 그 모든 것을 응답해주었다.

그러나 잠깐! 예수님은 이렇게 말했다.

'여우도 굴이 있고 공중의 새도 거처가 있으되 인자는 머리 둘 곳이 없다. Foxes have holes and birds of the air have nests, but the Son of Man have no place to lay his head(마태복음 8:20)'.

"하나님! 예수님! 제가 안아 드릴게요! (👤)

잠깐 제 가슴에 머리를 기대고 쉬실래요?"라고 요청해보세요.

어떤 감동이 밀려오나요?

조용히 긴 침묵으로 기도하며 마음으로 '십자가에 달린 예수님'을 끌어안아보세요.

그런 다음 가정에서, 교회에서, 선교회에서, 공동체에서 서로 안아 주시며 침묵으로 간절히 기도해 주세요. 이때 남성은 남성을, 여성은 여성을 침묵으로, 사랑으로 안아(hug) 주세요.

서로 어린 양 예수 그리스도의 이름으로 '성경 말씀'으로 서로 서로 축복해 주시고 조용히 앉아 양 손을 잡고 간절히 기도 합니다.

❹ 소낙비가 쏟아질 때 밖으로 나가 비를 맞으며(🌧)기도하면 어떤 경험을 하게 될까?

우산은 집에 놓고 가세요. 그러나 감기들지 않도록 비닐과 큰 수건을 준비하세요.

> 쏟아지는 빗속에서 무릎 꿇고 '제 마음(♥)을 씻어주세요!'라고
> 기도해 보세요.

흥분된 마음(excited), 화난 마음(angry), 더러워진 마음(dirty), 낙심된 마음 (discouraged), 두려운 마음(fearful), 혼란한 마음 (confused), 답답한 마음 (tired), 슬픈 마음(sad), 울고 싶은 마음 (wanting to cry), 외로운 마음(lonely), 공허한 마음(empty), 우울한 마음(depressed)을 말씀으로 새롭게 하소서!

짜증난 마음(annoyed), 불안한 마음(nervous), 답답한 마음 (suffocating), 배반감(betrayed), 쓴 마음 (bitter), 조급한 마음 (impatient), 모든 것을 포기하고 싶은 마음(hopeless), 보복하고 싶은 마음(vengeful), 심지어 죽고 싶은 마음(wanting to die)까지 '성령 하나님! 이른 비 늦은 비로 제 마음을 예수님의 보혈과 하나님의 사랑과 성령님의 은혜로 새롭게 하소서!'라고 간절히 기도해 보세요.

빗속에서 얼마동안 무릎을 꿇고(🧎) 기도하면 몬 몸이 빗물에 흠뻑 젖게 된다.

물이 머리를 타고, 얼굴과 목과 등을 타고, 계속 아래로 아래로 흘러 정강이와 발까지 흘러 내린다. 겉옷과 속옷과 신발까지 모두 빗물에 젖게 된다.

이때 이렇게 기도한다. "주님! 제 겉 사람(outer being)과 속 사람 (inner being)을 예수님의 보혈과 하나님의 사랑과 성령님의 은혜로

새롭게 해 주옵소서!

오직 예수 그리스도로 덧입게 하소서!
성경 말씀으로 무장시켜 주옵소서!
겸손과 온유의 능력을 주옵소서!
성령 하나님의 불로 세례를 주옵소서!

주님 내 안에 내가 주님 안에 하나되게 하소서!
찬양하고 춤을 추며 말씀의 씨를 뿌리며
하나님의 사랑을 전할 수 있도록 기도합니다."

⓯ 마음(♥)에도 격려(거름)가 필요하다.

예수님처럼, '버림 받은자, 환우, 장애우, 부모 잃은 어린이, 교통 사고를 당하여 마음과 몸이 지친 사람들, 가족을 잃은 사람들, 감옥에 갇힌자, 말기 암 환우, 외로운 사람, 나그네, 난민, 정신 질환으로 장기 요양원에 있는 분' 등을 찾아가 계속 친구가 되어주세요.

마음(♥)은 '나누면 나눌수록, 더 건강을 유지하게 되고 기쁨이 파도처럼 밀려오는 것'을 경험하게 된다. 마음에 계속 기쁨이 넘치고 커지면 어떻게 될까요?

사람들을 '하나님 아버지 마음(the Father's heart)'을 품고 예수님처럼 살고 싶어진다.

(참조: 탕자의 비유와 렘브란트의 '탕자의 귀환 The Prodigal Son' 그림)

⓰ 마음도 가지치기(pruning of the heart ✂)가 필요하다.

마음(♥) 나무에 너무 많은 가지가 자랄 수 있다. 시기와 질투, 모함과 배반이 자랄 수 있다. 마음이 너무 높으면 교만하여 패망의 선봉에 설 수 있다. 마음이 너무 조급하면 상대방을 살필 겨를이 없게 된다. 일 중심(work-oriented)이 되어 다른 사람들에게 상처를 줄 수 있다. 성과만 추구하는 폭군이 되고, 치유 받지 못한 성인 아이(adult child)로 남을 수 있다. 예수님은 '마음이 가난한 자가 복이 있다. Blessed are the poor in Spirit, for theirs is the kingdom of heave(마태복음 5:3).'고 하였다.

❶❼ 마음 속을 너무 화려하게 장식(🎀)하려고 하지 마세요.

단순하게 십자가와 찬양과 성경 말씀으로 소박하게 꾸며야 한다.

❶❽ 마음 밑바닥 즉 영(spirit)을 치유해 달라고 기도하세요.

성경 말씀과 성령 하나님의 은혜를 통해 치유해 주시길 기도할 수 있다. 또한 말씀을 선포할 때, 함께 기도하며 '마음 바닥' 즉 영을 만져 주시고, 하나님 말씀으로 치유해 주시도록 담대하게 선포하라. 성경 말씀의 선포는 하나님의 영광과 교회의 유익을 위한 '좌우에 날선 검'이 될 수 있다.

❶❾ 마음도 휴가와 안식이 필요하다.

섬김과 나눔으로 분주하게 보내다 보면 서서히 지쳐 탈진(burn out)될 수 있다. 때때로 마음을 가벼운 산책과 운동을 하며 혼자 만의 여유를 갖는 휴가 시간이 필요하다. 조용한 음악을 듣거나 건강한 식사와 충분히 쉬고 숙면해야 한다. 새로운 곳을 여행하는 것도 필요하다.

❷⓿ 마음 밭(Field of Heart ♥)을 방치해두면 잡풀이 자라고 쓰레기

장이 될 수 있다.

부지런히 개간(cultivate)하여 돌을 옮겨놓아야 한다. 세상의 염려와 생활 걱정과 유혹의 가시는 가죽 장갑과 도구를 이용하여 뿌리채 뽑아 불태워야 한다. 길가밭은 울타리를 치고 밭이 굳어지고 아무나 들어오지 않도록 경계선을 친다. 부지런한 농사꾼처럼 계속 돌과 가시를 주워내고 버리고 옮기고 태우고 고장난 울타리를 수리해야 한다.

㉑ 마음(♥)이 보물이다.

마음 안에 예수님이 들어와 거주(dwelling) 하시고 성령님께서 기쁘게 집을 지으셨다. 마음이 요동하지 않도록(♥)하나님 말씀의 줄로 여러겹 묶어놓아야 한다. 비가 쏟아지고 폭풍이 불 때 무너지지 않게 해야 한다. 하나님은 심지가 견고한 사람을 평강으로 인도하신다. '주께서 심지가 견고한 자를 평강하고 평강하도록 지키시리니 이는 그가 주를 신뢰함이라. You will keep in perfect peace him whose mind is steadfast, because he trusts in You(이사야 26:3.).'

5장

복음서와 빌립보서의 하나님의 마음 묵상

Meditation of God's heart through the Gospels & Philippians

1. 마태복음
Matthew 7:13-14

　　　　좁은　　　　　　문으로　　　　　들어가라

멸망으로 인도하는　　　　　　　문은　　　　　　　　크고

　　그 길이　　　　　　　　　　　　　넓어

그리로 들어가는 *자*가　　　　　　　　　　　　많고

생명(　　)으로 인도하는 문은　　　　　　　　좁고

길 이　　　　　　　　　　　　협착하여

　　　　찾는 이가　　　　　　적음 이라

좁은 문 The Narrow Gate	넓은 문 The Wide Gate
예수님이 들어가라고 요청한 문	예수님이 들어가길 원하지 않는 문
찾는 이가 적은 문 * 때로는 가족과 친구도 반대하는 문	많은 사람이 찾는 문 * 양심, 윤리, 상식, 신앙이 벗어난 문
좁고 협착한 길 * 위험, 문제, 고통을 감수하는 문	크고 넓은 길 * 재미, 대접, 칭찬, 실리가 뒤따른 길
생명으로 인도하는 문	멸망으로 인도하는 문
삶의 자리에서 실천하는 생활 * 지금 여기에 하나님 나라 드러냄	지식, 경험, 전통을 강조하는 생활 * 삶은 없고 말잔치만 요란하다.
옛적 선한 길을 걸어간 선구자/선지자 * 개척자의 삶. 예수 성품 소유자	옛날 바리새인과 서기관 외식하는 자 * 위선자의 표본. 이권에 눈먼 자
기쁜 마음으로 걸어가는 길 * 결국은 은혜. 예수님이 걸어 가신 길	마음을 속이며 가는 길 * 땅을 치며 통독. 어둠이 간 길
넓은 문으로 걷고 싶은 유혹을 거절 * 마음 흔들릴 때 말씀과 기도로 지킴	고통과 문제를 만나 좁은 문과 길로 걸어갈 가능성은 없는 자
겉으로 좁은 문과 길을 걷고 있지만 * 실제로 넓은 문과 길 가는 자 없는가	속으로 좁은 문과 길을 걷고 싶은 자 * 환경, 체면, 전통 때문에 결단 못함
낙심과 절망할 때마다 또 일어난다.	계속하여 양심, 성령의 감동을 거절
다음 세대들에게 건네는 영적 유산	후세들도 계속 돌이키지 않는다.

좁은 길로 걸어간 사람-브레이너드 이야기

브레이너드(David Brainerd)는 9살 때 아버지(해저 카이어 브레이너드)를 잃었다. 14살 때 어머니(도로시 호바이트)를 잃었다. 21세에 회심을 경험한 그는 신학을 공부하기 위해 예일대학교에 입학했다. 그러나 그는 2학년 때 학교를 떠나 '사역과 설교자 훈련'을 받았다. 1742년 24세에 원주민(Native American) 선교사로 헌신하였다. 5년 동안 델라웨어, 펜실바니아, 뉴저지 지역에서 원주민들과 단기 사역을 했다. 그런 후 캐나다 원주민 사역에 집중하였다. 조나단 에드워드(Jonathan Edwards)가 출판한 '브레이너드의 일기'에서 브레이너드가 좁은 길을 용감하게 끝까지 걸어간 모습을 볼 수 있다.

• 1743년 4월 1일(금요일) 나는 말을 타고 약 32km를 스톡브리지(Stockbridge)에서 카우나우믹(Kaunaumeek)으로 왔다. 나는 짚더미 위에서 잠을 잤다. 나는 온종일 시험과 고통에 시달렸다. 저녁에는 낙심되었다. 오 하나님! 저를 도와주십시오!

• 4월 7일(목요일) 내 자신이 너무 무식하고, 약하고, 무능하고, 무가치하여 사역을 감당할 수 없다는 마음이 들었다. 밤이 되어서야, 나는 믿음으로 기도한 후 일기를 조금 쓸 수 있었다.

• 6월 22일. 원주민들에게 다시 설교했다. 처음 설교할 때는 7-8명이었는데 이제 30명으로 늘었다. 그들은 엄숙하게 들었다. 어떤 사람들은 자신들의 불행과 멸망을 느끼고 그곳에서 벗어나고 싶다고 말했다.

- 8월 6일. 전부 55명이 모였다. 그들은 내 설교에 주의를 기울였다. 그때 하나님의 은혜가 감동으로 다가왔다. 그들 중에 40명이 하나님의 은혜를 받았는데, 그 중에 3명이 놀라며, 눈물을 흘리고 비통하게 소리쳤다. 그들은 그리스도를 영접하고 싶어했다. 내가 그들에게 '주님에게 나가 예수님의 생명을 받으라'고 할수록 그들은 괴로워했다. 그 이유는 그들이 더 이상 이곳에 올 수 없었기 때문이었다.

- 8월 7일. 원주민들에게 이사야 53:3-10로 설교했다. 대부분의 사람들이 감동을 받아 큰 고통에 빠졌다. 몇 사람은 갈 수도 없었고, 서있지 못해 바닥에 누워있었다. 그들은 마음이 창에 찔린 것처럼 끊임없이 하나님께 울부짖으며 자비를 구하고 있었다.

- 8월 8일. 이제 65명이 되었다. 하나님의 능력이 마치 '내려치는 바람'처럼 온 회중에게 임했다. 사람들에게 고통의 홍수와 범람한 것처럼 보였다. 사람들은 모두 머리를 숙이고 놀라운 하나님의 역사에 반항할 수가 없었다.

- 8월 9일. 이런 회개의 부르짖음이 다른 지역과 마을에 전해졌다. 흩어져 살고 있던 주위의 많은 원주민들이 모였다. 나는 똑같은 메시지와 복음 초청을 하면서 그들에게 도전하였다. 모인 사람들 중에 2-3명을 제외하고, 모든 사람들은 '구속자 예수'를 발견하였다. 그들은 예수 안에서 평안을 누릴 수 있었기 때문에 눈물을 흘리며 감사하며, 때로는 고통으로 부르짖었다. '구툼마우칼루메 (guttummaukalumeh)! 구툼마우탈루메!(우리에게 자비를 베푸소서! 우리에게 자비를 베푸소서!)' 그들은 이렇게 계속하여 부르짖

으며 기도했다.

브레이너드는 1년에 4천 마일을 말을 타고 선교했다. 숙소를 구하지 못하면 흙구덩이와 동굴에서 잤다. 1742년 29세에 폐결핵에 걸렸다. 그는 심각한 질병과 재정 문제 속에서도 계속 사역했다. 여행할 때 계속 기침을 하면 피가 나왔다(9월 8일). 오늘은 소나기를 맞아 극심한 고열로 시달렸고, 심각할 정도로 기침과 피가 나왔다(9월 10일). 1747년, 병이 깊어져 더이상 사역을 할 수 없을 때까지 원주민들과 함께 살았다(Dan Hayes, 『Fireseeds of Spiritual Awakening』, 배성현역, pp. 86-91).

그는 1947년 29세에 부름을 받을 때까지, '좁은 길'을 걸어가면서 불꽃처럼 살았다.

왜? 거짓 선지자(false prophet)는 위장을 할까?

---

1) 거짓 선지자들이 전하는 '하나님 말씀'을 조심해야 한다. '하나님 말씀'은 때로는 무색이고 무취하며 투명하다. 그러나 거짓 선지자들은 하나님의 말씀을 인간의 입맛을 따라 색소와 조미료를 잔뜩 집어넣는다. 하나님 영광과 예수 그리스도의 복음과 교회 공동체 유익은 생각하지 않는다. 삯군처럼 돈과 인기와 명성과 세상 자랑에 집중한다. 하나님 말씀이 자신을 비추는 거울이 되어 자신부터 그렇게 살도록 성령을 통해 감동하지만 계속 거절한다.

2) 세상과 육에 속하여 자신을 광명한 천사로 드러낸다. 한번 비추

임을 받았지만 현저하게 타락하여 이전보다 훨씬 더 하나님을 대적하고 마귀와 사탄의 앞잡이로 사는 불쌍한 존재다.

3) 한 번도 성령의 감동을 따라 '하나님의 말씀'을 받은 적이 없기 때문에 '하나님 말씀'과 '성령의 역사'를 인간의 경험, 전통, 세상적인 세계관에 세뇌되어 외모만을 앞세운다. 하나님 앞에 자신을 내어 놓지 않고 항상 다른 사람들과 비교하고 체면을 중시한다. 많은 것을 가지고 있지만 항상 불만과 불평으로 가득차 이미 마음이 지옥이다. 홍수 때에 시궁창의 물이 빠지지 않고 역류하여 품어 솟구치듯이 더러운 욕심을 따라 살아간다. 그들은 사회적 통념, 예의와 질서와 규범을 무시하고 동물처럼 욕망을 쫓아다닌다. 허무의 강에 스스로 뛰어들어 소리치며 죽어가는 자다.

4) 자신의 목표와 성공을 이루기 위해 '하나님의 길', '성경의 길', '성령의 인도와 감동'을 버리고, '신앙의 기본'을 무너뜨리고 변질시켜 놓는다.

5) 뼈아픈 회개가 없다. 어둠과 죄를 버리지 못한다. 그리하여 계속 가속 페달을 밟고 나가는 자동차 처럼 결국은 본인은 물론 주변 사람들에게 큰 피해를 주고 멸망시킨다.

2. 요한복음

John 3:16-18

요한복음 3:16-18의 표시

16 하나님(△) 이 세상(000,000)을 이처럼 사랑(♥)하사
   독생자(🏃)를 주셨으니(↓) 이는 그를(🏃) 믿는 자마다(000,000)
   멸망(⚡)하지 않고 영생(🐦)을 얻게(🖐) 하려 하심이라

17 하나님(△)이 그 아들을(🏃) 세상에 보내신 것(⚓)은
   세상을 심판(✖)하려 하심이 아니요
   그로(🏃)말미암아 세상이(000,000) 구원(🧬)을 받게(👑)하려
   하심이라

18 그를(🏃)믿는 자는(🧍) 심판(✖)을 받지 아니하는 것이요
   믿지 아니하는 자는(🧍) 하나님(△)의 독생자(🏃)의 이름을
   믿지 아니하므로(🫀) 벌써 심판(✖)을 받은 것이니라

요한복음 3:16-18 정렬과 나눔

16 하나님이   세상을   이처럼
        사랑하사
독생자를   주셨으니   이는
     그를   믿는 자마다   멸망하지   않고

영생을

얻게　하려　하심이라

17　하나님이　그 아들을　　　　　　　세상에

　　　　　　보내신 것은 세상을

　　　　　　심판하려 하심이　　　　　　　　　　　　아니요

그로 말미암아　　　　세상이　　　구원을 받게 하려 하심이라

18　　　　　　　　그를　　　　　믿는 자는

　　　　심판을　　　　　　　　　　　받지　아니하는 것이요

　　　　　　믿지 아니하는 자는

하나님의　　독생자의 이름을　　　　　믿지　아니하므로

　　　　　　　　　　　벌써

　　　　　　심판을 받은　것이니라

참고: 찬송가 563장 ‘예수 사랑하심은’ 표시

1절

예수(훗) 사랑(♥)하심을 성경(▦)에서 배웠네 우리들은(유웃)

약하나(🁢)

예수(훗) 권세(⇓) 많도다(٥,٥ ∞)

2절

나를(🕴) 사랑(♥)하시고 나의 죄를(🫀) 다 씻어(🎗) 하늘 문을 여시고(🏛)
들어가게(🕺)하시네

3절

내가(🕴) 연약(⑆)할수록 더욱(↗)귀히 여기사(🖐) 높은 보좌 위에서(🕯)
낮은 나를(🕴) 보시네(👓)

4절

세상 사는 동안에(•••→) 나와 함께 하시고(👫)세상 떠나 가는 날(🥀)
천국가게 히소서(🔥)

후렴

날(🕴) 사랑하심(♥) 날 사랑 하심(♥) 날 사랑 하심(♥)
성경(📖)에 쓰였네

* 언제나 예수

누구에게나 예수 그리스도! 어디서나 예수! 무엇이든지 예수! 언제나 예수! 어떻게 해서든지 예수! 환영할 때도 예수! 만날 때도 예수! 헤어질 때도 예수! 웃을 때도 예수! 슬플 때도 예수! 일어날 때도 예수! 식사할 때도 예수! 걸어갈 때도 예수! 앉아 있을 때도 예수! 뛰어갈 때도 예수! 휴식할 때도 예수! 잠잘 때도 예수! 여행할 때도 예수! 찬양할 때도 예수! 기도할 때도 예수! 예배드릴 때도 예수! 전도할 때도 예수! 화가 날 때도 예수!

마음(♥)이 아플 때도 예수! 억울해도 예수! 괴로워도 예수! 기쁠 때도 예수! 해가 떠오를 때도 예수! 한낮에도 예수! 저녁에도 예수! 한밤중에도 예수! 새벽에도 예수! 달이 뜰때도 예수! 별을 보며 예수! 봄에도 예수! 여름에도 예수! 가을에도 예수! 겨울에도 예수! 더워도 예수! 추워도 예수! 비가와도 예수! 바람이 불때도 예수! 안개가 낄때도 예수! 적도에도 예수! 남극에도 예수! 북극에도 예수! 살아도 예수! 죽어도 예수! 하나님의 어린 양 예수 그리스도!

3. 빌립보서
Philippians 2:5-8

너희 안에

이 마음을   품으라   곧

그리스도 예수의 마음이니

그는

근본 하나님의　　　본체시나
하나님과　　　　　동등됨을　　　취할 것으로
　　　　　　　　　여기지　　　　아니하시고
　　　　　　오히려 자기를　　　비워
　　　　　　　　　　　　　　　종의 형체를
　　　　　　　　　가지사
　　　　　　　　　　　사람들과 같이
　　　　　　　　　되셨고
　　　　　　　　　　　사람의 모양으로
　　　　　　　　　나타나사
　　　　　자기를　　　　낮추시고
　　　　　　　　　죽기까지
　　　　　　　　　복종하셨으니
　　　　　　　　　　　　　　　　곧
　　　　　　　　　십자가에
　　　　　　　　　죽으심이라

* 예수 그리스도의 비움과 순종에 나타난 사랑을 묵상

구분	바울과 우리	예수 그리스도	만약 예수님이 그렇게 되었다면
모형	하나님 도움 없이는 욕심과 죄와 죽음 문제를 해결하지 못하는 존재	완전한 모범을 보여준 하나님	실제 구속자 모습을 보여주지 못했다면? 어떻게 되었을까?
신분	하나님 형상으로 창조된 존재	하나님의 본체이며 창조주	하나님의 본체가 아니라 단지 그림자였다면?
위치	하나님의 자녀	성부 하나님과 동등한 (권세, 능력, 영광, 존귀) 삼위 하나님의 한 분이신 성자 하나님	성자가 성부와 동등함을 항상 주장하고 반항한 성자라면? 삼위 하나님은 어떻게 교제했을까? 삼위일체의 문제를 가진 하나님?
비움	자신을 스스로 비울 수 없는 존재	자신을 비워낸 겸손한 성자 하나님	자신을 비우지 않고 계속 신적 능력을 채우고 성부와 성령에게 도전한 성자였다면?
낮춤	하나님처럼 되려고 범죄하는 본질상 진노의 자녀	종의 모습으로 끝없이 자신을 낮춘 성자 하나님	성육신을 거절했다면? 폭군으로 성육신했다면?
순종	불순종하고 반항하는 존재 인간을 구원하기위해 오신 메시야를 죽이려고 하는 자	십자가 죽음으로 성부에게 순종한 성자 대속한 메시야. 인간이 훼손한 하나님 형상을 완전히 회복한 구주	십자가 죽음을 거절한 거짓 메시야 였다면? 인간을 속죄할 능력과 사랑이 없는 성자라면?

* 아담/인간의 마음과 예수님의 마음을 비교한 묵상

구분	아담/인간의 마음	예수님의 마음
집중	땅과 세상에 집중하여 욕망을 따른다	하나님에게 집중하여 오직 성령으로 기뻐한다
소원	하나님 형상으로 창조된 존재	성부 하나님의 뜻을 온전히 성취함이 소원 성부에게 영광될 인간 구속을 실제 이루었다
상태	마음이 항상 흔들려 변한다 거만한 마음 이중적인 거짓된 마음 품은 자	불변하는 마음, 진실되고 굳센 마음, 분명하고 영원한 마음, 항상 겸손한 마음
시험	죄와 시험과 사탄에 항상 노출되어 있다	시험과 사탄에 맞서 승리하는 분 사탄의 머리를 십자가 죽음으로 깨뜨리신 분
행동	음란, 시기, 살인, 속임, 분쟁, 도둑질, 모함, 술수, 거짓, 싸움, 분노, 우상 숭배	하나님 말씀, 진리, 사랑, 용서, 빛, 생명이 충만 성령이 충만하여 성령의 열매가 항상 가득함
지킴	마음을 지키지 못한다	성령의 감동과 성부 하나님 말씀으로 언제나 마음을 지키는 분
속임	자신을 스스로 속이며 타인을 속인다 계속 변명과 핑계를 꾸민다	끝없이 자신을 비워 성부와 성령님에게 진실하게 내어 놓는다 누구도 속이지 않아 기쁨과 평강이 넘친다
죽음	항상 두려워하고 무서워한다	속죄의 죽음을 자원하여 철저하게 준비하여 용감하게 맞이한다
문제	문제가 있으면 변경하고 핑계 대고 책임을 회피하고 전가하는 이기적 존재	문제를 해결하는 분 자신을 제물로 내어 놓는 이타적인 분
경향	범죄한 이후 하나님을 피해 숨고 하나님에게서 계속 도망하는 자	영원히 성부 하나님과 성령하나님을 높이고 영광을 돌리는 성자 하나님

* 첫째 아담과 둘째 아담, 예수님과 비교한 묵상

구분	첫째 아담(the first Adam)	둘째 아담, 예수(the second Adam, Jesus)
교만	자신을 하나님처럼 높이는 끝없는 교만	자신을 낮추어 오직 성부 하나님만 높이는 겸손한 성자
순종	하나님 말씀을 불순종하는 자	하나님 말씀을 죽기까지 절대 순종한 성자
형상	하나님 형상으로 창조된 자	하나님의 본체와 창조주
자유 의지	100% 발휘하여 하나님에게 반항하는 자	100% 자신을 비워 성부의 뜻에 순종한 독생자
하나님 말씀	직접 명령을 들었으나 불순종하여 죽음에 떨어진 바보	항상 성부의 말씀에 집중한다. 심지어 십자가에 죽을 때도 성부의 예언의 성취에 민감한 성자
집중	결정적인 순간마다 하나님보다 자신에게만 집중	항상 성부에게 집중하여 자신을 완전히 부인하는 자
환경	에덴 동산, 완벽한 환경에도 하나님을 거역한 자	타락하고 부패한 세상에 출생했지만 절대 순종한 성자
유혹	사탄의 유혹과 시험에 실패한 자	사탄의 유혹과 시험에 승리하신 구원자
결정	결정적인 문제를 하나님에게 묻지 않고 결정	큰 문제를 솔직하게 기도하고 성부의 뜻에 따르는 자
자신	자신을 비우지 않고 자아가 폭발한 자	성부와 성령을 향해 언제든지 자신을 비워 내는 자
기억	하나님 말씀을 일부러 잊으려 한다	언제나 무엇을 하든지 성부의 말씀을 앞세운다
행동	범죄하고 악을 대담하게 행하는 자	희생과 섬김과 사랑과 성부에게 순종하는 용기
변명	'너 때문이야!' 책임 전가 프로 변명 전문가, 위장과 이중인격의 달인	'차라리 나를 받으시고 저들을 용서하소서!' 화해와 평강의 메시야, 진실한 구세주
도피	범죄한 후 나무 사이에 자신을 감춘 자	겟세마네 동산으로 찾아온 자들에게 '너희가 찾는 자가 바로 나다!'라고 나선 진정한 왕중의 왕
영 Spirit	산 영(a living spirit)	살려주는 영(life-giving Spirit)
죽음	범죄하여 자신과 후손도 사망에 빠지게 만든 자	자신의 속죄 제물로 바쳐 인류를 영원한 죽음에서 살리신 부활의 주
존재	흙+생기로 된 유한한 존재, 창조의 꽃	영원한 말씀(Logos), 무한한 존재, 창조자

*에덴에서 타락한 아담과 십자가에서 승리한 예수님을 묵상

에덴에서 타락한 아담		십자가에서 승리한 예수
거절 & 반항 rejection & resistance		수용과 순종 acceptance & obedience
자아 폭발 self-explosion		자기 부인 self-denial
범죄 transgression		성취 fulfillment
타락 degeneration		완성 accomplishment
상실 loss		회복 restoration
수치 shame		영광 glory
떠남 departing		연합 union
책임 회피 avoidance of responsibility		인정 admission
자기 위주 self-centeredness		균형 잡힌 사랑 balanced love
불평 complaint	에베소서 3:14-21 마태복음 27:50-53 출애굽기 19:16-19	감사 thanksgiving

1) 빌립보서 2:5-8에서 예수님은 우리에게 어떤 길을 보여 주고 있는가?

(1) '자력 종교인'은 어떤 길을 걷고 있는가?

인간 스스로 구원의 길을 갈 수 있다고 주장하는 불교는 **자력 종교**다. 불교에서는 모든 사람 속에 들어 있는 불성(佛性, Buddha nature)을 스스로 깨우치라고 강조한다. 끊임없이 솟아오르는 속된 생각과 감정들을 끊어버리고 깨달음에 이르기 위하여 출가와 은둔, 금욕, 고행 등의 능동적인 노력에 온 힘을 쏟는다. 자력 종교에서는 신앙의 대상이 있을 수 없다. 스스로 깨달음을 얻는 사람을 '부처'라고 하기 때문에 모든 사람이 부처가 될 수 있다. 부처(석가모니)는 신앙의 대상이 아니다. 깨달은 한 선각자일 뿐이다. 불교에서는 108개의 번뇌로부터 벗어나는 초탈(超脫, transcendency)을 추구한다. 이런 번뇌로부터 벗어나면 해탈(解脫, nirvana)에 이르게 되어 열반(涅槃, nirvana)에 들어갈 수 있다고 한다. 속된 번뇌를 끊어버리고 해탈에 이르는 것이 구도의 목표다.

헬라 문화의 영향으로 중세 수도원 운동은 **성속(聖俗)을 구별하여 이원론**에 빠졌다. 그리하여 가정을 버리고 불교처럼 수도했다. 출가(탈속)➡은둔➡금욕, 고행, 명상하여 '능동적인 정화'로 죄성을 씻으려고 하였다.

❶ 세상 속의 삶이 속된 것이어서 버리고 떠나야 하는가?

❷ 세상을 버리고 '정신 집중 훈련'을 한다고 명상하는 것이 고차원

적 영성일까?

❸ 부모와 자식, 형제, 즉 가족을 버리고 산에 들어가 수도를 일삼는 목표는 무엇인가?

❹ 출가와 은둔의 수도는 '구도의 길'이라는 명목으로 행해지는 비인간적인 행동이 아닌가?

❺ 늙고 병든 부모를 돌보며 형제를 돌보는 것이 거룩한 삶이 아닌가?(참조: 길동무, 『3부 비움의 길』, pp. 267-278).

(2) 성경적인 삶은 무엇인가?

기독교는 자력 구원의 가능성을 인정하지 않는다. 인간은 스스로 노력하여 구원에 이를 수 없다. 오직 하나님의 은혜로만 구원을 얻을 수 있다. 자력 종교인 불교와 **출발과 근본**이 다르다. 하나님은 믿음의 대상이다. 금욕과 고행으로 수도와 기도에 전념하는 것이 고상한 일이 아니다. 세상의 삶을 하나님의 뜻에 따라 사는 것이 고상한 일이다. 선지자들과 예수님, 사도들이 **탈속의 삶을 살지 않는 이유**가 무엇인가? 하나님의 뜻이 이 땅에서 이루어지는 삶을 사는 것이 거룩한 일이 아닌가?

'성령님의 조명', 도우심으로 계속 나의 죄성을 깨닫고 정화, 즉 계속 죄성을 버리는 것이다. 인간은 스스로 죄성을 버릴 수 없다. **수동적인 정화의 과정**을 거칠 뿐이다.

(3) 예수 그리스도를 본(本)받는 것은 무엇인가?

무엇을 알고 있다는 생각은 위험하다. 많은 은혜를 받은 것이 목적이 아니다. 예수님 마음(♥)과 심정이 주어진 것이다. 겸손하게 항상 **'영원한 초보'**임을 인정한다. 누구에게서든지 배워야 한다. 어린이를 통해서도 배운다. 멈추지 않고 매일 매일 **'영원한 출발'**을 계속한다.

유학을 하여 견문을 넓혔으면 어떻게 살아야 하는가? 최신 장비를 갖춘 중장비(불도저, 포크레인, 트럭)와 기계와 연장들이 창고에 가득하면 무엇하나? 그 모든 것들을 '예수님 마음'처럼 삶의 현장에서 '사람을 구하기 위해' 사용하며 살아야 하지 않겠는가?

* 기도 내용과 의식이 변한다.

죄인 의식: '나를 불쌍히 여겨 주옵소서!'
끊임없이 양심이 찔린다. 세리의 기도

⬇

탕자 의식: '나를 용서하여 주옵소서!'
무자격임이 드러난다. 탕자의 기도

⬇

신전 의식: '나에게 긍휼과 자비를 주옵소서!'
잠재된 죄까지 드러난다. 가장 큰 죄인의 기도

⬇

무능 의식: '오직 주님 은혜만 바랍니다!'
전적인 무능을 고백한다. 전적 신뢰자의 기도

---

* 하나님 앞에 선다.

욥은 '내가 주께 대하여 귀로 듣기만 하였사오나 **이제는** 눈으로 주를 뵈옵나이다. My ears had heard of you **but** now my eyes have seen you(욥기 42:5).'

> 저는 아버지의 아들이라 불릴 자격도 없습니다!
> 저를 품팔이 하나로 사용해 주옵소서!
> 저를 버리지 마옵소서!
> 저를 쫓아내지 마옵소서!
> 저는 아무것도 아닙니다! 나는 무익한 종입니다!
> (I am Nothing).
> 제가 지금 살아가는 것은 '오직 하나님의 은혜'입니다!
> (Not I, but Jesus!)

자신이 **'가장 큰 죄인'**이다는 의식은 무엇인가? 이것은 나의 인격 속에 **'타락한 죄성'** 즉 사탄의 속성이다. 성령 하나님의 조명으로 이 것을 깨달은 후에는 어느 단계에 도달하게 되는가? '나는 아무것 도 아니다(I am nothing)'라는 것을 알게 된다. 나는 '본래 흙덩어 리에 불과한 존재'다. 하나님은 흙으로 나를 만드시고 '하나님의 형 상'을 덧입혀 주신 것이다. 흙이 창조되기 이전의 상태는 **'없음'**(無 Nothing)의 경험이다. 여기에서 하나님의 존재 자체 즉 **'전부'**로서, 나는 '없음'으로 느껴진다. 그래서 바울은 하나님의 '전부'를 자신의 '없음'으로 깨닫고 이렇게 고백한다. '내가 나 된 것은 하나님의 은혜 로 된 것이다'(고린도전서 15:10).

예수님은 '근본 **하나님의 본체**시나 **하나님과 동등됨**을 취할 것으로 여기지 아니하셨다. 오히려 **자기를 비워 종의 형체**를 가져 사람들과 같이 되시고…**자기를 낮추시고 죽기까지 복종**하셨으니 곧 **십자가에 죽으심이라**'(빌립보서 2:6-8). 7절의 '자기를 비워'(ekenosen)라는 단어의 헬라어 명사형은 '케노시스'(kenosis)이다. '하나님의 자기 비우심'이 예수님의 마음(♥)이다. 이것은 '자신을 무(無)로 만드셨다(made Himself nothing)'는 것이다.

* 하나님 아버지가 탕자를 위해 준비한 것은 무엇인가?

하나님 아버지는 이러한 대답을 오랫동안 기다리고 있었다. 하나님 아버지가 기대하는 것은 **자기 부정**이다. 큰아들처럼 '나는 이렇게 일했습니다'는 **자기 긍정**이 아니다(누가복음 15:29). 아버지는 이 극적인 순간을 위하여 준비한 것들이 있었다(누가복음 15:22-25).

* 제일 좋은 옷

단순히 보기 좋은 옷이 아니다. 아버지 집에서 가장 좋은 옷이다. 아버지가 입은 옷보다 좋은 옷이다.

* 보석 반지

고대에서는 도용을 방지하기 위하여 도장을 반지로 사용했다. 아버지가 탕자에게 끼워준 반지는 장식용이 아니라 **인감 도장**이었다. 이제 아들이 아버지를 대신하여 집안을 돌볼 수 있는 자격을 갖추었다는 것이다. 이제 반지로 결제하고 유업을 경영하게 되었다는 것을 **공**

적으로 선언한 것이다.

* 신발

아버지의 유업을 돌보기 위해 이리 저리 활동을 하기 위해 필요한 신발이다. 아버지는 적격자가 나타나자 준비한 자동차와 키를 내어 준 것이다.

* 동네 잔치

아버지는 탕자가 돌아오자 너무 기뻐하며 온 동네 사람들을 초청하여 잔치를 벌였다. 살진 소를 잡고 온갖 음식과 악단을 초청하였다. 잔치는 무엇을 말하는가? 돌아온 탕자가 아버지의 기업을 이끌고 갈 상속자와 경영자가 되었음을 알리는 **취임식**이다(참고: 길동무, 『제 3부 비움의 길』, pp. 219-236, 242-252).

(4) 어떻게 하나님에게 나가는 길을 따라갈 수 있는가?
• 이 길은 누구나 갈 수 있는 쉬운 길이다(마태복음 11:28-30).
• 특별한 사람만이 특별한 방법으로 갈 수 있다면 그 길은 이미 진리의 길이 아니다.

* 내려가고 낮아짐으로써 올라가는 길을 따라 걷는다.
• 탕자가 돌아가는 길은 올라가는 길이 아니다.
• 그러나 내려감과 올라감은 둘이 아니라 하나다. 내려감은 곧 올라감이다.

- 탕자가 진정으로 겸손하게 '나를 품꾼의 하나로 여기소서!' 고백했다. 즉 무자격자 의식은 상한선을 향해 올라가려는 생각이 아니다. 고통스러운 영적인 지옥의 자리에서 스스로 내려가는 겸손함을 가지게 된다(누가복음 15:16-19). 이때 탕자는 자신의 겸손을 인식하지 않는다. 그저 있는 그대로의 현실을 인식하고 있는 것이다. 탕자는 현실에서 '없음'만 인식하고 있으므로 '있음'을 어떤 것도 용납하지 않는다. 하나님의 면전에서 의식할 수 있는 것은 '얼굴을 땅바닥에 엎드리고' 경배하는 것뿐이다.

> 가장 낮은 곳으로 내려가라!
> 가장 작은 자가 되라!
> 가장 천한 자가 되라!
> 가장 아래에서 섬겨라!
> 가장 어려운 사람에게 나가라!
> 그러면 거기에서 하나님을 만난다!
> (마태복음 25:31-46)

* 부정함으로 긍정으로 나가는 길을 따라 걷는다.
- 예수님은 제자들에게 이렇게 선언하셨다. '누구든지 나를 따라오려거든 자기를 부인하고, 자기 십자가를 지고, 나를 따를 것이니라. 누구든지 제 목숨을 구원하고자 하면 잃을 것이요, 누구든지 나를 위하여 제 목숨을 잃으면 찾으리라'(마태복음 16:24-25).

* 비움으로 채워지는 길을 따라 걷는다.

성령 하나님의 은혜로 죄성이 정화되면 서서히 자신은 작아지고 비워진다. 그런데 이 비움은 '비우기 위한 비움'이 아니라 **비워지는 만큼 채워지는 비움**이다. 나의 죄성이 점점 더 많이 비워지는 은혜를 경험할 때, 존재마저 비워지는 것을 느끼게 된다. 동시에 하나님으로 채워진다. 이 상태는 어떤 **'고요함'**, **'정적'** 등의 극치로서 일종의 **'없음'**처럼 느껴진다. 그러나 이 **'없음'은 하나님 안에 '있음'**이다. 여기에서 '비움'과 '채움'이 둘이 아니라 하나로 만난다. '없음'과 '비움'이 같아지는 상태다. 즉 비움은 곧 채움이요 '없음'은 곧 '있음'이다.

구약의 선지자들에게 '하나님의 말씀, 영이 임했다'(예레미야 1:11, 에스겔 1:3). 이 구절은 '이런 비움'의 상태에서 '하나님으로 채워짐'을 말한다. 그래서 바울은 이런 상태를 이렇게 고백했다. '내가 그리스도와 함께 십자가에 못박혔나니 그런즉 이제는 내가 산것이 아니요 오직 내 안에 그리스도께서 사신 것이라'(갈라디아서 2:20).

김진수 장로는 1992년 8월 미국 집에서 홀로 회사(Image Solutions, Inc)를 시작했다.

2010년이 되자 이 회사는 직원 500명으로 성장했다. 2008년에 세계에 경제 위기가 덮치자 회사를 미국 대기업인 컴퓨터 사이언스 코퍼레이션(CSC: Computer Science Corporation)에 매각했다. 회사의 기술력과 인재의 우수성을 인정받아 시장의 가격보다 높은 가격으로 매각했다. 회사를 매각한 후 몇몇 회사의 중직자들은 백만장자가 되었다. 그것은 회사를 운영하면서 중직자들에게 지분을 나누어 주었기 때문이다. 그는 회사를 매각한 후 많은 자산을 은혜 자선 재단(Grace Charity Foundation)에 기부했다. 이 재단을 통해 선교와 교육 사업을 지원하고 있다. 캐나다 원주민들의 자립을 위해 버섯을 채취하여 판매하는 회사 긱섬(GI TXM: www.gitxmushroom.com)를 세웠다. 원주민을 대표로 세워 함께 버섯을 직접 채취하고 판매를 하고 있다. 그는 '선교적 삶과 비즈니스 선교(Business as Mission)'의 한 모델을 세워가고 있다.
(참조: 김진수, 『선한 영향력-선교적 삶과 비즈니스 선교』, pp. 34-55).

비움의 상태에서 영적 세계의 깊은 회상에 젖어서 내려오면 어디에 도달하는가? 처음 출발했던 자리로 돌아온다. 등산의 목표는 산 정상에 올라가는 것이 아니다. 산 정상까지 갔다가 자기 집으로 안전하게 돌아오는 것이기 때문이다. 출발점과 도착점은 같은 지점이다. 그래서 **영원한 초보자**이며 **영원한 출발**을 오늘 여기에서 계속하는 것이다.

* 부정으로 긍정에 이르는 길을 따라 걷는다.

• **탕자**는 이렇게 **고백**한다. '나는 하늘과 아버지에게 죄를 지었으니 지금부터는 아버지의 아들이라고 일컬음을 감당할 수 없다(누가복음 15:19-21).'
아버지의 아들로서 책임이 무엇인지 아는 아들의 모습이 아닌가? 자기 부정은 긍정이다. 예수님은 십자가에 죽기까지 자신을 부정함

으로 하나님이 '이는 내 사랑하는 아들(마태복음 3:17)'이라 직접
말씀했다. 또한 '모든 입으로 예수 그리스도를 주라 시인하여 하나
님 아버지께 영광을 돌리게 하셨다(빌립보서 2:9-11).'

* 버림으로 얻는 길을 따라 걷는다.

에스더는 금식한 후 '죽으면 죽으리라' 결심했다. 왕후 자리를 버렸
다. 왕이 금홀을 내밀지 않으면 왕후의 자리뿐만 아니라 생명을 빼앗
길 수 있었다(에스더 4:11).

* 죽음으로 사는 길을 따라 걷는다.

• 한 알의 밀알이 땅에 떨어져 죽어야 많은 열매를 맺을 수 있다(요한
  복음 12:24).
• 예수님은 한 알의 밀알이 되어 '십자가 나무에서 죽어' 율법의 저주
  에서 인간을 대속했다(신명기 21:22-23, 갈라디아서 3:13).

*** 아사 감방의 형벌을 자원하여
받은 막시밀리안 콜베(Maxi-
milian Kolbe)**

1941년 7월 말경, 한 수감자
가 수용소를 탈출하는 사건이
발생했다. 나치는 한 명이 탈출
하면 그 벌로 열 명을 처형했
다. 나치에게 지목된 처형 대상

자 중의 한 사람인 폴란드 사람 프란티세크 가조우니체(Franciszek Gajowniczek)는 아내와 자녀들을 떠올리며 울부짖기 시작했다. 콜베 신부는 모자를 벗고, 조용히 앞으로 나선 뒤, 지휘관 앞에 서서 이렇게 말했다. '저는 사제입니다. 그 사람 대신 제가 죽게 해 주십시오. 저는 늙었습니다. 저 사람은 아내와 자녀들이 있습니다'. 콜베 신부는 아사형을 선고받은 프란치세크 가조우니체를 손가락으로 가리키며 반복했다. '저는 폴란드에서 온 사제입니다. 제가 저 사람을 대신해서 죽겠습니다. 저 사람은 아내와 자녀들이 있습니다.' 그의 청원은 받아들여졌다! 죄수 번호 16670을 부여 받은 막시밀리아노 콜베 신부는 15일 넘게 고문을 겪다가 페롤 독극물 주사를 맞았다. 1941년 8월 14일 12시30분, 향년 47세로 세상을 떠났다(주: Maria Vimovska, 『Le Secret De Maximilian Kolbe』, 김동소 역).

5) 왜? 인간의 능동적인 노력이 필요한 것인가?

내주하시는 성령님께서 인도하시는 수동적인 죄성의 정화는 **올라감(↑상승), 내려감(↓하강), 나아감(→전진), 물러감(←후퇴)**를 반복하면서 진행된다. 올라감과 내려감, 나아감과 물러감은 나선형 (spiral ⟳)으로 반복하면서 계속 죄를 정화시켜 나간다.

* 성령님께서는 **올라감**과 **나아감**이 상한선에 가까우면 희열을 맛보게 하신다. **상한선**의 희열감은 혼자 느끼는 것이 아니다. 하나님과 하나됨(union with God)에서 오는 것으로 하나님으로부터 주어지는 것이다. 그러나 이런 행복감은 오래가지 않는다. 갑자기 이런 황홀경

은 사라지고 정 반대의 상태가 된다. 하한선(Bottom Line)으로 떨어진다. 하한선에 떨어졌을 때에 두드러지게 나타나는 느낌은 무엇인가? 그것은 하나님으로부터 '영원히 버림받은 느낌'이다. 조금 전까지만 해도 '하나님께서 함께 하신다'는 강한 느낌과 희열을 받지 않았은가? 이 순간 그 기쁨이 사라지고 하나님으로부터 버림받은 상실감에 시달려야 한다(참조: 길동무, 『제3부 비움의 길』, p. 179). 엘리야는 갈멜산의 승리 후 브엘세바에 있는 로뎀 나무 아래에서 죽기를 원하며 이렇게 기도한다. '여호와여 지금 내 생명을 취하소서! 나는 내 조상들보다 낫지 못합니다(열왕기상 19:4).'

베드로와 야고보와 요한은 예수님이 산에서 기도하실 때 용모가 변화되고, 옷이 희어져 광채가 나는 것을 직접 보게 되었다. 그들은 또 '모세와 엘리야' 두 사람이 영광 중에 나타나서 '장차 예수님이 예루살렘에서 별세하실 것'에 대하여 이야기하는 것도 들었다. 두 사람이 떠날 때 구름이 그들을 덮었다. 구름 속에서 나는 소리를 들었다. '이는 나의 아들 곧 택함을 받은 자니 너희는 그의 말을 들으라!(누가복음 9:28-35)' 베드로는 이러한 직접 경험을 증거한다(베드로후서 1:16-18). 그러나 예수님은 그들과 함께 산에서 내려올 때 명령하신다. '인자가 죽은 자 가운데서 살아나기 전에는 본 것을 아무에게도 이르지 말라'고 하셨다(마태복음 17:9).

* 수동적인 정화에서 가장 중요한 역할을 하는 '버림받은 느낌'은 무엇인가?

상실감의 고통은 견딜 수 없기 때문에 몸부치게 된다. 왜? 내가 하나님으로부터 버림받았는지 곰곰히 생각해 보게 된다. 결국은 **'죄 때문'**이라는 생각이 든다. 그러면 '어떻게 해야 다시 하나님과 함께 할 때의 기쁨을 회복할 수 있는가?'라고 질문하게 된다. 그 대답은 '죄로부터 떠나야' 한다는 것이다. 이 순간부터 '행위의 죄'는 물론 '생각 속에서'도 하나님의 뜻과 어긋나는 것을 철저하게 버리려고 노력하게 된다. **하한선(Bottom line)으로 내려갈수록** 버림받은 느낌과 죄를 버리려는 노력의 정도가 커진다. 하강점에 떨어지면 '영원히' 하나님으로부터 버림받았다는 느낌, 영원히 이런 고통에 시달리는, 지옥의 고통을 맛보는 것이다. '울며 이를 가는 고통(누가복음 13:28)'처럼 정신력의 한계선까지 치닫는다. '이제 두 번 다시는 그 고통에 또 떨어지지 않겠다'는 생각뿐이다.

하한선에 떨어졌을 때 죄를 뽑아 버리려는 필사적인 노력은 어떻게 표현할 수 있을까? **수영**을 전혀 하지 못하는 상태에서 물에 던져졌을 때와 같은 느낌과 비슷하다. 본능적으로 온 힘을 다해 살려고 발버둥 친다. 이 사람에게는 어떻게 해서든지 살려는 생각뿐이다. 다른 생각은 할 수 없다. 또 하나는 **고공공포증**(fear of heights)이 있는 사람이 줄타기 하는 것과 같다. 한 번도 줄타기를 해본 적이 없는 사람이 큰 계곡을 건너가는 것이다. 한복판에 매달려 있는 상태가 된 것이다. 이 사람도 살아남기 위하여 사력을 다해 외줄을 타야한다.

하한선(⬇️)에 떨어졌을 때 **'행위의 죄'** 뿐만 아니라 **'생각과 마음의 죄'**까지 씻어 내려고 온 힘을 다해 발버둥 친다. 그때 한 가닥의 빛이 비쳐온다. '죄 때문에 버림받았기 때문에 죄를 떠나면 다시 살길이 있을 것이다!' 라는 실낱같은 느낌이다. 이것은 물에 빠진 사람이 육지를 바라보면서 '저 육지에 도착하면 살 수 있다!'는 느낌이다. 벼랑을 가로지르는 외줄에 매달린 사람이 '저 벼랑 끝까지 나가면 살 수 있다!'는 느낌과 같다. 그 순간 다시 상승점(⬆)으로 회복되면서 기쁨 속에 잠기게 된다.

> *** 올라감(⬆상승), 내려감(⬇하강), 나아감(➡전진), 물러감(⬅후퇴)을 계속 반복하게 된다.**

하지만 **하한선에서의 고통이 더 커진다.** 처음에는 육지에서 얼마 떨어지지 않은 바다에 던져졌던 것이었다. 그런데 점점 더 먼 곳에 던져진다. 나중에는 상어, 악마 떼들이 달려드는 바다에 던져진 것처럼 느껴진다. 줄에서 겨우 매달려 있기도 힘이 드는데 **'줄을 마구 흔드는 것처럼'** 바뀌어 간다. 죄성의 정화는 이런 내면의 고통 속에서 일어난다. 투병, 사업 실패, 가정 문제, 사고 등의 현실적인 문제 속에서 이런 정화가 진행될 수도 있다. **죄성의 뿌리를 뽑는 일**은 타력 즉 **성령님의 도우심**으로만 가능한다. 그러나 성령님의 도우심은 **인간의 노력**을 최대한 발휘하도록 하신다.

* 수동적인 정화에서 하나님이 부정되는 가장 고통스러운 경험은 무엇인가?

회심한 이후 '하나님이 계심'과 '예수님의 대속하심'이 의심되지 않는다. '은혜가 넘치는 때'가 있다. 하나님께서 함께 계신 것처럼 느껴져 감사와 찬양이 넘친다. 성경 말씀이 꿀과 송이 꿀보다 더 달게 느껴 진다(시편19:10). 예배 시간이 기다려지고, 기도 시간이 너무 짧게 느껴진다. 이것은 **상한선 방향으로 올라가 있을 때** 은혜가 충만한 시간이다. 그런데 늘 그러면 좋은데…그게 아니다.

 그러나 **하한선으로 내려가 있을 때**에는 그 반대의 상태가 나타난다. 영적인 성장은 올라감과 내려감, 나아감과 물러감을 반복하며 이루어지는 것이다. 하한선으로 내려가 있을 때는 어떤 느낌이 되는가? 어느 순간 하나님이 떠나신 것 같다. 버림받은 것 같다. 교회에 가기 싫고 예배 시간이 지루하다. 성경을 펼치기만 하면 졸린다. 기도를 아무리 하려고 해도 몇 분을 견디기가 힘들어진다. 지난 수십 년 동안 믿어온 것들이 잘못된 것처럼 느껴진다. 예수님이 나를 위해 대신 고난 받으셨다는 것이 거짓말 같다.

이런 현상은 무엇이며 어떻게 해야 하는가?

 이런 현상은 회심한 이후 내 안에 계시던 성령님께서 잠시 '성령님의 역할'을 멈추실 때 나타난다. 이 과정을 통해서 뼈져리게 깨닫는 것은 '하나님의 존재하심'과 '예수님이 구세주 되심'을 믿는 것이 **내 힘으로는 불가능**하다는 것이다. **오직** 내 안에 계시는 **성령님의 도우심으로만 가능**하는 것을 배우게 된다.

 이런 과정은 쉼과 **훈련**의 기간을 말한다. 기도가 잘 되는 시간은 휴식 시간이다. 기도가 전혀 되지 않는 시간은 훈련과 공부 시간이다. 기도가 집중이 잘되고 기쁨이 넘치는 시간은 무엇인가? 이것은 마치 죄를 정화하는 힘든 노동을 하다가 잠시 쉬는 기간이다. 반면에 아무리 기도를 하려고 하여도 힘들 때는 영적 훈련의 기간, 즉 죄성을 정화시키는 시간이다. 기도가 잘되면 '오늘 기도를 좀 했다'라고 만족한다. 그러나 기도가 도무지 되지 않으면 '오늘은 기도를 하지 못했다'고 생각한다.

휴식 시간과 훈련, 공부 시간 중 어느 시간이 더 중요한가? 철모르는 아이는 놀이 시간만 좋아한다. 그러나 힘든 공부, 훈련 시간을 싫어한다. 은혜로운 시간만 추구하고, '지루한 기도 시간은 도저히 못 견디겠다'고 느끼고 있다면 아직 젖먹이에 불과하다. 도무지 기도가 되지 않는 시간에 묵묵히 앉아서 기도하고 있다면 철이 든 것이다. 힘들고 어렵더라도 참고 열심히 공부해야 지식이 늘어나고 성장하게 된다(참조: 길동무, 『제3부 비움의 길』, pp. 180-186).

6장

성경 묵상을 위해 마음(♥)을 표현하는 그림과 기호와 칼럼
Expressing one's Bible meditation
through symbols & drawing

1. 주님과 나의 관계
My relationship with God

 주가 내 안에

 내가 주안에

 십자가 앞에서

 믿음으로 항해하라 요청하시는 예수님

 하나님의 사랑 이야기(God's love story)

 성전에 임재하신 하나님

 용서하시는 하나님

2. 예수님의 보혈이 흐르는 갈보리 산을 탐험하기
Exploring Calvary where Jesus' blood flows

 죽임당한 어린 양

 마음(♥)의 깃발 예수 그리스도

 예수 보혈의 능력

 치유 받은 병자들

3. 하나님의 마음
God's heart

 마음(♥)이 성령님으로 인해 불타오름

 성자 예수님을 '십자가에서 죽도록 내어 놓으신 성부 하나님'의 마음을 생각하며 감사하기.

독생자를 대속의 제물로 내어놓으신 하나님을 생각한다. '하늘이 땅을 덮듯이' 모든 탕자들을 받아준 '**하나님** 아버지 마음'을 생각하며 나를 괴롭히는 사람을 위해 기도하고 사랑하기.

 겸손하게 자신을 비우고 비하하신 예수님을 찬양하기.
끝없이 높아지려고 하는 사탄과 비교하며 십자가로 승리하신 예수님을 본받기.

제자들의 발을 씻기신 예수님을 본받아 발 씻기기, 화장실과 주방, 창고와 쓰레기장 청소하기.

 예수 죽음 내 죽음! 예수 부활 내 부활!
'나사로야 나오라!'는 예수님의 명령을 따라 나사로가 무덤에서 걸어 나오듯이… 나를 둘러 싸고 있는 온갖 의심과 두려움의 돌을 거두어주시도록 기도한 후 조용히 기다리기.

 피 흘리며 십자가를 지고가는 예수님을 찬양합니다.
'…붉은 옷을 입고 보스라에서 오는 이 누구냐? 그의 화려한 의복 큰 능력으로 걷는 이가 누구냐? 그는 나이니 공의를 말하는 이요 구원하는 능력을 가진 이니라. 어찌하여 네 의복이 붉으며 네 옷이 포도즙틀을 밟는 자 같으냐?(이사야 63:1-2)'

뜨거운 여름 산을 개간하고 농사하는 일에 지친 가족들과 일꾼들을 먹이려고 식사를 준비하는 아내와 어머니를 바라본다. 무더운 복날 얼굴과 온 몸에 비지땀을 흘린다. 가스와 기름을 쓰는 화덕이 아니다. 가마솥을 걸어두고 장작불을 지펴 국을 끓인다. 이제 속옷은 물론 겉옷까지 온통 땀으로 목욕한것처럼 척척하다. 예수님이 채찍에 맞아 온 몸에서 피가 흘러나온다. 십자가를 지고 넘어지니 피가 더 많이 흘러나온다. 가시관을 머리에 씌워 놓았다. 쓰러질 때마다 가시가 머리에 더 깊게 박힌다. 얼굴을 알아볼 수 없도록 피가 흐른다. **눈속으로 들어오는 피 때문에 제대로 볼 수 없는 바로 그 때, 예수님은 나를 바라보고 있었다.** 여름 태양 보다 더 뜨거운 예수 그리스도의 사랑이 쏟아지는 대낮이다. 생명의 임금 예수님! 제가 그 보답으로 할 수 있는 것은 무엇입니까?

(Clarence Enzler, 『Everyman's Way of The Cross』, pp. 7-12).

 하나님의 열심

 하나님의 보좌에서 흐르는 사랑의 불

4. 믿음과 기도
Faith and prayer

 중보 기도자 & 기도 파수꾼

적의 공격과 전쟁

  성령님의 임재와 기름부음을 간절하게 사모하기. 예수님의 옷자락을 만진 사람처럼 '죽임 당한 예수님 앞에' 납작 엎드려 긍휼과 은혜 구하기. 내 영혼의 암과 질병을 치유해 주시도록 간절히 기도하기.

 " " 기도가 막히지 않도록 용서를 구하고, 용서하고 화해하기

 고통과 문제가 생길 때마다 먼저 하나님에게 달려가기

'여호와의 이름은 견고한 망대라 의인은 그리로 달려가서 안전함을 얻는다. The name of the LORD is a strong tower, the righteous run to it and are safe(잠언 18:10).' 어려움과 문제가 생길 때 어떻게 하는가? 친구와 이웃과 가족을 찾기 전에 먼저 하나님의 이름을 부르며 '하나님 품으로' 달려가 부르짖는다. 그 때마다 어떻게 그 문제를 풀어 갈 수 있는 지혜를 주신다.

 마음(♥) 사다리, 계단을 하나씩 올라가 하나님에게 나가기

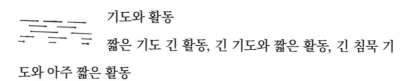 기도와 활동

짧은 기도 긴 활동, 긴 기도와 짧은 활동, 긴 침묵 기

도와 아주 짧은 활동

 일방 통행(one way)길 분별하기

 마음 눈에 '예수 안경' 쓰기

 마음 속에 작은 촛불 켜기

 마음 속에 깔때기를 만들어 하나님 앞에서 기도하며 기

다리기

하나님의 기름부음과 영감을 받아 마음 창고의 드럼통

에 차곡 차곡 채워 두기

 침묵 찬양과 함께 종 소리를 듣고 침묵으로 기도하기

마음(♥) 속에 조그만 책상 들여 놓기. 하나님과 독대하기. 하나님의 인도를 적어보기.

 성경을 읽고 묵상하고 기도한다. 일과 일을 펼쳐 놓고 노트에 적는다.

마음(♥)이 어떻게 반응하는지 적어보기, 마음의 소리, 마음의 여행을 노트에 기록하기

 하나님이 주신 첫 사랑 회복하기. 잃어버린 손도끼 찾기.

 식어버린 사명, 은혜, 은사를 찾아 계속 걸어가기

마음이 뒤죽 박죽이 되어 복잡해져 있을 때 만능 열쇠(🔑)를 갖고 계신 예수님에게 전화하기

  얍복 강가에서 씨름한 야곱처럼 '삶의 전환점'을 받도록 씨름하기

 하나님 말씀이 응할 때까지 인내하며 기다리기.

요셉이 애굽으로 팔려가 온갖 수모를 당하고 억울하게 투옥되었다. 그러나 끝까지 하나님을 바라보며 인내하였다.

 내 눈을 열어 주소서! 내 입을 열어 주소서! 하나님이

나귀의 입을 열어 '돈에 눈먼 발람'을 깨우쳤다(민수기 22:21-35). 나귀는 '하나님의 천사가 칼을 빼들고 길에 서 있는 것'을 보았다. 나의 관심사는 무엇인가? 나는 무엇을 위해 살고 있는가? 내 기도 제목들은 대부분 무엇인가?

나를 향한 하나님의 계획과 뜻을 깨닫지 못하는 '심각한 영적 시력( )'을 교정하기

내 눈이 어둡지 않은가? 내 눈이 캄캄하여 시각장애를 갖고 있는데 어떻게 다른 사람을 인도 할 수 있겠는가? 현실은 파악하지만 '하나님의 계획'과 큰 그림을 알지 못하는 자가 아닌가? 말은 그럴듯 하지만 '성령의 능력'과 기도가 없는 **'종이 호랑이'**는 아닌가? 12명의 정탐꾼 중에 오직 2명만 하나님의 계획과 역사를 바라보았다(민수기 13:1-38).

하나님의 집에서 눈물로 기도하는 어머니 찾기.

요게벳, 한나와 에스더처럼 민족의 아픔과 가족과 이웃과 영적 전쟁을 위한 기도 어머니들을 이 시대가 찾고 있다.

얼마나 자주 '흠뻑 적시는 기도(soaking prayer)'를 하고 있는가?

하나님은 외모를 보시지 않고 그 사람의 마음 중심(inner-being)을 보신다. 함께 모여 예배 드리며 서로 죄를 고백하고 기도하는 시간 갖기(야고보서 5:13-18, 요한일서 2:22).

영적 전쟁(spiritual warfare)의 무기와 승리의 비결 배우기

다윗과 골리앗의 싸움(사무엘상17:1-54), 광야에서 예수님과 사탄의 싸움(마태복음 4:1-11)에서 무엇을 배우는가? 바울이 강조하는 영적 무장(에베소서 6:10-20)은 무엇인가?

 ### 여호수아 기도(prayer of Joshua) 배우기(여호수아 10:6-14)

여호수아는 모든 군사와 더불어 전쟁터에 나갔을 때 하나님의 격려와 지원을(여호수아 10:8) 받았다. 여호수아와 그 군대는 밤새도록 적군이 있는 곳에 올라가 적을 급습했다. 적들은 대패하여 도주하고 있을 때 하나님은 큰 우박을 내려 승리하게 되었다. 그러나 아직도 남아 있는 적들이 도피하기 시작했다. 날은 어두워지고 있었다. 여호수아는 '더 많고 큰 우박을 내려 달라'고 기도하지 않았다. 도리어 **'태양과 달이 멈추길' 기도**했다. 그 결과 태양이 거의 종일토록 중천에 정지해 있었다. **나의 무기는 무엇인가?** 나는 어떻게 세상과 더불어 사는가? 매일 부딪치는 문제와 골리앗은 무엇인가?

 ### '너희는 언제까지 둘 사이에서 머뭇거리겠느냐?' 여호와 하나님인가? 바알인가?

"여호와여 응답하소서!(열왕기상 18:1-40)"라고 기도했던 엘리야가 필요하다.

치열한 영적 전쟁터에서 백성들의 결단을 촉구하는 하나님의 사람은 누군가?

 갑절의 영감을 주소서! Let me inherit a double por tion of your spirit!(열왕기하 2:9)라고 엘리사는 엘리야가 승천하기 전에 요청했다. 선구자들의 믿음과 용기가 필요하다.

 기도를 응답 받은 후 누구를 자랑하는가?
히스기야 왕은 병들어 죽게 되었다. 하나님은 이사야 선지자를 보냈다. 살 수가 없으니 '집을 정리하라'고 선포했다. 그러나 히스기야는 모든 일을 중단하고 통곡하며 하나님에게 기도했다. 하나님은 히스기야의 눈물과 기도에 응답했다. 병도 낫게 될 뿐만 아니라 침략군 앗수르왕의 손에서 건져 주겠다고 응답했다. 기도 응답의 표적으로 히스기야 왕에게 하나님은 해 그림자를 십도 물러가게 했다. 히스기야 왕이 병이 들었다는 소식이 이웃 나라에 알려졌다. 바벨론 왕의 사신들이 왕의 친필과 예물을 가지고 방문했다.

그러나 히스기야 왕은 자신의 기도에 응답하신 하나님을 높이지 않았다. 그 대신 왕궁 보물 창고와 무기 창고를 보여주며 자신의 치적과 권세를 자랑했다. 결국 그가 자랑한 모든 보물을 바벨론에 탈취 당했다. 또한 포로에 끌려간 자신의 아들은 바벨론 왕의 환관이 되었다. 죽을 병에서 해방되었다. 어려운 문제가 해결되었다. 모험에서 벗어났다. 나는 어떻게 해야 할까?

예루살렘 성벽들이 무너지고 성문들이 불탄 것을 듣고 통곡하고 금식하며 기도한 느헤미야(Nehemiah)

기도 응답으로 왕의 지원과 여러 총독들에게 보내는 왕의 조서를 받았다. 느헤미야는 예루살렘에 돌아와 제사장들과 백성들과 함께 성벽을 재건했다(느헤미야 1:1-3:32). 다시 원수에게 가족과 자유를 뺏기지 않으려면 무엇을 먼저 해야 하는가? 내 삶에서 가장 먼저 재건해야 할 것은 무엇인가? 우리 가정은 무엇이 무너졌는가? 우리 조국은 무엇을 먼저 회복해야 하는가?

죽으면 죽으리이다. 나도 금식한 후 규례를 어기고 왕에게 나가겠습니다. I will fast as you do. When this is done, I will go to the king, even though, it is against the law. And if I perish, I perish(에스더 4:14-17).

당신이 지금 이곳에 있는 것은 바로 이 때를 위함이 아닌가?(And who knows but that you have come to this position for such a time as this?) 살면서 돌파하기 힘들고 불가능해 보이는 일이 닥쳤을 때 어떻게 하겠는가? 절망하고 걱정하며 한숨만 쉬며 살겠는가? 아니면 '죽으면 죽으리라' 하면서 금식하며 하나님의 지혜를 구하고 영적 전투를 하겠는가? 절망하지 말자. 죽고 사는 것은 오직 하나님에게 달려 있다(사무엘상 2:6-10). **부림절(Purim)의 주인공은 하나님이다.** 슬픔과 애통이 변하여 기쁨과 춤이 되었다. 죽음의 날이 보복의 날이 되었다. 공포가 변하여 웃음이 되었다. 해마다 반복되는 결혼 기념일, 생일, 안수받은 기념일, 교회 창립 기념일, 선교회(공동체) 설립일 등이 있다. 가족과 이웃과 나그네들을 초청하여 예배 드리고 음식을 나누고 '첫 사랑의 발걸음과 추억'을 함께 나누며 감사한다. 병든 사람들을 찾아 음식과 필요한 것을 선물하며 '봄, 여름, 가을과 겨울에도 기뻐할 수 있는 새로운 절기'를 만들어 보자.

 양손을 가슴에 넣고 간절히 기도하기. '내 몸과 영혼을 새롭게 하소서!', '하나님의 제단에 올려진 제물되게 하소서!'

기도가 깊어지려면 매일의 삶이 하나님께서 받으실만한 삶이 되어야 한다. 삶이 뒷받침되지 않으면 기도가 깊어질 수 없다. 매순간의 삶이 하나님 앞에서 부끄럽지 않게 살아야 한다. 내주하시는 성령님의 인도하심을 받는 생활을 해야 한다. 그러면 삶을 '성찰'하면서 '회개'하며 기도할 수 있다. 인격은 기도할 때 변화된다. 아무리 노력해도 고칠 수 없는 악습은 기도 시간에 철저히 회개하고 뉘우쳐야 한다. 그러면 하나님께서 새로운 마음과 힘을 주셔서 극복하게 하신다.

 하나님에게 편지를 보내고 자주 이메일(?)을 보내보세요.

'지극히 존귀하며 영원히 거하시며 거룩하다 이름하는 이가 이와 같이 말씀하시되, 내가 높고 거룩한 곳에 있으며 또한 통회하고 겸손한 자와 함께 있나니. 이는 겸손한 자의 영을 소생시키며 통회하는 자의 마음을 소생시키려 함이라. For this is what the high and lofty One says, He who lives forever, whose name is holy: I live in a high and holy place, but also with him who is contrite and lowly in spirit, to revive the spirit of the lowly and to revive the heart of the contrite(이사야 57:15).'

하나님의 주소를 알고 있는가? 하나님의 이메일은 무엇인가? 이 주소를 검색하면 연결될까? JesusChrist@cross.com인가(?) 하나님의 집을 자주 방문하여 상담을 받으세요. 응급한 것은 전화와 이메일도 가능한가? 24시간 연중무휴다. 지구촌 어느 곳에서도 가능하고 이용료는 무료(?)다.

하나님에게 부치지 못할 편지는 없다. 하나님은 언제나 어디서나 응답한다. **그러나 명심해야 한다!** 하나님은 당신의 전화와 편지에 답장을 보낸 후(?) '당신이 자세히 읽고 속히 답장하길 기다리고 있다'는 것(?)이다!

기도 파수꾼(prayer watchman)을 소집하여 함께 기도한다.

'예루살렘이여 내가 너의 성벽 위에 파수꾼을 세우고 그들로 하여금 계속 잠잠하지 않게 하였느니라. 너희 여호와로 기억하시게 하는 자들아 너희는 쉬지 말며 또 여호와께서 예루살렘을 세워 세상에서 찬송을 받기까지 그로 쉬지 못하시게 하라(이사야 62:6-7).' 사람들이 절망하여 하루에 5명씩 자살하고 있다. 일년에 한 도시 인구의 사람들이 쓰러지고 있다. 많은 사람들이 예수 그리스도의 복음을 모른 채 죽어가고 있는데 '어떻게 잠들어 있는가?' 또한 하나님의 사랑을 맛본 후에 '세상 쾌락에 빠져 방황하는 자들'이 있는데

'왜 기도하지 않는가?' 기도의 사람, 말씀의 사람, 찬양의 사람, 예수 사랑을 실천하는 사람, 영적 전쟁의 용사들이 필요한 시대다. 우리 가정이 기도 불침번으로 서있자! 우리 교회와 공동체와 선교회가 보초가 되자. 당신이 바로 이 시대의 기도 파수꾼이다! 일어나라! 복음의 나팔을 들고 힘차게 외치자!

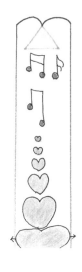

주님이 일하신다! 주님을 통해 일한다!
주님을 통해 나간다!

주님으로 만족한다! 주님께서 계속 일하신다!
주님을 찬양합니다!

주님으로 충분합니다! 주님에게 달려갑니다!
주님만 사랑합니다!

5. 찬양과 감사
Praise and thanksgiving

내 영혼아 여호와를 송축하라! 내 속에 있는 것들아 다 그의 거룩한 이름을 송축하라!

Praise the LORD, O my soul; all my inmost being, praise His holy name(시편 103:1).

하나님은 동이 서에서 먼 것 같이 우리의 죄를 우리에게서 멀리 옮기셨다.

하나님은 아버지가 자식을 불쌍히 여김 같이 하나님을 바라는 자들을 불쌍히 여긴다.

하나님의 인자하심이 영원부터 영원까지 이르니 감사하고 감사하자!

 찬양의 기쁨

 호흡이 있는 자마다 여호와를 찬양하라(시편 150:6)

 마음 속에서 기쁘게 찬양(♪♪)하는 새처럼

 성령님의 감동에 따라 함께 춤 추기.
마음 속에 임재하시는 성령님의 감동에 감사하며 천천히 춤추기. 자신의 리듬, 스텝보다 성령님의 인도를 따른다.

 마음 속에 들려오는 멜로디와 가사를 받아 적고 함께 나누어 보기.

바람 부는 언덕에서 나뭇잎(🍃)과 꽃들(🌸)과 흘러가는 구름( )이 부르는 노래(🎵)를 들어보기

 내 영혼아 여호와를 송축하라! 내 속에 있는 것들아 다 그의 이름을 송축하라!(시편 103:1-22)

마음(♥) 제단에 자신을 드리기. 아브라함과 이삭처럼 자신을 번제물(burnt offering)로 드리기.

성부 하나님이 예수 그리스도를 속죄 제물로 보내신 사랑과 은혜를 감사하기. 찬양을 드리며 엎드려 기도하고 예배 드리기.

 회막 앞에서 찬송하는 사람들. ministering with music before the tabernacle(역대상 6:31-49, 역대상 25:1- 31).

다윗은 레위 지파 가운데 아삽(Asaph), 헤만(Herman), 여두둔(Jeduthun)의 자손들을 성전이 완성될 때까지 회막 앞에서 찬송하도록 요청했다. 비록 투박하고 서툴러 보이지만 '새 찬송'의 기사와 곡을 만들어본다. 또는 이미 부르고 있는 찬송과 복음송에 또 새로운 절을 추가하여 불러 볼 수 있다. 율동을 만들어 어린이처럼 '깡충 깡충 뛰면서' 하나님을 웃겨 드리면 어떨까?

적군이 연합하여 침략할 때 '기도하고 찬양대를 앞세워' 행진하는 여호사밧 왕과 백성들(역대하20:1-30).

모압(Moabites), 암몬(Ammonites), 마온(Meunites) 사람들이 연합하여 여호사밧 왕 때에 유다를 침략했다. 여호사밧 왕은 백성들에게 금식을 선포하고 하나님께 얼굴을 들고 간절히 기도한다. '우리를 치러 오는 이 큰 무리를 대적할 능력이 없습니다. 어떻게 할 줄도 알지 못합니다. 오직 주만 바라봅니다. ...We do not know what to do, but our eyes are upon you(역대하 20:12).'

그리고 그 다음 날 아침 일찍, 왕은 백성 들과 의논하고 노래하는 자들을 택하고 예복을 입고 **군대 앞에서 찬양(♪♪)한다. '여호와께 감사하세! 그의 인자하심이 영원하도다!** Give thanks to the Lord, for His love endures forever!(역대하 20:21)' 그러자 하나님은 복병을 두어 적군들이 서로 싸워 모두 멸망케 했다. 여호사밧 왕과 백성들이 남긴 물건을 가져왔는데 너무 많아 사흘 동안 거두었다. 그리하여 그곳 골짜기를 '브라가 골짜기(Valley of Beracah)'라고 부르며 하나님을 찬송했다. 긴박한 상황 속에서도 하나님을 믿고 찬양한 것이 큰 기적이다. 적군을 물리치고 사흘간 노략한 것도 기적이지만 더 큰 기적은 적군 앞에서 하나님을 찬양한 것이다. 나는 지금 무슨 기적을 바라는가?

 우리를 업고 가는 하나님을 찬양합니다.
'야곱의 집이여 이스라엘 집에 남은 모든 자여 내게 들을지어다. 배에서 태어남으로부터 내게 안겼고 태에서 남으로부터 내게 업힌 너희여! 너희가 노년에 이르기까지 내가 그리하겠고 백발이 되기까지 내가 너희를 품을 것이라. 내가 지었은즉 내가 업을 것이요 내가 품고 구하여 내리라(이사야 46:3-4).'

나는 너를 항상 '업으바!' 해주겠다. 네가 함께할 사람이 없어 외로울 때, 재정 부족으로 고통할 때가 있을 것이다. 그러나 항상 나에게 달려오길 바란다. '아빠! 지금 힘들어요! 도와주세요!'라고 외치면 나는 달려가겠다. 아가야! 하늘 아빠는 너희의 눈물을 닦아주고 돕는 것이 기쁨이란다. 힘들고 슬플 때 아빠 품에 얼굴을 묻고 실컷 울어도 된다. 장하다! 아빠는 힘들어도 끝까지 달려가는 네가 자랑스럽다. 아빠가 사탄에게 욥을 자랑한 것을 기억하고 있겠지? 나도 네가 나의 아들과 딸이 되어 기쁘다. 우리 서로 손뼉을 맞추어 보자. 하이파이브를 해보자. 화이팅! 화이팅! 함께 화이팅하자!

오 놀라운 주 예수 그리스도시여! 하나님의 어린 양을 영원까지 찬양합니다!

'우리가 전한 것을 누가 믿었느냐? 여호와의 팔이 누구에게 나타났느냐? 그는 주 앞에서 자라나기를 연한 순 같고 마른 땅에서 나온 뿌리 같아서 고운 모양도 없고 풍채도 없은즉 우리가 보기에 흠모할 만한 아름다움이 없도다. 그는 멸시를 받아 사람들에게 버림받았으며 간고를 많이 겪었으며 질고를 아는 자라. 마치 사람들이 그에게서 얼굴을 가리는 것 같이 멸시를 당하였고 우리도 그를 귀히 여기지 아니하였도다. 그는 실로 우리의 질고를 지고 우리의 슬품을 당하였거늘 우리는 생각하기를 그는 징벌을 받아 하나님께 맞으며 고난을 당한다 하였노라. 그가 찔림은 우리의 허물 때문이요. 그가 상함은 우리의 죄악 때문이라. 그가 징계를 받음으로 우리는 평화를 누리고 그가 채찍에 맞음으로 우리는 나음을 받았도다. 우리는 다 양 같아서 그릇 행하여 각기 제 길로 갔거늘 여호와께서는 우리 모두의 죄악을 그에게 담당시키셨도다!(이사야 53:1-6)'

하나님의 임재를 사모하며 기다리면 어떨까?

'원하건대 주는 하늘을 가르고 강림하시고 주 앞에서 산들이 진동하기를 불이 섶을 사르며 불이 물을 끓임 같게 하사 주의 원수들이 주의 이름을 알게 하시며 이방 나라들로 주 앞에서 떨게 하옵소서! 주께서 강림하사 우리가 생각하지 못한 두려운 일을 행하시던 그 때에 산들이 주 앞에서 진동하였사오니'(이사야 64:1-2). 하나님이 임재하니 산들이 몸을 떨며 진동한다. 하나님이 함께하시니 도저히 돌아오지 않을 것 같은 조부모, 부모, 형제, 회사의 상사들이 변화를 받았다. 그들은 먼저 믿은 자들에게 도전을 주는 놀라운 일이 벌어진다. 환경이 어렵고 재정 문제가 있으나 '하나님이 기뻐하시는 일'이라면 모험을 시작하라. **여름 더위**는 동물과 사람을 불편하게 하지만 과일과 곡식을 익히는 DNA를 강화시켜 겨울을 지낼 수 있는 양식을 제공한다.

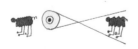

하나님이 창조하실 '새 하늘과 새 땅을 바라보며' 찬양합니다.

'보라! 내가 새 하늘과 새 땅을 창조하나니 이전 것은 기억되거나 마음에 생각나지 아니할 것이라. 너희는 내가 창조하는 것으로 말미암아 영원히 기뻐하며 즐거워할지니라. 보라! 내가 예루살렘을 즐거운 성으로 창조하며 그 백성을 기쁨으로 삼고 내가 예루살렘을 즐거워하며, 나의 백성을 기뻐하리니 우는 소리와 부르짖는 소리가 그 가운데에서 다시는 들리지 아니할 것이며, 거기는 날 수가 많지 못하여 죽는 어린이와 수한이 차지 못한 노인이 다시는 없을 것이라. 곧 백 세에 죽는 자를 젊은이라 하겠고 백 세가 못되어 죽는 자는 저주받은 자이리라…내 백성의 수한이 나무의 수한과 같겠고…그들이 부르기 전에 내가 응답하겠고 그들이 말을 마치기 전에 내가 들을 것이며, 이리와 어린 양이 함께 먹을 것이며 사자가 소처럼 짚을 먹을 것이며 뱀은 흙을 양식으로 삼을 것이니. 나의 성산에는 해함도 없겠고 상함도 없으리라. 여호와께서 말씀하시니라'(이사야 65:17-25).

낙원을 잃어버리고 방황하던 인간에게 새 하늘과 새 땅을 창조해 주실 하나님을 찬양합니다.

하나님 은혜로 '마음(♥)이 새롭게 되어' 하나님을 예배하는 가정이 되었다. 찬양이 울려 퍼지고,

성경 말씀을 나누며, 서로 기도하며 축복하는 가정 천국을 맛보게 되다니! 기쁘고 감사하다.

 내가 태어나기 전에 미리 알고 계시는 하나님의 신비한 계획을 어떻게 찬양해 보았는가?
'내가 너를 모태에 짓기 전에 너를 성별하였고 너

를 여러 나라의 선지자로 세웠노라. Before I formed you in the womb I knew you, before you were born I set you apart; I appointed you as a prophet to the nations(예레미야 1:5).'

신비하고 놀라워라! 하나님이 나를 미리 알고, 내가 누구의 부모를 통해 언제 태어 날 것을 정해 놓았다니! 내가 '하나님의 지극한 관심과 사랑의 대상'이다. 하나님이 나의 참 아버지요 친구이며 구원자다. 그렇다면 내가 할 일은 무엇인가? 자주 내 마음을 쏟아놓고 하나님에게 기도해보자. 오늘부터 하나님이 나에게 어떤 마음을 품고 살기를 원하는지? 하나님의 마음(♥) 속으로 뛰어 들어가보자.

6. 교회와 공동체와 헌신
Church community and devotion

 마음속에 하늘의 보물을 담기, 가족과 친구와 이웃과 후손들에게 전달하기

 마음에 하늘 만나, 하나님 말씀을 담아 놓기, 하늘 만나를 이웃과 나누기

 마음 충전소, 마음에 눈물이 마르고, 기름부음을 사람들이 찾는 충전소

마음의 눈을 열어 선교 현장에서 일하는 선교사를 위해 기도하기.

집안에 우리나라 지도와 세계지도를 벽에 붙여 놓고 선교 일선에서 수고하는 선교사를 위해 기도하고 후원한다. 또는 주기적 (계절별, 1년 1회)으로 선교 현장을 찾아 삶을 나누고 선교사 사모와 자녀들의(missionary kids) 학업을 지원한다.

 마음 속 모래 시계
천천히 호흡하며 '예수 기도' 하기

 마음 저금 & 천국 은행
나그네와 고아, 환난 당한자 돕기

 마음 수리, 마음 수선, 마음 꿰매 주기. 서로 고백하며 성경을 읽고 기도해 주기.

 오직 하나님만 바라보기

 마음 헬멧, 날벼락, 바위, 돌 낙하할 때 보호 장비
갑자기 당하는 교통사고, 질병 통보, 죽음 등의 보호 장비

마음을 치유(healing)하는 병원, 가정, 교회, 공동체

 마음 안테나, 중계소, 발전소

 마음 캠핑: 아침 일찍 출발하여 당일 코스, 1박 2일, 2박 3일, 특별 기도, 묵상, 회개, 쉼, 금식 시간을 갖기

 기도의 동역자와 함께 사역과 선교의 문제를 헤쳐나가기

 마음을 다해 가족을 위해 깜짝 선물하기
함께 웃고, 손뼉치며, 발을 구르며, 춤도 추고, 노래하며 식사하며 추억 만들기

하나님에게 지난날 베풀어주신 은혜를 감사하기 '추억의 박물관'에 들어가 보았는가?

사진첩, 동영상, 슬라이드, CD, 녹음 등을 온 가족이 둘러앉아 차와 다과를 나누며 지나간 삶에서 하나님이 주신 은혜를 감사한다. 또한 지금 진행되고 있는 일들을 변치 않고 축복하심을 모두 감사하며 찬양하고 기도하기 **마음 돌판에 기록하기**. 마음 돌판에 기념이 될 만한

사건, 일을 기록하여 하나님께 감사하기.

예) 예수 내 기쁨, 예수 내 자랑, 예수님 때문에

 지치고 피곤한 사역자, 선교사, 교사, 지도자들을 어떻게 대접하고 격려해 보았는가? 말기암 환우, 재소자, 나그네, 난민, 고아, 정신질환우를 찾아가기.

고통과 마음 아픈 사람들을 찾아가 사랑의 선물을 전하고 복음을 선포한다. 엘리야가 로뎀나무 아래에 머물며 몸과 마음이 지칠 때 천사가 나타나 몸을 어루만지며 음식을 대접했다(열왕기상 19:1-8). **예수님도 부활하신 후** 숯불을 피워놓고 '낙심한 제자들에게 나타나' 생선과 빵을 대접했다(요한복음 21:1-14). 가난과 궁핍은 인간 역사에 계속된다. 예수님은 가장 작은자에게 행한 것이 바로 예수님을 대접한 것이라고 했다(마태복음 25:31-46). 유대인들은 자녀들이 돈을 모아 이웃과 필요한 사람들과 나누도록 교육하고 온 가족이 실천한다. 랍비들은 '쩨다카' 의무적인 자선을 유대 사회의 관습과 도덕으로 지키게 했다.

(참조: Rebekah Ulmer and Moses Ulmer, 『Habuta & Tzedakah』, pp. 5-11)

 마음을 모아 하나님을 웃겨드리고 노인 요양원을 방문하기.

외발 자전거를 타고 '까꿍! 까꿍!' 하면서 웃겨 드리기. 삐에로 복장을 하고 기쁘게 찬양하면서 '누구게요?' 하면서 노인들에게 애교부리

기. 온갖 치장을 하고 앞으로 뒤로 몸을 구르고 재주 넘으며 '성부 하나님께 감사!', '성자 예수님께 감사!', '성령 하나님께 감사!'라고 외치며 예배 드리며 노인들을 웃겨 드리고 복음 전하기

 ## 옛적 믿음의 개척자들의 길을 따라 계속 걸어가기

마음 속이 온통 캄캄하여 칠흑 같을 때가 있을 때라도 '밤 하늘에 반짝거리는 별'을 바라본다. 우리보다 더 힘들고 어려운 시대이지만 믿음으로 걸어간 용사들을 본받아 '새롭게 개척'하기.

'…보라! 그 귀가 할례를 받지 못하였으므로 듣지 못하도다…이는 그들이 가장 작은자로부터 큰자까지 다 탐욕을 부리며 선지자로부터 제사장까지 다 거짓을 행함이라. 그들이 내 백성의 상처를 가볍게 여기면서 말하기를 평강하다 평강하다 하나 평강이 없도다. 그들이 가증한 일을 행할 때에 부끄러워하였느냐? 아니다. 조금도 부끄러워하지 않을 뿐 아니라 얼굴도 붉어지지 않았는지라…여호께서 이와 같이 말씀하시되, 너희는 길에 서서 보며 옛적 선한 길이 어디인지 알아보고 그리로 가라! 너희 심령이 평강을 얻으리라(예레미야 6:10-16).' 귀에 필터를 두어 듣는 것을 걸러내야 한다. 그렇지 않으면 욕심에 이끌려 마음이 더러워진다. 양심과 영혼을 흔들어 깨우는 소리를 듣고 정직하게 반응하지 못하는 것은 '귀가 할례를 받지' 못하였기 때문이다. 죄를 지을 때 감추고 싶어 주위를 두리번거린다. 그러나 한 번 두 번 계속하여 다른 사람들도 똑같은 죄를 짓는 것을 보게 된다. 이젠 양심도 무디어져 얼굴도 붉어지지 않고 뻔뻔해진다. 죄를 짓는 집단

이 불어나 사회 전체에 질병이 퍼졌다. 그러나 옛적 선한 길을 걸어간 사람들은 그 반대로 살았다. 이제 우리가 선택해야 한다.

문제와 어려움이 있지만 '하나님을 바라보며' 요단강에 들어선 제사장처럼 행동하기.

하나님이 성경 말씀을 통해 약속한 것을 신뢰하여 '문제와 어려움'을 뛰어 넘어 전진하기.

하나님 말씀으로 만나는 사람들을 축복하고 기도하기(창세기 47:7-10)

야곱이 바로에게 섰을 때 축복한 것처럼 성경 말씀을 나누고 축복하기.

자녀 문제로 고통하는 어머니들이 함께 모여 요게벳처럼 기도하기(출애굽기 2:1-10).

함께 모여 전능하신 하나님을 한 시간 동안 계속 찬양하며 온 마음으로 뜨겁게 예배하기.

하나님은 홍해를 가르시고, 반석에서 물이 솟게 하시며, 만나를 내려주시고, 요단강을 말리시며, 여리고 성을 무너뜨리시고, 온갖 질병을 고쳐주셨다. 애굽과 바벨론에서 하나님의 백성을 해방시켜 주셨다. 독생자 예수 그리스도를 보내주셨다. 십자가 보혈과 부활로 새 생명을 주셨다. 영원한 소망을 주신 하나님을 마음()을 다해 찬양한다!

마음 속에서 화산이 폭발하고 지진이 일어난 것처럼 느껴질 때가 있다. 내 존재의 근본을 흔들어 '하나님의 사랑'과 내 존재의 연약함이 동시에 깨달아질 때가 있다. '오 하나님 사랑의 신비!'라고 외치며, 날 구원해 주신 예수그리스도를 향해 뜨거운 눈물로 감사하며 예배하기. **요한계시록 5:11-14을 큰 소리로 낭독해보기.**

'예수 그리스도의 제자'와 '영적 용사'를 세우고 훈련하는 가정과 교회와 공동체 세우기.

십 부장-오십 부장-백 부장-천 부장을 세운다. 처음에는 12명, 나중에는 70명의 복음의 용사와 전사를 일으키고 세운다. 생명 역사가 계속 전진하도록 '훈련장과 공동체'를 세운다. 브나야(Benaiah)는 겨울에 눈이 올 때 구덩이 빠졌다. 그 구덩이에는 사자가 있었다.

그러나 브나야는 사자를 물리쳤다. 브나야 같은 용사(사무엘하 23:20-23)가 필요하다.

'예수님에게 달려 가십시오! Go to Jesus Christ!'

하나님은 이스라엘 백성에게 도피성(refuge)을 마련하도록 명령했다(민수기 35:1-34, 신명기 19:1-13, 여호수아 20:1-9). 각종 중독에 빠져 고통받는 사람들을 위한 센터 세우기.

요단강, 문제 돌파하기. crossing the Jordan River.

요단강은 세 번 끊어진 적이 있다. 여호수아 때에 제사장들이 법궤를 메고 요단 강에 들어섰을 때(여호수아 3:7- 4:24) 흐르던 물이 끊어져 백성들이 건너갔다. 엘리야와 엘리사가 함께 건넌 후(열왕기하 2:8-9) 또 엘리야가 승천 한 후에 엘리사는 혼자 건넜다(열왕기하 2:13-14). 옛사람을 버리고 새사람으로 위의 것을 생각하고 땅의 것을 생각하지 않도록(골로새서 3:1-11) 연습.

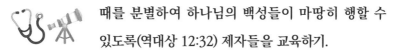 **때를 분별하여 하나님의 백성들이 마땅히 행할 수 있도록(역대상 12:32) 제자들을 교육하기.**

잇사갈(Issachar) 지파의 지도자처럼 우리 교회와 공동체에 이러한 지도자들이 세워지도록 재정을 투자하고 교육하자.

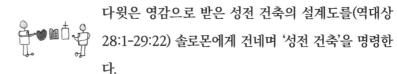 **다윗은 영감으로 받은 성전 건축의 설계도를(역대상 28:1-29:22) 솔로몬에게 건네며 '성전 건축'을 명령한다.**

하나님은 다윗에게 '성전 건축 설계도'를 주었다(역대상28:19). 성전, 성전 뜰, 사면의 모든 방과 성전 곳간과 성물 곳간의 설계도다. 제사장과 레위인의 반열과 성전에서 섬기는 일과 성전을 섬기는 데에 쓰는 모든 그릇의 양식과 재료와 무게를 솔로몬에게 자세히 설명한다. '나는 궁전 같은 집에 살고 있는데 하나님의 법궤는 천막에 있습니다.', '내 마음(♥)이 쇠약하기까지 하나님의 궁전을 사모합니다.', '내가 지금까지 준비한 예물을 기쁘게 받아 주십시오.' 내가 유산을

바쳐 세워야 할 공동체는 무엇인가?

 여호와의 영광이 가득찬 성전(역대하 5:11-14)을 본다.
솔로몬이 여호와의 언약궤를 시온에서부터 성전 지성소의 그룹 날개 아래로 옮겼다. 제사장들은 정결하게 하고 성소에 있다 나온다. 노래하는 레위인들, 아삽(Asaph), 헤만(Herman), 여두둔(Jeduthun)과 그의 아들들과 형제들이 세마포 옷을 입고 제금, 수금을 잡았다. 나팔 부는 제사장1 20명과 노래하는 자들도 일제히 소리를 내 여호와 하나님을 찬송하며 감사한다. '선하시도다! 그의 인자하심이 영원히 있도다! He is good; His love endures forever!' 이때 여호와의 영광의 구름이 성전에 가득했다. 시간을 내어 하나님을 찬송하고 또 쉬고 난후 또 찬송하면서 하루를 보내보자. **하나님을 찬양하는 바다에 풍덩 빠져보자.** 그런 다음 마음 속에서 번져오는 기쁨을 함께 나누자!

 보라! 형제가 연합하여 동거함이 어찌 그리 선하고 아름다운고! How good and pleasant it is when brothers live together in unity!(시편133:1-3).
공동체(community)를 세워 함께 살고 싶다. 함께 살려면 많은 훈련과 인내와 기도와 분별이 필요하다. 두 세 사람이 모인 곳에 하나님이 함께하시는 임재와 임마누엘을 경험할 수 있다. 문제와 갈등을 해결하고 서로 개성을 존중하면서 함께 사는 것은 어려운 일이다. 그러나 공동체 생활은 수 천권의 책을 읽는 것보다 더 많은 것을 배우게 한다. 공동체 생활은 하나님에게 인정받는 학위(AUG 학위: Approved Unto God)를 받는 것이다. '너는 진리의 말씀을 옳게 분별하며 부끄러울 것이 없는 일꾼으로 인정된 자로 자신을 하나님 앞에 드리기를 힘쓰라(디모데후서 2:15).'

7. 전도와 사랑의 교제
Evangelism and koinonia

 물 한잔 드릴까요? 물 한 잔 주세요!(요한복음 4:1-30).
예수님은 당시 유대인의 문화와 전통을 넘어 사마리아 수가성을 방문했다. 물을 길러온 여인에게 물을 청하여 '자신이 영원한 생수'라고 알려주셨다. 전도할 때 사람들의 갈증에 응답하여 접촉점을 마련한다. 그런 다음 영적인 갈증을 해결해주실 '영원한 생수' 예수 그리스도의 십자가와 부활의 복음을 담대하게 전한다. ▶

 선교 현장, 재난 소식을 교우들과 함께 시청하고 기도하고 후원하기
우리나라와 이웃 나라, 선교지, 세계 여러 나라에서 들려오는 사건, 간증, 보고를 듣고 함께 기도하고 선교 후원하기

 마음을 담아 편지와 시 쓰기
지치고, 고통으로 눈물 흘리는 사람들에게 과일과 응원

글 전하기

마음 속에 줄자를 가지고 있지 않기

이것 저것 따지고, 너무 많이 생각하고 판단하지 말고,
단순하게 그저 사랑하기

**내 몸의 마음의 오감을 '어린 양 예수 그리스도의 보혈'
로 물들이소서.**

유대인의 절기, 유월절, 나팔절, 수장절, 안식일, 대속죄
일, 안식년, 희년 등을 가족과 함께 지키고 성지를 순례하고 유대인
을 전도하기. 목회자와 선교사 자녀 홈스쿨을 후원하고 세우기(글쓰
기, 그림 그리기, 사진 촬영, 선교 여행, 장학금 전달 등)

**어떻게 진퇴양난의 어려운 문제를 믿음으로 돌파(break
through)할 수 있는가?**

낭떠러지, 절벽 위에 있는 것처럼 초조하고 불안할 때가
있다. 그러나 보이지 않지만 **절벽 바닥에 '뾰족 뾰족한 스폰지를 준
비'**해 놓고 기다리시는 하나님의 은혜를 다시 맛보기.

**큰 물고기 뱃속에 삼일간 있었던 요나처럼 '삼일 금식 기
도'한 후, 하나님이 인도하는 사람을 찾아 복음을 전하고
함께 기도하기.**

하나님의 신비한 선택과 은혜를 땅 끝까지 전파하고 자랑하기(민수기 17:1-11).

바싹 마른 지팡이에서 움이 돋고 꽃과 열매를 맺게 하신 하나님을 찬양합니다.

무능하고, 가치 없는 자, 버림받은 자, 업신 여김 받는 자, 조롱 받는 자, 절망 속에서 방황하는 자를 사용하시는 하나님을 찬양합니다!

8. 가정과 부부
Family and spousal relationship

 마음의 비밀, 신비

 둘이 아니라 하나(not two, but one)

 마음과 마음을 나눔

 겸손한 마음, 서로 순종의 마음

마음속 거울

 까칠한 마음, 모난 마음을 천천히 조금씩 다스려 부드 럽게 하기

 항상 기뻐하기. 모든 일에 감사하기. 일하기 전에 감사하 기

 마음에 비가 내려(1, 2, 3, 4, 5, 6, 7) 삶이 균형 잡힌 사 람

 영적 눈이 밝아 부부가 사랑을 나누며 가정을 세운다.

 영적 무장(에베소서 6:13-20)과 선교를 어떻게 준비 할 수 있는가?

 레갑 족속의 영적 유산(예레미야 35:1-19)과 영적 4대(이 사야 59:21, 디모데후서 2:1-6) 축복.
영적 유산이 계속 후대로 이어지려면 어떻게 해야하는가?

성경을 묵상하며 하나님과 동행하는 부부

 마음 속에 개구쟁이들이 기쁘게 장난치도록 여유 갖기

 마음의 추억 보따리 풀어놓기.
큰 포스터에 한해 동안 하나님이 베풀어 주신 은혜 감사하며 짧은 글 혹은 그림을 그려 감사하기. 함께 음식을 나누며 간증하기.

 믿음의 경주장에서 나의 등 번호는 무엇인가?
예) 감사 대장, 기도하는 사람, 항상 기뻐하는 자, 왕 소금, 불도저, 마지막 주자, 밀알, 겨자씨, 연락병, 주방장, 찬양하는 뻐꾸기, 교회 건축가, 장학 위원장, 믿음의 용장 등이다. 나에게 붙여진 번호를 모든 구경꾼과 천사와 하나님이 바라보고 있다.

마음(♥) 문지방에 운동기구를 설치해 마음 근육 늘리기.
영적 훈련소에 입소한 군인처럼 자기 부정, 십자가 지기, 이웃 사랑, 선교 헌금, 모욕을 참아 내기, 분노 다스리기, 원수 사랑, 자존심 내려놓기 등 특수 훈련하기.

우리 가장의 보리떡 다섯 개와 물고기 두 마리를 기쁘게 매주마다 나누기.

먼저 그 나라와 의를 구하는 삶을 매주마다 실천하여 하나님과 동역하기.

 부부의 만남은 하나님의 인도와 축복이다.

'집과 재물은 조상에게서 상속하거니와 슬기로운 아내는 여호와께로서 말미암는다(잠언 19:14).', '어진 여인은 그 지아비의 면류관이나 욕을 끼치는 여인은 그 지아비의 뼈가 썩음 같게 한다(잠언 12:4).', '다투는 여인과 함께 큰 집에 사는 것보다 움막에서 사는 것이 나으니라(잠언 21:9)'. '누가 현숙한 여인을 찾아 얻겠느냐 그의 값은 진주 보다 더 하다(잠언 31:10).' 하나님께서 주신 배우자를 존중하고 사랑한다. 앞으로 만날 배우자를 위해 하나님에게 기도하며 만남의 축복을 감사한다.

 나의 배우자 선택과 분별의 기준은 무엇인가?

'여자들 중에 내 사랑은 가시나무 가운데 백합화 같구나. Like a lily among thorns is my darling among the maidens(아가서 2:2).', '남자들 중에 나의 사랑하는 자는 수풀 가운데 사과 나무 같구나. 내가 그 그늘에 앉아서 심히 기뻐하였고 그 열매는 내 입에 달았도다. Like an apple tree among the trees of the forest is my lover among the young men. I delight to sit in his shade, and his fruit is sweet to my taste(아가서 2:3).'

서로 사귀며 교제할 때, 결혼 배우자를 찾을 때 당신은 어떤 면을 가장 귀중하게 생각하는가? 외모, 학벌, 직업, 재정상태보다 영적 성장과 성숙을 위해 어떻게 생활하는지 서로 살펴야 한다. 가시나무 속처럼 많은 문제와 어려움이 있음에도 불구하고 향기를 잃지 않는 백합화 같은 여성은 진주보다 아름다운 여성이다. 그 백합화는 문제와 고통의 가시에 찔리면 오히려 향기를 발한다. 순례길을 따라 숲이 우거진 산길을 오르락 내리락할 때 발견한 사과나무는 갈등을 풀어준다. 하나님 말씀을 묵상하고 실천하여 영혼을 감동시키는 청년을 만나라. 하나님을 사랑하다 병이 난 사람과 평생을 함께 산다는 것은 큰 행복과 기쁨이다.

왜? 하나님은 부부에게만 성생활(性生活)을 허락했을까?

'너는 네 우물에서 물을 마시며 네 샘에서 흐르는 물을 마시라. 어찌하여 네 샘물을 집 밖으로 넘치게 하며 네 도랑물을 거리로 흘러가게 하겠느냐? 그 물이 네게만 있게 하고 타인과 더불어 그것을 나누지 말라. 네 샘으로 복되게 하라. 네가 젊어서 취한 아내를 즐거워 하라. 그는 사랑스런 암사슴 같고 아름다운 암노루 같다. 너는 그의 품을 항상 족하게 여기며 그의 사랑을 항상 연모하라. 내 아들아 어찌하여 음녀를 연모하느냐? 어찌하여 이방 여자의 가슴을 안겠느냐?(잠언 5:15-20)', '음녀로 말미암아 사람이 한 조각 떡만 남게 됨이며 음란한 여인은 귀한 생명을 사냥함이라. 여인과 간음하는 자는 무지한 자다. 이것을 행하는 자는 자기의 영혼을 망하게 한다. 네 마음이 음녀의 길로 치우치지 말며 그 길에 미혹되지 말라(잠언 6:26, 32, 7:25).'

오늘날은 성적 타락과 범죄를 미화한다. 하나님의 사람임을 보여 주자. 요셉은 '내가 어찌 이 큰 악을 행하여 하나님께 죄를 지으리요? How then could I do such a wicked thing and sin against God?(창세기39:9)'라고 말했다. 그는 모함을 받아 투옥되었다. 하지만 요셉은 자기 절제(self-control)할 수 있었기 때문에 가정과 나라를 지도할 수 있었다.

 예수님에게 향유 옥합을 깨뜨려 섬긴 마리아 되어 보기.
지구촌 일선 선교사와 가정, 자녀들에게 향유 옥합을 깨뜨려 후원하기, 유산 30%, 40%, 50%(?)를 나누고 지원하기.

 바다 위로 오라는 예수님의 명령에 따라 배에서 첫발을 띄워 놓고 '계속 예수님만 바라보고' 믿음의 모험 여행을 시작하기.

 태중에 있던 세례요한이 기쁨으로 뛰놀듯이(♪) 태교의 중요성과 의미를 함께 나누기(누가복음 1:39-45).
결혼 준비 모임, 부부 모임, 부모 교실에서 자녀를 기다리며 기도하는 모임을 열어 서로 성경 말씀을 나누고 찬양하며 축복하기.

노아와 고넬료 가족처럼 온 식구들이 하나님을 예배하고 섬길 수 있도록 '가정 예배' 드리고 서로를 위해 간절히 축복하기.

 내 평생의 성경 말씀과 좌우명과 우리 가정 가훈은 무엇인가?

우리 교회(공동체, 선교회) 표어 만들기. 우리 회사, 사업체의 사훈과 표어(Slogan) 만들어 벽에 걸어 놓고 실천하기.

 집안과 사무실의 서류와 책과 물품을 목록을 붙여 정리하고 대청소하기.

마음(♥)을 가라앉히고 규칙적으로 하나님과 데이트하기. 광야에서 질서 있게 천막을 치고, 천막을 걷고, 성막을 세우고 '구름과 불기둥을 따라' 이동하고 멈춘것처럼 살기. 골방에 들어가 깊게 기도하며 인도하심을 받기.

하나님이 칭찬한 믿음의 가장 욥(Job)의 생활 배우고 실천하기(욥기 1:1-2:13).

욥은 일곱 아들과 딸 셋을 둔 아버지요 양과 낙타와 소와 암나귀 모두 11,000마리를 소유한 큰 농장을 운영하고 있었다. 바쁜 생활 중에서도 자녀의 생일 잔치로 다음날 아침 그들을 모두 불러 함께 번제를 드렸다. 흥겨운 잔치에 마음이 들떠 '하나님을 욕되게 한 것'을 고백하여 구별된 생활을 하도록 자녀를 인도했다. 사탄의 공격으로 자녀들과 소유물을 잃고 병까지 들었으나 '입술로 하나님을 원망하지' 않았다. 당신은 남편과 아버지로서 가정에 어떤 믿음의 영향력을 가지고 있는가? 가정 예배를 인도하고 있는가? 자녀와 아내를 위해 성경 말씀으로 인도하는가? 하나님이 사탄 앞에 자랑했던 욥처럼 사는 살고 있는가?

 자녀들의 친구를 초청하여 대접하고 격려한다. 자녀는 부모님의 친구들을 초대하여 대접하기

'철이 철을 날카롭게 하는 것 같이 사람이 그의 친구의 얼굴을 빛나게 한다. As iron sharpens iron, so one man sharpens another(잠언 27:17).', '네 친구와 네 아비의 친구를 버리지 말며 네 환난 날에 형제의 집에 들어가지 말라. 가까운 이웃이 먼 형제보다 낫다(잠언 27:10).', '자기의 아비나 어미를 저주하는 자는 그의 등불이 흑암 중에 꺼짐을 당한다(잠언 20:20).', '너를 낳은 아비를 청종하고 네 늙은 어미를 경히 여기지 말라(잠언 23:22).'

친구들은 친구의 '숨겨진 장점'을 개발시켜주고 칭찬해 준다. 자녀들의 친구들을 초청하여 격려하고 대접한다. 자녀들은 부모님의 친구들을 초대하여 대접하고 선물을 전한다. 친구의 얼굴을 빛나게 해주는 사람은 '친구들'이다.

 넘어지고 넘어져도 다시 일어서는 오뚜기처럼 '고난의 산을 등반하는 전문 산악인' 되기.

'대저 의인은 일곱 번 넘어질지라도 다시 일어나려

니와 악인은 재앙으로 말미암아 넘어진다. For though a righteous man falls seven times, he rises again, but the wicked are brought down by calamity(잠언 24:16).'

크고 작은 시험과 문제와 고난은 우리를 연단하는 용광로다. 고난을 기뻐하고 즐겁게 헤쳐 나가면 그 속에서 지혜와 능력을 받게 된다. 마치 독수리처럼 폭풍이 불 때 날개를 펼치고 '더 멀리 더 높이' 날아 오르는 것이다. 그리하여 '고난의 산을 등반하는 전문가'가 되는 것이다.

9. 나의 마음
My own heart

 어떻게 마음을 지킬 수(guard my heart 잠언 4:23)있는가?

'모든 지킬 만한 것 중에 더욱 네 마음(♥)을 지키라! 생명의 근원이 이에서 남이니라. Above all else, guard your heart, for it is the wellspring of life.'

토란과 연꽃 잎 위에 비가 내린다. 빗방울이 또르르 또르르 계속 아래로 굴러 간다. 마음 위에 온갖 더럽고 추한 생각이 떨어질 때 쪼르르 쪼르르 굴러 갈 수 있도록 훈련한다.

모욕과 멸시를 당할 때 '무릎을 꿇고' 하나님 앞에 내려놓는 기도 생활을 연습하기.

부당한 대우, 예의 없음, 조롱, 부당한 비판, 모욕하기, 멸시하는 것을 참는 일은 어렵다. 그러나 예수님이 체포되어 부당한 심문과 조롱, 채찍, 구타, 침 뱉음, 못박힘을 깊게 생각하고 기도할 때 놀라운 일이 생긴다. 성령 하나님이 인내할 수 있도록 힘을 주시고 도리어 상대방을 불쌍히 여기는 마음을 갖게 된다. 분노와 화가 치밀어오를 때 '무릎을 꿇고' 기도하는 습관을 기른다. '미련한 자는 당장 분노를 나타내거니와 슬기로운 자는 수욕을 참는다. A fool shows his annoyance at once, but a prudent man overlooks an insult(잠언 12:16).', '칼로 찌름 같이 함부로 말하는 자가 있거니와 지혜로운 자의 혀는 양약과 같다(잠언12:18).', '노하기를 더디 하는자는 크게 명철하여도 마음이 조급한 자는 어리석음을 나타내느니라(잠언 14:29).', '유순한 대답은 분노를 쉬게 하여도 과격한 말은 노를 격동한다(잠언 15:1).', '의인의 마음은 대답할 말을 깊이 생각하여도 악인의 입은 악을 쏟는다(잠언 15:28).', '자기의 마음을 제어하지 아니하는 자는 성읍이 무너지고 성벽이 없는 것과 같다(잠언 25:28).', '어리석은 자는 자기의 노를 다 드러내어도 지혜로운 자는 그것을 억제한다. A fool gives full vent to his anger, but a wise man keeps himself under control(잠언 29:11).'

나의 진정한 정체성(true identity)은 예수 그리스도 안에서 찾을 수 있다.

'다시는 너를 버림받은 자라 부르지 아니하며 다시는 네 땅을 황무지라 부르지 아니하고 오직 너를 헵시바라 하며 네 땅을 뿔

라라 하리니. 이는 여호와께서 너를 기뻐하실 것이며 네 땅이 결혼한 것처럼 될 것임이라(이사야 62:4).'

헵시바(Hephzibah)와 뿔라(Beulah)는 관용적으로 사용된다. 헵시바는 '나의 기쁨이 그녀에게 있다(my delight is in her).'라는 뜻이며, 뿔라는 '결혼한 여인'이라는 뜻이다. 하나님은 이스라엘의 관계를 부부관계로 비유한다. 이스라엘 백성은 하나님을 사랑하지 않고 떠나갔을지라도, 하나님은 그들이 돌아오기를 기다리며 여전히 사랑하는 자로 여긴다. 이스라엘 백성은 한때 버림 당한 자처럼 보였지만 그들은 하나님의 배우자다. 사람들이 나를 조롱할 수 있다. 또한 스스로 우울감에 빠질 수 있다. 그러나 하나님은 예수 그리스도 안에서 우리를 선택하여 '사랑하는 자'라고 부른다. 내가 어떤 집에 살고 있는가? 어떤 자동차를 갖고 있는가? 어느 직장에 다니고 있는가? 돈을 얼마나 벌고 있는가? 어느 학교를 다녔는가? 어떤 옷을 입고 있는가? 이런 것들은 나의 정체성을 알려주는 것이 아니다. **나의 진정한 정체성은 '예수 그리스도 안에 있는 나'이다.** 혼자 있을 때 또는 자동차를 운전할 때 '나는 하나님이 사랑하는 자다' 라고 큰 소리로 외쳐보자.

실수와 잘못과 문제를 덮어주고 용서하는 마음을 품으면 어떻게 될까?

'허물을 덮어 주는 자는 사랑을 구하는 자요 그것을 거듭 말하는 자는 친한 벗을 이간하는 자다. He who covers over an offense prompts love, but whoever repeats the matter separates close friends(잠언 17:9).'

실수와 허물과 잘못을 너그럽게 품어 주고 용서하는 것은 예수님을 생각나게 한다. 우리들은 누구든지 실수하고 잘못할 수 있다. 허물을 덮어주면 친구를 얻는다. 오늘 전화, 문자를 보내거나 직접 만나 따뜻한 말을 전하며 마음을 안아줄 수 있는가? 그곳에 예수 향기가 퍼져 서로 기뻐하게 된다. '두루 다니며 한담하는 자는 남의 비밀을 누설하나 마음이 신실한 자는 그런 것을 숨긴다(잠언 11:13).'

 내 마음(♥)의 그늘은 무엇인가?

 마음의 소리에 귀를 기울임.
빼앗고 속이고 군림하기보다 나누고 섬기는 것이 기쁨입니다.

 마음의 응급 신호

 마음의 소용돌이

어떻게 마음을 화장할 수 있는가?

 마음이 담긴 편지

 마음 속의 꿀

 마음 청소

 마음의 전화 수신기와 송출기 작동 방법은 무엇인가?

 마음 지팡이

 마음(♥) 중심, 과녁

 마음의 호수

항상 마음을 깨우기.

가족과 이웃에게 하나님의 사랑을 전하려고 몸부림치기. 비록 작은 일과 사랑이지만 상대가 '하나님의 얼굴'을 대한 것처럼 섬기기.

 마음 지키기.

마음 속 동굴과 숲이 너무 깊어 유혹하는 뱀(사탄, 마귀)이 유혹하지 않도록 지키기.

 점점 더 작게 단순하게 예수님을 본받아 살아가는가? 그 반대로 살려고 하는가?

10. 부흥과 회개와 치유
Revival, repentance, and healing

부흥(revival)을 사모하며 중보 기도하는 군대(Jesus army)가 필

요한 이유는 무엇인가?

'무릇 시온에서 슬퍼하는 자에게 화관을 주어 그 재를 대신하며 기쁨의 기름으로 그 슬픔을 대신하며 찬송의 옷으로 그 근심을 대신하시고 그들이 의의 나무 곧 여호와께서 심으신 그 영광을 나타낼 자라 일컬음을 받게 하려 하심이라. 그들은 오래 황폐하였던 곳을 다시 쌓을 것이며 옛부터 무너진 곳을 다시 일으킬 것이며 황폐한 성읍 곧 대대로 무너져 있던 것들을 중수할 것이며. …They will rebuild the ancient ruin and restore the places long devastated; they will renew the ruined cities that have been devastated for generations(이사야 61:3-4).'

산불이 번져가듯이 세상에 범죄가 퍼져가고 있다. 매일 매일 살인, 강간, 어린이 유괴, 사탄 숭배, 동성 결혼, 마약 중독 등이 들불처럼 타오르고 있다. 더 이상 화마가 번지지 않도록 험한 산에 올라가 맞불을 지르는 '거룩한 소방 대원'이 필요하다. 가정과 교회와 공동체에 모여 대신 회개 하고 금식하며 하나님의 자비를 구하는 기도 모임이 필요하다.

 애통하는 마음

 마음을 찢음, 회개

마음의 뿌리

 마음의 열매

 마음 옆, 주변에 백향목, 향나무, 천리향 꽃 심기

 마음의 보좌, 의자, 소파 만들기.
마음을 편하게하고 심호흡을 여러 번 한 후 천천히 숨을
내쉬고 쉬기

 마음 소화기(extinguisher)
갑자기 화가 나면 마음 다치지 않고 불 끄기

 마음 속에 웃자란 것(집착, 시기, 원망, 무례함, 돈 사랑,
욕망)을 어떻게 잘라낼 수 있는가?

 마음 속에 반짝이는 공 모양 거울 놓아두기.
마음 속에서 울렁이고 반짝이는 모든 것을 살펴보기. 마
음을 비추시는 하나님의 온갖 은혜에 감사하기

어떻게 상대의 입장을 깊게 생각할 수 있는가?(고린도전서 13장 암송과 실천?)

마음 속에 상대방이 물구나무 선 것처럼 보지 않고 있는 그대로 받아들이기. 끊임없이 사랑하고 용서하기. 무조건 사랑을 실천하기.

무엇으로 마음의 기초를 다시 쌓고 건축할 수 있는가?

반석 위에 집을 짓기 위해 기초가 부실한 집을 허물고 성경 말씀을 따라 '생명과 진리와 길 되신 주 예수 그리스도' 위에 집을 신축하고 깨달은 말씀을 실천하기.

내 마음과 눈 속에 있는 들보(crossbeam)를 빼내는 건축 공사를 언제 시작하려고 하는가?

내 속에 있는 들보 제거 공사를 위하여 일상의 SNS를 중단하고 자신을 깊게 살피는 시간을 내어 '자신의 진면목'을 들여다보기.

대인 관계에서 '중요한 것'은 무엇인가?

외모와 말 보다 상대방의 의도와 마음(♥)을 알 수 있도록 살핀다. '사람의 마음에 있는 모략은 깊은 물 같다. 그럴지라도 명철한 사람은 그것을 길어낸다. The purpose of a man's heart are deep water, but a man of understanding draws them out(잠언 20:5).'

옛날 수도 시설이 없을 때는 동네에 우물이 몇 개가 있어 물을 두레박을 이용하여 길어냈다. 우물에서 한 바가지씩 계속 길어내면 물통에 물이 가득 찼다. 상대방이 무엇을 바라는지? 상대방의 마음을 헤아릴 수 있는 지혜를 가져야 한다.

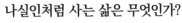

나실인처럼 사는 삶은 무엇인가?

모든 사람들이 xxxxxxxx(No)라고 반대하고 말하고 행동할 때 담대하게 Yes! 라고 말하고 행동하기. 또한 모든 사람들이 Yes! 라고 할지라도 복음적인 것이 아니면 No! 라고 말하고 구별되게 살아가기

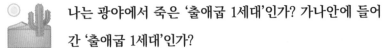

나는 광야에서 죽은 '출애굽 1세대'인가? 가나안에 들어간 '출애굽 1세대'인가?

출애굽 했지만 '하나님의 은혜와 계획'을 믿지 못하고 자꾸만 원망하고 불평하고 있는가? 거룩한 나그네로 살기보다 '세상 쾌락의 노예'로 살았던 때를 그리워하는 영원한 탕자인가? 매일 주어지는 문제와 어려움은 '믿음으로 극복' 하여 전진하라는 '하나님의 응원과 기대'를 알아가는가?

십자가는 장식과 악세사리가 아니다. 내 주인을 바꾸는 것이다.

우리 주 예수 그리스도에게 주권(Lordship)을 완전히 이양하는(To tal transfer) 것이다. **모든 영역에서** 자신을 부인하고 하나님의 통치를 받으며 사는 것이다. 매일 삶의 예수님을 마음 문 밖에 세워 두고 전통과 외식으로 껍데기만 붙들고 산다면 십자가는 우상

이다. 하나님 말씀에 불순종 하면서 단지 전쟁 승리를 위해 '법궤만 메고 나가'는 이스라엘 백성의 행동은 우상 숭배와 같은 것이다.

하나님을 배반하는 원인은 무엇인가? 왜 방황하는가?

여러 번 책망받아도 끊지 못하는 것은 무엇인가? 솔로몬이 하나님을 잊어버린 이유(열왕기상 11:1-25)는 무엇인가? 약물 중독, 알콜 중독, 도박 중독, 게임 중독, 포르노 중독 등에서 어떻게 해방될 수 있는가?

현실과 재정이 문제가 아니라 먼저 근본과 근원을 바꾸어야 하는 이유는 무엇인가?

사람들이 엘리사를 찾아와 자기들의 땅은 위치에 있지만 물 때문에 열매가 익지 못한 채 떨어진다고 했다. 엘리사는 새 그릇에 소금을 준비했다. 엘리사는 물이 흐르는 근원으로 가서 소금을 뿌리며 기도했다(열왕기하 2:19-22). 문제가 생기면 임시방편으로 해결할 것을 찾는가? 아니면 왜? 어떻게? 원인이 무엇인지 살피는가? 먼저 할 일이 있고 나중에 할 일이 있다. 내 삶의 우선 순위는 무엇인가?

나아만은 요단강에 들어가 몸을 일곱 번 씻고 불치병을 고쳤다.

나아만(Naaman)은 아람의 군대 장관이었다. 그를 하나님에게 인도한 사람은 전쟁 포로에 끌려간 어린 소녀였다. 이 무명 소녀는 나아만의 아내를 시중드는 하인이었으나 나아만에게 하나님의 선지자를 소개했다(열왕기하 5:1-19). 겨자씨가 자라 지친 새가 깃들이는 나무가 되었다. 내 일터가 선교지다.

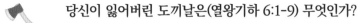 **당신이 잃어버린 도끼날은(열왕기하 6:1-9) 무엇인가?** 사역과 일을 서둘러 추진하다가 사람들의 마음(♥)에 상처를 준다. 일보다 사람을 먼저 챙겨야한다. 하나님에게 서원한 것을 잊어버리고 살지 않는가? 첫사랑을 언제 어디에서 무엇 때문에 잃어버렸는가? 도끼날이 없이 나무 자루만 가지고는 나무를 벨 수 없다. 나무 자루만 가지고 바쁘게 다니지 않는가?

비록 죽었지만 믿음으로 지금도 계속 말하고 있는 사람은 누구인가? By faith someone still speaks even though he is dead(히브리서 11:4하).
하나님의 사람 엘리사가 죽었다. 영적 영향력이 사라진 이스라엘을 모압의 도적떼가 침략했다. 장사하는 자들이 모압의 죽은 시체를 엘리사의 묘실에 던져 넣었다. 그 시체가 엘리사의 뼈에 닿자 곧 회생하여 일어섰다(열왕기하 13:20-21). 나는 어떤 사람인가? 내가 이사하고 직장을 옮겼는데 '나는 그 사람 때문에 예수님을 새롭게 알게되었다'는 간증이 있는가? 내가 지금 쓰고 있는 글은 누구를 위한 것인가? 사역과 말씀 선포 속에 하나님의 기름 부음이 있는가?

 **바벨론이 침략하여 예루살렘을 멸망시켰다(열왕기하 24-25장).**

바벨론이 침략하여 성전이 파괴되고 모든 보물을 빼앗겼다. 성전과 왕궁이 불탔다. 예루살렘 성벽이 무너졌다. 왕이 보는 앞에서 왕자들은 죽임을 당하고 왕은 눈이 뽑혀 쇠사슬에 묶여 전쟁 포로로 잡혀 끌려갔다. 슬픔과 아픔과 부끄러움이 몰려왔다. 왕과 지도자들은 여러 번 경고를 받았지만 귀를 막았다.

'어두운 내 눈 밝히사 진리를 보게 하소서! 내 눈을 뜨게 하소서! 성령이여! 막혀진 내 귀 여시사 주님의 음성 듣게 하소서! 내 귀를 열어 주소서! 성령이여!(찬송가 366장)'

왜? 하나님은 상하고 통회하는 마음을 기뻐하는가?

자신의 죄와 연약함 때문에 벌어진 일이 마음(♥)을 아프게 한다. 자신이 미워져 괴로워 눈물만 흐른다. 자신이 한 일이 부끄러워 고개를 들 수 없다. 쥐구멍이라도 찾을 수 있다면 들어가 숨고 싶다. 그러나 어떻게 수습할 수가 없다. 하나님 앞에 나가 마음을 쏟아 놓고 기다린다. 부끄러움을 통회하는 마음으로 쏟는다. 상하고 아픈 마음을 있는 그대로 내어 놓는다. '하나님! 내 속에 정한 마음을 만들어 주세요. 정직한 영을 새롭게 해주세요. 나를 주 앞에서 쫓아내지 마세요(시편 51:10-18).'

하나님의 초청에 우리는 어떻게 응답(시편95:1-6)해야 하는가?

'오라! 우리가 여호와께 노래하며 우리의 구원의 반석을 향하여 즐거이 외치자! 우리가 감사함으로 그 앞에 나아가며 시를 지어 즐거이 그를 노래하자! 오라! 우리가 굽혀 경배하며 우리를 지으신 여호와 앞에 무릎을 꿇자!' 하나님은 매일 우리를 초청하고 있다. 이번 주말 우리 가정을 개방하여 이웃과 친구를 초청하여 함께 찬송하고 기도하자. 맛있는 음식을 준비하여 함께 교제한다. 참석한 가정마다 성경 말씀이 담긴 액자를 선물하며 서로 기도한다.

 모든 일에 하나님의 정하신 때를 두신 이유는 무엇인가?

'범사에 기한이 있고 천하 만사가 다 때가 있다. There is a time for everything, and a season for every activity under heaven(전도서 3:1).'

모든 일에는 하나님이 정하신 결정적인 순간(kairos)이 있다. 조급함, 계략, 속임수, 뇌물을 거절한다. 최선을 다하면서 하나님의 때를 기다리는 인내와 온유의 사람이 되자.

지금! 내가 있는 곳에서 하나님 앞에서 살아간다.

'모든 산 자들 중에 들어 있는 자에게는 누구나 소망이 있음은 산 개가 죽은 사자보다 낫기 때문이다. Anyone who is among the living has hope, even a living dog is better than a dead lion(전도서 9:4).'

화려한 경력을 가졌다고 자랑하지만 '하나님을 알지 못하고 사람을 귀중히 여기지 않는' 사람은 죽은 사자다. 넓은 바다를 헤엄치고 작은 배를 침몰시키던 고래도 죽으면 작은 파도에 떠밀려 다닌다. 그러나 살아 있는 송사리는 물을 거슬러 헤엄친다. 영혼이 메말라버려 항상 불평과 원망을 쏟아 놓는 유명 인사(VIP)가 있다. 그러나 비록 들에 핀 무명초이지만 그 향기를 천리까지 풍기는 보통 사람으로 살고 싶다.

굶주린 자를 먹이고 아픈 자들을 치료하는 나눔을 팀으로 실천한다.

'너는 네 떡을 물 위에 던져라. 여러 날 후에 도로 찾으리라. Cast your bread upon the waters, for after many days you will find it again(전도서 11:1).'

따뜻한 음식을 먹지 못하고 잠드는 사람들이 있다. 병들었지만 치료받을 수 없는 외국인 노동자들과 소외된 이웃들이 있다. 가족들이 찾지 않는 요양원 환우와 나이들어 홀로 사는 분들도 많다. 그들과 함께 정기적으로 음식을 나누고 사귐을 갖는 시간이 필요하다.

진정한 사랑이 빛을 발할 때는 언제인가?

'너는 나를 도장같이 마음에 품고 도장 같이 팔에 두라 사랑은 죽음 같이 강하고 질투는 스올 같이 잔인하며 불길 같이 일어나니 그 기세가 여호와의 불과 같으니라. 많은 물도 이 사랑을 끄지 못하겠고 홍수라도 삼키지 못하리니 사람이 그의 온 가산을 다 주고 사랑(♥)과 바꾸려 할지라도 오히려 멸시를 받으리라(아가서 8:6-7).'

어려움과 고통은 진실한 사랑과 우정을 서로 보여줄 때다. 좋은 환경과 평안할 때는 누구든지 호의를 베풀 수 있다. 그러나 문제와 고통에 맞서 싸울 때 많은 사람들이 외면할 때 함께하는 사랑은 하나님과 상대를 감동시킨다. 어려움을 당한 사람을 돕는 것은 마치 '하나님이 그 사람으로부터 꾸는 것'이다. 하나님의 친구와 동역자가 되는 것은 신기한 일이다.

하나님의 통곡 소리가 들려오지 않는가?

'하늘이여 들으라! 땅이여 귀를 기울이라! 여호와께서 말씀하시기를 내가 자식을 양육하였거늘 그들이 나를 거역하였도다! 소는 구유를 알고 나귀는 그 주인의 구유를 알건마는 이스라엘은 알지 못하고 나의 백성은 깨닫지 못하는도다! 너희가 어찌하여 매를 더 맞으려고 패역을 거듭하느냐? 온 머리는 병들었고 온 마음은 피곤하였으며 발바닥에서 머리까지 성한 곳이 없이 상한 것과 터진 것과 새로 맞은 흔적뿐이다(이사야 1:2-6).'

하나님이 마음이 아파 눈물을 흘린다. 하늘과 땅에게 증인이 되도록 요청한다. 가장 좋은 것을 공급해주고 지긋지긋한 애굽 노예 생활에서 해방시켜 주었다. 세계 모든 나라들도 놀라는 수많은 기적을 베풀어 주었다. 그러나 그들은 음식을 주는 주인을 잊지 않는 동물보다 못한 인간이 되어 하나님을 대적한다. 그 이유는 무엇일까? 이방 신전에서 벌어지는 성적인 쾌락에 빠졌다. 고아와 과부의 돈을 탈취했다. 뇌물을 받고 공의와 정의를 버렸다. 구별된 백성임을 잊어버렸기 때문이다. 하나님의 통곡소리가 천둥처럼 들려온다. 하나님의 눈물이 장맛비 되어 쏟아지는 여름밤이다. 누가 하나님의 눈물을 닦아줄 것인가?

헛된 기도와 예배를 드리지 말라는 이유는 무엇인가?

'너희의 무수한 제물이 내게 무엇이 유익하뇨? 나는 숫양의 번제와 살진 짐승의 기름에 배불렀고, 나는 수송아지나 어린 양이나 숫염소의 피를 기뻐하지 아니하노라. 너희가 내 앞에 보이러 오니 이것을 누가 너희에게 요구하였느냐? 내 마당만 밟을 뿐이니라. 헛된 제물을 다시 가져오지 말라! 분향은 내가 가증히 여기는 바요 월삭과 안식일과 대회로 모이는 것도 그러하니 성회와 아울러 악을 행하는 것을 내가 견디지 못하겠노라. 내 마음(♥)이 너희의 월삭과 정한 절기를 싫어하니 그것이 내게 무거운 짐이라. 내가 지기에 곤비하였느니라. 너희가 손을 펼 때에 내가 내 눈을 너희에게서 가리고 너희가 많이 기도할지라도 내가 듣지 아니하리니. 이는 너희의 손에 피가 가득함이라(이사야 1:11-15).'

실천과 마음(♥)이 빠진 종교 행위는 하나님을 모욕하는 것이다. 전통과 현실을 앞세워 믿음의 근본을 깨트리는 종교 생활은 위선이다. 교회의 프로그램 속에 교인들을 붙잡아 놓고 가정과 직장과 사회에서 '소금과 빛'으로 살도록 교육하지 않는 교회는 악을 행하는 것이다 교인들끼리만 교제하는 '특별 거주 지구(ghetto)'를 만들었다. 울타리 밖을 넘어 가지 않고 성을 더 높이 쌓는 일은 멸망을 재촉하는 것이다. 수많은 집회와 행사를 진행하기 위해 만드는 안내장, 프랑카드, 홍보와 동원 등에 쏟는 비용은 얼마 인가? 실제로 어렵고 고통하는 자들에겐 얼마를 지원하는가? 숨어서 소외자들과 함께 하는 목회자와 선교사를 지원하는 선교비는 쥐꼬리 뿐이다.

너희는 내 백성을 위로하라.
'너희는 광야에서 여호와의 길을 예비하라. 사막에서 우리 하나님의 길을 평탄하게 하라. 골짜기마다 돋우어지며 산마다 언덕마다 낮아지며 고르지 아니한 곳이 평탄하게 되며 험한 곳이 평지가 될 것이요(이사야 40:3-4).'

하나님은 산과 골방에 들어가 눈물로 기도하는 사람을 살피신다. 고통으로 방황하는 영혼을 위해 기쁨의 샘을 열어주신다. 핍박자를 불러내어 '강력한 복음 전파자'로 세운다. 아픔과 괴로움이 도리어 하나님의 은혜를 드러내는 통로가 된다. 그러므로 어려움과 고난이

닥치면 기뻐하자. 왜냐하면 그 때가 또다시 하나님의 생생한 은혜를 맛보는 순간이 되기 때문에 기뻐할 수 있다.

끝까지 붙들고 있는 것들이 무너질 때 이미 늦은 것이다.

'만군의 여호와께서 이르시되, 그 날에는 단단한 곳에 박혔던 못이 삭으리니 그 못이 부러져 떨어지므로 그 위에 걸린 물건이 부서지리라(이사야 22:25).'

내가 의지했던 것들(건강, 사업, 집, 돈)이 전쟁과 폭풍우와 화재, 사고와 지진으로 한꺼번에 날아갈 수 있다. 지금 내가 가지고 있는 것으로 사람을 구하고 교육받을 수 있도록 돕자.

환경 변화와 문제가 일어나도 마음이 흔들리지 않는 사람이 되게 하소서

'주께서 심지가 견고한 자를 평강하고 평강하도록 지키시리니. 이는 그가 주를 신뢰하기 때문이다. You will keep in perfect peace him whose mind is steadfast, because he trusts in the Lord(이사야26:3).'

예수님을 왕으로 모신 사람은 깊게 뿌리를 내리고 서 있는 거목과 같다. 폭풍이 치면 조금씩 흔들리지만 결코 쓰러지지 않는다. 지금 일하고 있는 곳에서 평생 일할 자세를 갖는다면 놀라운 일이 벌어진다. 보는 눈과 문제 해결 능력이 달라진다. 그 곳에 사과 나무 한 그루를 심을 수 있다. 기초를 놓는 개척자와 새로운 길로 걸어가는 선구자의 기쁨을 누리고 전하자.

 돌아오너라! 돌아오너라! 제발 돌아오너라! 목 놓아 통곡(?)하는 하나님의 외침을 듣고 있나?

'여호와께서 이르시되, 이스라엘아 네가 돌아오려거든 내게로 돌아오라! If you will return, O Israel, return to me, declares the LORD(예레미야 4:1).'

죽을 힘을 다해 새끼를 낳았다. 그런데 몇 번 젖을 빨던 새끼가 사라졌다. 어미는 산이 무너질듯이 소리치며 이골짝 저골짝을 밤새워 찾아 다닌다. 내 품속보다 더 따뜻한 곳이 있느냐? 누가 너를 꾀더냐? 무엇을 먹으려고 떠났느냐? 너는 탕자가 아니라 왕자다. 너는 이리 채이고 저리 채이며 조롱받을 자가 아니라 존귀하고 존귀한 자다. 누가 너를 비난 하더냐? 부끄러운 것이 있으면 네 스스로 불태워 버리고 돌아오너라! 가끔 네 마음에 없는 말을 하여 나에게 상처 준 말을 잊어 버리렴! 난 네 속마음을 알고 있다. 오랫동안 읽지 않아 먼지 쌓인 성경을 펼쳐 보자! 햇볕이 비치는 곳에서 함께 읽어보자! 나는 항상 양팔을 벌리고 기다린다! 어서 오렴! 나의 사랑 나의 어여쁜 자들아!

 마음 가죽을 베어내고 조용히 기다리면 어떻게 될까?

'너희 묵은 땅을 갈고 가시덤불에 파종하지 말라. 유다인과 예루살렘 주민들아 너희는 스스로 할례를 행하여 너희 마음 가죽을 베고 나 여호와께 속하라(예레미야 4:3-4).'

어떻게 잘못된 습관, 고집, 생각, 관점을 버릴 수 있을까? 그래야 '하나님 말씀'을 있는 그대로 받아 일하는 '삽, 곡괭이, 검, 불방망이, 불도저, 폭탄'이 되어 묵은 땅과 돌밭을 개간할 수 있다. 그 후에 땅에서 솟아난 가시(염려, 유혹, 계산, 욕심)를 거두어 불태워야 씨를 뿌릴 수 있다. 씨를 뿌려 열매를 맺어도 삼년은 그냥 두어 그 땅 본래 거주자, 나그네, 동물이 먹도록 배려해야 한다. 비록 땅을 개간하기 위하여 땀과 재정을 쏟았지만 '먼저 함께 나눌 줄 모르면' 모두 잃게 된다. 땅도 할례가 필요하다. 마음도 할례를 받아야 '하나님 마음'이 느껴지기 시작한다. 마음(♥) 가죽(겉치레, 체면)을 베어내면 어린아이처럼 단순해진다. 하나님 말씀에 즉각 순종하게 된다. 비록 손해와 욕설을 들어도 상관하지 않는다. 오늘이 내 삶의 마지막 날인 것처럼 살게 되어 담대해진다. 예수님이 내 안에 계시니 '또 순종할 것은 없는지요?' 라고 요청하게 된다.

어리석어 분별할 수 없는 원인은 무엇인가?

'내 백성은 나를 알지 못하는 어리석은 자요 지각이 없는 미련한 자식이라. 악을 행하기에는 지각이 있으나 선을 행하기에는 무지하도다. My people are fools; they do not know me. They are senseless children; they have no understanding. They are skilled in doing evil; they know not how to do good(예레미야 4:22).'

하나님 말씀을 등 뒤로 던진다. 욕망과 충동을 따라 살아간다. 생각이 뒤틀려 있으니 올바르게 판단할 수 없다. 비정상이 정상처럼 보이고 정상은 비정상이 되었다. 무더운 여름에 찬 물을 마신다. 더위를 피해 시원한 그늘에 앉아 부채를 부친다. 더위가 기승을 부리니 선풍기와 에어컨이 있는 곳을 찾아 아이스크림과 얼음을 구한다. 그러나 마음(♥)문을 두드리는 예수님을 계속 외면한다. 매서운 겨울엔 따뜻한 옷과 장갑을 찾는다. 뜨거운 차를 마시며 불을 지피고 난방을 할 줄은 알지만 성령님의 감동과 교훈을 알지 못한다. 배고플 땐 먹을 것을 가리지 않고 섭취하지만 영혼이 굶주려 꼬르륵 꼬르륵 하는 소리에 반응할 줄 모른다.

왜? 하나님은 해수욕장 모래밭에서 잃어버린 열쇠/영혼을 찾아보라고 탄식하는가?

'너희는 예루살렘 거리로 빨리 다니며 그 넓은 거리에서 찾아보고 알라. 너희가 만일 정의를 행하며 진리를 구하는 자를 한 사람이라도 찾으면 내가 이 성읍을 용서하리라. 그들이 여호와께서 살아계심을 두고 맹세할지라도 실상은 거짓맹세니라…내가 어찌 너를 용서하겠느냐? 네 자녀가 나를 버리고 신이 아닌 것들로 맹세하였으며 내가 그들을 배불리 먹인즉 그들이 간음하며 창기의 집에 모이며 그들은 두루 다니는 살진 수말 같이 각기 이웃의 아내를 따르며 소리지르는도다…그들이 여호와를 인정하지 아니하며 말하기를, 여호와께서는 계시지 아니하니 재앙이 우리에게 임하지 아니할 것이요…선지자들은 바람이라 말씀이 그들의 속에 있지 아니한즉 그같이 그들이 당하리라…이 땅에 무섭고 놀라운 일이 있도다. 선지자들은 거짓을 예언하며 제사장들은 자기 권력으로 다스리며 백성은 그것을

좋게 여기니 마지막에는 너희가 어찌하려느냐?(예레미야 5:1-30)'

봄부터 겨울까지 매일 해수욕장에 나와 모래밭에서 '잃어버린 열쇠/영혼을 찾는' 사람이 있다. 아무리 힘들고 어려워도 끝까지 찾으려고 하기 때문에 아무도 말릴 수가 없다. 모래바람이 불고 폭풍우쳐도 계속 찾는다. 뜨거운 햇볕이 비치는 여름에도 눈이 쏟아지는 겨울에도 멈추지 않는다. 모래알처럼 많은 사람들이 지구촌에 살고 있다. 하나님은 그들 중에 '정의를 행하며 진리이신 예수'를 찾는 사람을 매일 찾고 있다. 당신과 내가 '바로 그 사람'이다!

 하나님을 향해 얼굴을 들지 않고 등을 보인 백성을 향한 하나님의 아픔은 무엇인가?

'그런즉 너는 이 백성을 위하여 기도하지 말라. 그들을 위하여 부르짖어 구하지 말라. 내게 간구하지 말라. 내가 네게서 듣지 아니하리라. 너는 그들이 유다 성읍들과 예루살렘 거리에서 행하는 일을 보지 못하느냐? 자식들은 나무를 줍고 아버지들은 불을 피우며 부녀들은 가루를 반죽하여 하늘의 여왕을 위하여 과자를 만들며 그들이 또 다른 신들에게 전제를 부음으로 나의 노를 일으키느니라… 사실은 내가 너희 조상들을 애굽 땅에서 인도하여 낸 날에 번제나 희생에 대하여 말하지 아니하며 명령하지 아니하고 오직 이것을 그들에게 명령하여 이르기를, 너희는 내 목소리를 들으라. 그리하면 나는 너희 하나님이 되겠고 너희는 내 백성이 되리라. 너희는 내가 명령한 모든 길로 걸어가라. 그리하면 복을 받으리라 하였으나 그들이 순종하지 아니하며 귀를 기울이지도 아니하고 자신들의 악한 마음의 꾀와 완악한대로 행하여 그 등을 내게로 돌리고 그 얼굴을 향하지 아니하였다(예레미야 7:16-24).'

에덴 동산에서 애인(아담과 하와)을 뺏기고, 바람 맞은 하나님의 눈물어린 호소는 무엇인가?

이스라엘 백성을 애굽에서 해방시킨 하나님은 제물보다 진정한 교제와 대화를 원했다. 땅과 자유와 온갖 양식과 보물을 아무대가 없이 선물했다. 그런데 그 선물을 준 하나님의 마음을 아프게 한다. 배 부르고 등이 따뜻해지니 하나님을 배반하고 떠난다. 온 가족을 동원하여 존재하지 않는 '하늘 여왕', 우상에게 제물을 바치려고 하나님을 등지고 불을 피운다.

철없는 자식들은 하나님을 향해 엉덩이(?)를 까고 흔들기까지 한다. 하나님은 '아가야! 깍꿍! 얼굴 좀 보자!' 하면서 호소하여도 일부러 얼굴을 보여주지 않으려고 도망간다. 천사들도 구경하는데 '구겨진 하나님 체면'이 말이 아니다. 찢어진 하나님의 마음(♥)을 누가 위로 할 수 있을까? 21세기에 번지는 사주 팔자, 타로점, 점술…땀과 눈물을 잃어버린 세대여 회개하라. 임신한 아내를 절벽 위에서 밀어 보험금을 타낸 남편, 아내와 자녀들을 죽인 아버지, 딸을 성폭행한 아버지, 아버지를 죽인 아들, 제자를 성폭행한 선생, 교인을 성폭행한 목사들, 사람들을 납치 살인하여 장기를 적출하여 판매하는 악인들이 있다. 회개하고 회개하자! 우리 모두 손을 들고 하나님에게 돌아가자! 에스겔 골짜기에서 죽은 자들이 하나님의 말씀을 기다린다.

무엇을 얻으려고 자녀를 불살라 우상에게 바치는가?

'여호와께서 말씀하시되, 유다 자손이 나의 눈 앞에 악을 행하여 내 이름으로 일컬음을 받는 집에 그들의 가증한 것을 두어 집을 더럽혔으며, 힌놈의 아들 골짜기에 도벳 산당을 건축하고 **그들의 자녀들을 불에 살랐나니. 내가 명령하지 아니하였고 내 마음에 생각하지도 아니한 일**이니라…이 백성의 시체가 공중의 새와 땅의 짐승의 밥이 될 것이나 그것을 쫓을 자가 없을 것이라. 그 때에 내가 유다 성읍들과 예루살렘 거리에 기뻐하는 소리, 즐거워하는 소리, 신랑의 소리, 신부의 소리가 끊어지게 하라니 땅이 황폐하리라 (예레미야 7:29-34).'

 살려달라고 울부 짖는 자녀들의 비명이 골짜기에 메아리친다. 골짜기에 살고 있는 동물들도 함께 소리치며 '그들을 살려달라'고 외친다. 사람들을 죽인 시체를 묻을 자리가 더이상 없을만큼 되었다. 그런데 눈이 충혈된 부모들은 칼을 들고 자신의 자녀들을 묶어 산 채로 불에 던진다. 도대체 그들은 무엇을 얻으려고 자녀들을 불에 살라 우상에게 바치는 것일까? 더 많은 보물과 돈, 더 자극적인 쾌락, 크고 넓은 땅을 바라는가? 우리에게 가장 필요한 것은 무엇인가? 얼마나 극명한 대조인가? 하나님은 인간을 구원하기 위해 독생자를 인간에게 보냈다. 사탄의 강력한 무기인 죽음을 예수님이 죽음으로 맞서 사탄의 머리를 깨뜨렸다. 인간이 하나님과 단절되었던 영원한 분리 즉 죽음을 회복시켰다. 우리에게 필요한 '즐거운 소리'가 사라져 간다. 늦기 전에 우리 머리털을 베고 재를 무릅쓰고 '하나님 앞에 달려 나가' 함께 통곡하며 회개하자.

달콤함과 화려한 포장으로 우리를 유혹하는 거짓은 무엇인가?

'공중의 학은 그 정한 시기를 알고 산비둘기와 제비와 두루미는 그들이 올 때를 지키거늘 내 백성은 여호와의 규례를 알지 못하도다. 너희는 어찌 우리는 지혜가 있고 우리에게는 여호와의 율법이 있다 말하겠느냐? 참으로 서기관의 거짓의 붓이 거짓되게 하였나니(예레미야 8:7-8).'

새들은 아무리 먹을 것이 많아도 유혹을 부리치고 수만리의 여행을 떠난다. 때가 되면 알을 낳고 새끼를 기르기 위해 폭풍우와 맞서 싸우며 날아간다. 철따라 새들은 사랑하는 짝을 따라 그렇게 고된 여행을 계속한다. 하나님은 새들에게 먼 거리를 여행할 수 있는 나침반, 네비게이션을 주었다. 인간은 새보다 훨씬 더 뛰어난 '하나님 형상의 나침판, 네비게이션'을 갖고 있다. 그러나 인간은 '욕망을 따라 살아라. 마음대로 살아라. 한번뿐인 인생 멋대로 살아라. 하나님은 없어. 네가 하나님이야'라고 속삭이는 거짓 철학자에 속고 있다. 하나님은 인간들이 방황하지 않기 위해 '길과 진리요 생명 되신 예수 그리스도'를 메시야로 보냈다. 하지만 지금도 예수 그리스도를 거절하고 방황하는 인간들을 위해 눈물 흘리는 하나님의 마음을 알고 있는가?

이 세대와 이웃을 향한 나의 눈물과 고민은 무엇인가?

'슬프다 나의 근심이여 어떻게 위로를 받을 수 있을까? 내 마음이 병들었도다 …내 백성이 상하였으므로 나도 상하여 슬퍼하며 놀라움에 잡혔도다. 길르앗에는 유향이 있지 아니한가? 그 곳에는 의사가 있지 아니한가? 딸 내 백성이 치료를 받지 못함은 어찌됨인고? 어찌하면 내 머리는 물이 되고 내 눈은 눈물 근원이 될꼬? 죽임을 당한 딸 내 백성을 위하여 주야로 울리로다(예레미야 8:18-9:1).'

타락한 백성들은 하나님의 경고를 듣지 않는다. 어찌할까? 내 속에 멸망 받을 백성을 향한 눈물이 가득 찼다. 수도 꼭지를 틀어놓은 것처럼 눈물이 쏟아진다. 자녀들이여! 부모님의 눈물어린 호소와 기도를 외면하지 말라. 부모님들이여 또한 자녀들의 눈물을 외면하지 말라. 남편들이여 아내의 통곡하는 기도에 응답하라. 스승의 눈물을 기억하고 제자들아 좁은길로 가라. 목회자의 울부짖는 복음 메시지에 회개하라. 당신을 위해 눈물로 기도해 주는 친구가 있는가? 왜? 예수님은 예루살렘을 보시고 우셨는지 아는가?

MESSAGE
"💧" "💧"

그토록 슬프게 울며 외치는 선지자들의 메시지는 무엇인가?

'만군의 여호와께서 이와 같이 말씀하시되, 너희는 잘 생각해 보고 곡하는 부녀를 불러오며 또 사람을 보내 지혜로운 불러오되 그들로 빨리 와서 우리를 위하여 애곡하여 우리의 눈에서 눈물이 떨어지게 하며 우리 눈꺼풀에서 물이 쏟아지게 하라(예레미야

19:17-18).'

갑자기 곡하는 여인들이 수천 명이 모여 운다면 어떻게 될까? 사람들은 가던 길을 멈추고 우는 소리를 따라 현장에 모여든다. 사람들은 무엇 때문에 웁니까? 누가 죽었는가? 계속 질문한다. 그러나 아무도 대답해 주지 않는다. 사람들이 점점 더 많아졌다. 그제서야 통곡하는 이유를 알려준다. 곧 '전국적으로 재앙과 전쟁'이 일어난다는 것이다. 그 원인은 우리 모두가 범죄하여 하나님의 말씀을 버렸기 때문이다. 모든 국민들이 한 곳에 모여 함께 통곡하고 죄를 회개한다면 '하나님께서도 심판'을 돌이켜 용서하실 것이다.

지금 응급 문자, 이메일과 카톡을 보낸다. '이 시대를 위해 함께 울어줄 사람들을 찾고 있습니다!' 마땅히 애곡해야 할 '하나님의 여인'은 교회와 부름 받은 예수님의 제자들이다. 함께 모여 아직도 하나님에게 돌아오지 않는 가족과 친구와 이웃을 위해 금식하며 부르짖자. 그들에게 보낼 사랑의 편지와 동영상, CD를 만들고 선물과 책과 찬양을 준비하여 방문하자. 매달 한 번씩 또는 여름과 겨울 방학과 휴가를 이용하여 '잃어버린 영혼, 첫 사랑을 버린 영혼'을 찾아가자.

내가 자랑할 것은 무엇인가?

'여호와께서 이와 같이 말씀하시되, 지혜로운 자는 그의 지혜를 자랑하지 말라! 용사는 그의 용맹을 자랑하지 말라! 부자는 그의 부함을 자랑하지 말라! 자랑하는 자는 이것으로 자랑할지니 곧 명철하여 나를 아는 것과 나 여호와는 사랑과 정의와 공의를 땅에 행하는 자인 줄 깨닫는 것이라! 나는 이 일을 기뻐하

노라! 여호와의 말이니라(예레미야 9:23-24).'

　외출하기 위해 준비한다. 목욕하고, 머리와 얼굴을 만지고, 옷과 신발을 고른다. 차에 올라 예약한 식당을 점검한다. 먹음직하고 영양이 담긴 음식을 먹으면서 대화하는 모습이 그림 같다. 그런데 당신의 대화 주제는 무엇인가? 지난 날에 베푸신 '하나님 은혜'인가? 지난 주에 깨달은 하나님 말씀인가? 하나님은 누구를 만나든지 '자신의 사랑(♥)과 은혜'를 자랑하는 자를 기뻐하는 아버지다.

이방의 풍습과 축제를 따르지 않아야 할 이유는 무엇인가?

　'여호와께서 이와 같이 말씀하시되, 여러 나라의 길을 배우지 말라! 이방 사람들은 하늘의 징조를 두려워하거니와 너희는 그것을 두려워하지 말라! This is what the LORD says, Do not learn the ways of the nations or be terrified by signs in the sky, though the nations are terrified by them(예레미야 10:1).'

　이방인들이 만든 우상은 숙련된 사람이 돌과 철과 나무로 다듬은 것이다. 그 우상들은 말도 못하고 걷지도 못하고 화와 복도 주지 못한다. 그것들을 두려워하고 무서워할 필요 없다. 오직 하나님만이 참 하나님이시며 살아계신 영원한 왕이다. 하나님은 온 우주의 창조주요 통치자다. 다른 도시와 외국을 여행하다가 호기심으로 우상과 장식을 구입할 수 있다. 분별없이 집안에 놓아 둔 우상 때문에 영혼과 몸을 더럽히고 병들게 한다. 오늘 당장 우리 집을 대청소한다.

나의 불평과 질문은 무엇인가?

'여호와여 내가 주와 변론할 때에는 주께서 의로우시나이다. 그러나 내가 주께 질문하옵나니, 악한 자의 길이 형통하며 반역한 자가 다 평안함은 무슨 까닭이니이까? 주께서 그들을 심으시므로 그들이 뿌리가 박히고 장성하여 열매를 맺었거늘 그들의 입은 주께 가까우나 그들의 마음은 머니이다(예레미야12:1-2).'

비교 의식에 빠져 원망스런 질문을 할 때가 있다. 악행하는 자들이 형통하고 의로운 자들이 고통을 당할 때가 있다. 나는 하는 일마다 사고가 터진다. 그런데 불법자들의 사업이 잘되는 이유는 무엇인가? 뇌물과 부정한 돈을 서로 나누기 때문에 겉 보기에는 좋아 보이나 결국은 패망이다. 비록 아픔과 조롱이 쏟아져도 흔들리지 말고 달려가야 한다.

거짓 예언하는 자들 때문에 눈물 흘리는 하나님에게 어떻게 반응할 수 있을까?

'여호와께서 내게 이르시되, 선지자들이 내 이름으로 거짓 예언을 하도다! 나는 그들을 보내지 아니하였고 그들에게 명령하거나 이르지 아니하였거늘 그들이 거짓 계시와 점술과 헛된 것과 자기 마음(♥)의 거짓으로 너희에게 예언하는도다(예레미야 14:14).'

하나님이 말씀한 것을 받아 전하는 것은 쉽고 기쁜 일이다. 그런데 거짓을 예언하려면 머리를 많이 써야 한다. 여러 사람들에게 거짓을 사실처럼 꾸며야 한다. 거짓 예언은 돈과 기득권을 지키려는 것이다.

거짓은 눈과 귀를 흐리게하여 '하나님을 대적'한다. 질병이 번지듯이 사회 전체에 퍼지면 진리는 설 수 없다. 하나님의 진노와 심판을 말하지 않는다. 그래서 함께 멸망한다. 하나님이 심판과 재앙을 미리 선포하는 이유가 있다. 비록 죄를 지었지만 '하나님의 말씀을 듣고' 회개하면 용서할 기회를 주려는 하나님의 자비 때문이다. 그러나 거짓을 예언하는 사람들 때문에 '먹구름이 햇빛을 막는 것'처럼 사람들이 회개할 기회를 빼앗는 것이다. 또한 하나님이 끝없는 자비와 은혜를 베풀 수 없게 만들어 사탄이 춤추게 만드는 악행이다.

마지막 신호와 선택은 무엇인가?

'여호와께서 내게 이르시되, 모세와 사무엘이 네 앞에 섰다 할지라도 내 마음이 이 백성을 향할 수 없나니 그들을 내 앞에서 쫓아 내보내라 …죽을 자는 죽음으로 나아가고 기근을 당할자는 기근으로 나아가고 포로 될 자는 포로됨으로 나아갈지니라 …유다 왕 히스기야의 아들 므낫세가 예루살렘에 행한 것으로 말미암아 내가 그들을 세계 여러 민족 가운데에 흩으리라…여호와께서 이르시되, 네가 나를 버렸고 내게서 물러갔으므로 네게로 내 손을 펴서 너를 멸하였노니. 이는 내가 뜻을 돌이키기에 지쳤음이로다(예레미야 15:1-6).'

하나님이 추억에 잠기실 때는 언제인가?

옛날 모세와 사무엘 때에도 백성들은 하나님을 배반했다. 그러나 하나님의 진노를 막아선 기도자 모세와 사무엘이 있었다. 그러나 지금은 그때보다 사람들이 훨씬 더 약해졌다. 하나님이 보낸 많은 선지자들의 글과 역사를 알고 있는 왕과 제사장과 선지자들이 타락했기 때문이다. 아무리 예레미야가 하나님의 마지막 신호와 심판을 전해도 듣지 않는다. 하나님은 최후로 4가지를 선택하도록 한다. 그것은 전쟁, 기근, 칼로 살해당함, 포로되어 끌려가는 것이다. 이렇게 참혹한 선택을 요구하는 것은 백성들이 혹시 회개하고 돌아오기를 바라는 하나님의 눈물어린 호소다. 그러나 백성들은 이것마저 걷어찬다! 어찌할꼬? 내 영혼아 사망의 잠에서 깨어 일어나라!

당신은 하나님의 대변인(advocate)인가?

'만군의 하나님 여호와시여 나는 주의 이름으로 일컬음을 받는 자라. 내가 주의 말씀을 얻어 먹었사오니 주의 말씀은 내게 기쁨과 내 마음의 즐거움이오나… 여호와께서 이와 같이 말씀하시되, 네가 만일 돌아오면 내가 너를 다시 이끌어 내 앞에 세울 것이며 네가 만일 헛된 것을 버리고 귀한 것을 말한다면 너는 나의 입이 될 것이라. 그들은 네게로 돌아오려니와 너는 그들에게로 돌아가지 말지니라(예레미야 15:16-19).'

대변인은 왕과 대통령, 수상, 회장, 주인의 뜻과 말을 대신 전달한다. 대변인은 결코 자신의 뜻을 전하는 것이 아니다. 하나님께서 당신을 가정과 교회와 공동체의 대변인으로 세우셨다. 지금 그들에게 전달할 메시지는 무엇인가? 함께 모여 '서로 듣고 배우는' 시간을 갖고 있는가?

포로에서 돌아올 것을 확실히 증명해주신 하나님

'여호와의 말씀이니라 그러나 보라 날이 이르리니 다시는 이스라엘 자손을 애굽 땅에서 인도하여 내신 여호와께서 살아 계심을 두고 맹세하지 아니하고 이스라엘 자손을 북방 땅과 그 쫓겨났던 모든 나라에서 인도하여 내신 여호와께서 살아 계심을 두고 맹세하리라. 내가 그들을 그들의 조상들에게 준 그들의 땅으로 인도하여 들이리라(예레미야 16:14-15).'

죄의 쇠사슬에 매여 사탄의 노예로 살던 우리를 '예수님의 보혈'로 해방시켜 주심을 찬양합니다. 그러나 광야를 지나며 계속 반역했다. 가나안에 정착한 후에도 하나님의 말씀에 불순종했다. 구원의 감격을 잃어버리고 하나님을 배반하고 떠났다. 불순종 때문에 이방 땅에 전쟁 포로가 되었다. 하나님은 성전과 고향을 그리워하는 백성을 회복시켜줄 것을 약속했다. 하나님은 그 약속을 지켜 다시 그들을 해방시켰다. 구원의 기쁨을 잃고 방황하는 우리에게 또다시 은혜를 베풀어주시는 하나님을 찬양합니다. 이제 복음의 군사가 되어 하나님의 사랑과 말씀을 순전하게 전하게 하소서! **출애굽의 하나님! 출바벨론의 하나님을 찬양합니다!**

 왜? 인간의 마음은 쓰레기장보다 더 더러울까?

'만물보다 거짓되고 심히 부패한 것은 마음이라 누가 능히 이를 알리요마는. 나 여호와는 심장을 살피며 폐부를 시험하고 각각 그의 행위와 그의 행실대로 보응하나니(예레미야 17:9-10).'

더러운 쓰레기는 한데 모아 태우고 묻을 수 있다. 그러나 인간의 더러운 마음에서 나오는 악취는 막을 방법이 없다. 매립한 쓰레기는 수백 년이 지나면 썩어 흙과 함께 섞인다. 그러나 인간의 마음(♥)은 수천 년이 지나도 변하지 않고 도리어 더욱 더러워졌다. 도시 정화조에서 흘러나온 오수가 모이는 하수 처리장이 있다. 가축의 분뇨도 정화할 수 있다. 그러나 더러운 인간의 마음(♥)을 어떻게 깨끗하게 할 수 있는가? 우리의 구원자 예수 그리스도를 보내주신 하나님을 찬양합니다! 예수님의 보혈로 인간의 마음을 청소할 일꾼을 하나님이 공개 모집한다!

 토기장이 하나님

'너는 일어나 토기장이의 집으로 내려가라 내가 거기에서 네 말을 네게 들려주리라… 내가 토기장이의 집으로 내려가서 본즉 그가 녹로로 일을 하는데 진흙으로 만든 그릇이 토기장이의 손에서 터지매 그가 그것으로 자기 의견에 좋은대로 다른 그릇을 만들더라… 여호와의 말씀이니라, 이스라엘 족속아 이 토기장이가 하는 것 같이 내가 능히 너희에게 행하지 못하겠느냐? 이스라엘 족속아 진흙이 토기장이의 손에 있음 같이 너희가 내 손에 있느니라(예레미야 18:2-6).'

녹로에서 떨어진 진흙 한 덩이 같은 인간이다. 토기장이는 떨어진 진흙을 버리지 않고 다시 치대어 녹로에 올려 그릇을 만든다. 하나님의 관심이 집중된 떨어진 흙 한 덩이다. 쓰레기장에 던져진 진흙 한 덩이를 다시 들고 그릇을 빚으신 하나님!

오늘 하나님 앞에서 회개하며 눈물로 기도하는 진흙 한 덩이 여기 있습니다! '주님이 원하는 그릇'으로 빚어 주소서! 우리 마음이 하나님에게 향하면 하나님은 손에 들었던 회초리를 놓고 다시 인도하신다. 하나님! 우리 가정과 교회와 공동체와 선교회가 '첫사랑을 잃지 않고 끝까지 순종'하도록 인도하소서!

11. 성경 묵상과 실천
Bible meditation and obedience

 성경 말씀으로 마음을 채움

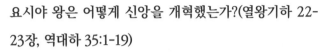 **요시야 왕은 어떻게 신앙을 개혁했는가?(열왕기하 22-23장, 역대하 35:1-19)**

역대 왕들은 이스라엘 백성들이 출애굽할 때 지키도록 명령한 유월절(Passover)을 오랫동안 지키지 않았다. 비록 요시야 왕은 8살에 왕이 되었으나 26세때부터 신앙 개혁을 단행했다. 성전을 수리하다가 발견한 율법책을 읽고 옷을 찢으며 회개했다. 산당을 허물고 가증한 모든 것을 불태웠다. 그리고 유월절을 지켰다. 요시야 왕은 먼저 솔선수범하여 유월절에 필요한 양과 염소 30,000마리와 수소 3,000마리를 제물로 내어 놓았다. '선지자 사무엘 이후로 이스라엘 가운데서 유월절을 이같이 지키지 못했다. The Passover had not been observed like this in Israel since the days of the prophet Samuel(역대하 35: 18).'

예수 보혈로 구원 받은 감격을 잊은 채 방황하는가? 내 삶에 개혁해야 할 것은 무엇인가? 내가 회복해야 할 것은 무엇인가?

 **하나님이 성경 연구에 전심을 다하고 기도에 힘쓰는 사역자를 찾는 이유는 무엇인가?**

'네 양 떼의 형편을 부지런히 살피며 네 소 떼에게 마음을 두라. Be sure you know the condition of your flocks, give careful attention to your herds(잠언 27:23).', '우리는 오로지 기도하는 일과 말씀 사역에 힘쓰리라 하니. We will give our attention to prayer and the ministry of the word(사도행전 6:4).', '에스라가 여호와의 율법을 연구하여 준행하며 율례와 규례를 이스라엘에게 가르치기로 결심하였더라. For Ezra had devoted himself to the study and observance of the Law of the LORD, and to teaching its decrees and laws in Israel(에스라 7:10).'

사역자는 하나님의 말씀을 깊게 묵상하고 연구하여 먼저 '자신의 영혼이 굶주리지 않아야' 한다. 하루에 몇 시간씩 하나님 말씀을 묵상하고 연구하는가? 그런 다음 자신이 '묵상하고 연구한 성경 말씀을 따라' 실천하려고 힘써야 한다. 실천의 문제와 어려움이 무엇인지 알아야 한다. 그 후에 묵상하고 실천한 것을 나누며 가르칠 수 있다. 영혼을 먹이는 일 외에 무슨일로 그렇게 바쁜가? 골방에 들어가 '하나님과 홀로 만나는 시간'이 필요하다. 갈급한 영혼이 손짓하는 곳으로 가서 '형편을 잘 살펴' 적절한 양식을 공급하여 배탈나지 않도록 전한다.

 무엇을 찾으려고 그렇게 바쁘게 살아가는가?

'내가 해 아래에서 행하는 모든 일을 보았다. 보라 모두 다 헛되이 바람을 잡으려는 것이다. I have seen all the things are done under the sun; all of them are meaningless, a chasing after the wind(전도서 1:14).'

폭풍을 추적하여 그 방향과 크기를 알려 주는 사람들이 있다. 헛된 욕망의 바람을 쫓다가 '허무와 절망의 늪'에 빠진다. 사람을 살리고 세워주는 일에 시간과 재정을 투자하자. 치료비가 없어 발을 동동 구르는 사람과 배우고 싶어하는 사람을 돕자.

 ### 성경을 깊게 묵상하고, 관찰하고, 연구하고, 함께 나누며 실천하는 공동체 세우기

'대저 경계에 경계를 더하며 경계에 경계를 더하며 교훈에 교훈을 더하며 교훈에 교훈을 더하되 여기서도 조금, 저기서도 조금 하는구나. For it is precept upon precept, precept upon precept, line upon line, line upon line, here a little, there a little(이사야 28:10).'

하나님 말씀을 사모하는 열심이 필요하다. 성경 속에 나타난 하나님의 의도와 마음을 알도록 깊게 묵상한다. 노트에 묵상한 것을 적어가며 또 관찰한다. 관찰한 것을 기초로 본문의 시대적 배경, 문화적 배경, 지리적 영향 등을 연구한다. 그 중에 핵심이 되는 것을 메시지로 만든다. 예수님처럼 비유와 일상에서 깨달은 것과 연결하여 '하나님 나라'의 비밀을 즐겁게 전달한다. '하나님 나라'는 말에 있지 않다. 성령의 능력이 드러나도록 깊게 기도한다. 성경적인 메시지를 전하고 함께 나누며 삶 속에서 실천할 수 있는 것을 함께 찾는다.

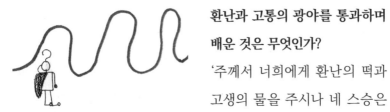

환난과 고통의 광야를 통과하며 배운 것은 무엇인가?
'주께서 너희에게 환난의 떡과 고생의 물을 주시나 네 스승은 숨기지 아니하시리니. 네 눈이 네 스승을 볼 것이며, 너희가 오른쪽으로 치우치든지 왼쪽으로 치우치든지 네 뒤에서 말소리가 들려 이르기를 이것이 바른 길이니 너희는 이리로 가라 할 것이며(이사야 30:20-21).'

환난과 고통은 우리의 스승이다. 고난을 통해 배운 것은 통찰력과 지혜를 준다. 어느 방향으로 갈 것인지 결정할 때 서두르지 않게 된다. 감정과 보이는 환경을 따르기보다 먼 미래를 바라보게 한다. 분별할 수 있도록 기도하고 기다려야 한다. 조급하게 서두르면 실수하게 된다.

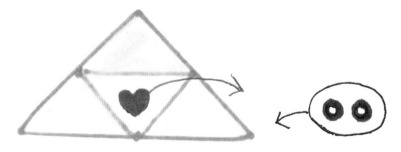

나는 지금 무엇을 보고 있는가? 나는 하나님과 시선을 맞추고 있는가?

'예레미야야 네가 무엇을 보느냐? …내가 대답하되, 내가 살구나무 가지를 보니이다. 여호와께서 내게 이르시되, 네가 잘 보았도다(예레미야 1:11-12).'

하나님은 자신의 뜻과 계획을 전해줄 메신저를 찾고 있다. 하나님은 내가 지금 무엇을 보고 있는지 질문한다. 하나님은 내가 보기를 원하는 것을 이미 세워 놓았다. 그러나 내 눈이 감겨 있거나 혹은 정신이 팔려 다른 것을 보고 있다면 얼마나 슬픈 일인가? 하나님은 가장 중요한 시간에 무엇을 보고 있는지 알고 싶어 하신다. 하나님은 나에게 데이트를 청하며 질문하고 있다. 하나님은 내가 무엇을 보려고 들떠있는지 알고 싶어 하신다. 나는 하나님이 보길 원하는 것을 보고 있는가? 나는 하나님이 금지한 것을 보고 있는가? 나는 정욕의 사슬을 걷어차고 똑바로 볼 수 있는 영안을 가지고 있는가? 나는 무엇을 보려고 그렇게 서성거리고 있는가?

 하나님의 퍼즐 맞추기

 하나님의 은혜로 시온으로 돌아가는 백성

12. 토지 분배와 성전과 성벽
Land distribution, temple and wall

 토지 분배

성전 출입 규칙
성전 동쪽으로 향한 문은 닫아 두고 다시 열지 못한다. 그리고 아무도 그리로 들어오지 못한다. 그 이유는 하나님이 그 문으로 들어왔기 때문이다. 왕은 이 문 현관으로 들어와서 현관에 앉아서 여호와 앞에서 음식을 먹고 그 길로 나갈 수 있다(에스겔 44:1-3).

 가나안 정착 이후 토지 분배

 각 지파 경계와 구분

 도피성

2부

성경 본문의 주제를 그림으로 그려 보며
하나님 마음(♥) 묵상하기
Meditation of the Bible through drawing

이것은 제1부에서 다룰 수 없는 큰 그림이다. 성경 본문의 주제와 핵심 내용을 묵상하며 그림으로 표현한 것이다. 성구를 묵상하며 그린 그림은 '하나님의 의도와 마음'을 살펴보려는 것이다. 때로는 딱딱하고 지루하게 생각하는 성경 말씀을 새롭게 묵상하는 방법이다. 가정과 교회, 학교와 공동체의 모임에서 묵상한 내용을 따라 함께 그림을 그리며 풍성한 은혜를 나눌 수 있다.

그림을 그려가며 성경을 묵상하는 방법

성경 본문 구절 혹은 사건을 함께(가족, 팀원, 구역과 목장에서) 묵상할 때 서로 배울 수 있다. 이미 표현된 성경의 다른 그림과는 다른 모습으로 그릴 수 있다. 각자의 관찰과 통찰을 통해 그려진 그림을 통해 새로운 이야기를 나눈다. 교회 학교와 구역과 목장에서 주어진 성경 본문의 사건과 구절을 생활 속에서 구체적으로 적용할 수 있는 점을 서로 나누고 기도한다. 성경 공부와 묵상의 기쁨을 누릴 수 있게 된다. 하나님과 동행하는 그림 일기(개인, 가족, 구역, 팀원)를 만들어 간다. 함께 관찰한 내용과 주제에 대한 이야기를 나누고 색칠하면서 서로의 마음을 주고받게 된다.

1장

주제와 중심 단어

Themes and keywords

1. 성경 본문과 사건을 여러 번 묵상하면서 계속 주제와 중심 성구 (key verse)를 찾아본다. 깨달은 내용을 자세히 묵상 노트에 기록한다.

2. 주제와 중심 단어(key word)가 성경 본문의 전체 내용을 포함하는지 살핀다.

3. 주제와 중심 단어가 있는 성경 구절을 조금 큰 소리로 2-3차례 읽어 본다. 이때 이 구절을 성경 저자(선지자, 제자)로 부터 처음 듣는 것처럼 생각하며 읽는다.

4. 주제와 중심 단어를 강조하여 표현할 방법을 찾아 본다.

2장

주제와 중심 단어 표현 방법

Expressing the themes & key words

1. 성경 묵상 노트에 기록한 내용을 깨달은 내용을 2-3번 읽는다. 그런 다음 표현하고자 하는 그림을 스케치하고 색칠한다.

2. 주제의 글자를 새롭게(크게, 길게, 넓게, 높게, 비대칭 등으로) 만들어 표현할 수 있다.

3. 도형과 기호와 방향 표시와 상징을 사용하여 표현할 수 있다.

4. 볼록하고 오목한 모양과 대칭을 사용하여 강조점과 비교점을 표시할 수 있다.

5. 색의 강약을 통해 중심 내용을 강조할 수 있다.

2부

3장

묵상 노트와 스케치북을 이용하여 표현하기

Using meditation notebooks & sketchbooks

1. 브레인스토밍(brainstorming)으로 어떤 내용을 집중하여 표현하려고 하는지 문장으로 구체적으로 적는다.

2. 성경 묵상 노트의 다른 페이지에 깨달은 성경 본문의 전체 그림을 스케치 한다.

3. 성경과 묵상 노트와 함께 휴대할 수 있는 스케치북에 그린다. 여러 번 수정 보완한다. 휴대할 수 있는 작은 스케치 북(10.5 cm x 16.5 cm)크기, 중간 크기(14cm x 20 cm) 때로는 대학 노트 크기 (22 cm x 28 cm)에 먼저 중심 단어와 글자를 적고 묵상한다. 그림을 그리고 색칠한다.

2부

4장

성경을 묵상하며 그림을 그린 다양한 모습
Meditation drawing's examples

(Thomas Merton, Dialogue with Silence와 Clarence Enzler, Every man's Way of The Cross가 도전을 주었다.)

1. 하나님의 사랑과 은혜(God's Love & Grace)

하나님의 눈물

(God's Tears)

하나님의 자비

(God's Mercy)

하나님의 보좌에서 흐르는 빛의 강물
(River of Light Flowing from God's Throne)

죽임당한 하나님의 어린 양(1)

(The God's Lamb Who was

Slain)

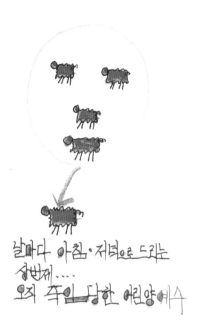

날마다 아침·저녁으로 드리는
상번제....
오직 죽임당한 어린양 예수

죽임당한 하나님의 어린 양(2)

(The Lamb of God who was

Slain)

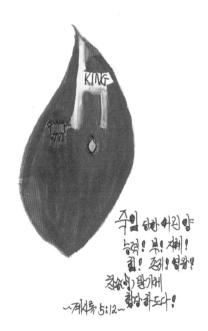

죽임 당한 어린 양
능력! 부! 지혜!
힘! 존귀! 영광!
찬송이 합당하게
합당하도다!
~계시록 5:12~

하나님의 임재
(God's Presence)

영원토록 동일 하신 하나님
(Everlasting God)

예수님의 성육신

(Jesus' Incarnation)

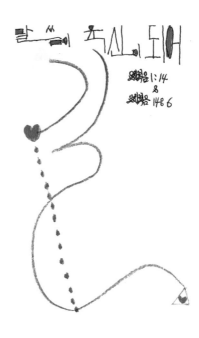

하나님의 사랑

(God's Love)

사탄 앞에서 조롱당하는 하나님의 부끄러움

(God endures shame in front of Satan)

누가 여호와의 회의에 참여해 보 았는가?

(Who has stood in the council of the Lord?)

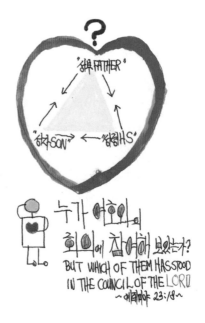

2. 하나님의 형상을 가진 인간(Created in the Image of God)

하나님의 눈물

(God's Tears)

인간의 정체성

(Our True Identity)

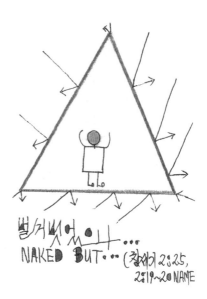

선악과와 생명나무

(Tree of the Knowledge of Good & Evil & Tree of Life)

하나님과 교제

(Koinonia with God)

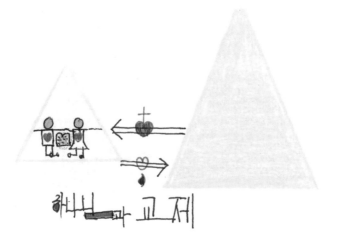

갈등 관계
(Relational Conflicts)

선택과 책임
(Choice & Accountability)

생명의 길 vs 사망의 길
(Way of Life vs Way of
Death)

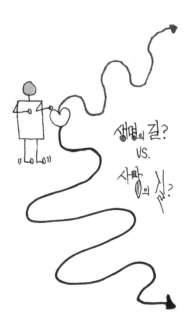

3. 구원자 예수 그리스도(Savior Jesus Christ)
언제나 어디서나
오직 예수 그리스도
(Only Jesus Christ Whenever
& Wherever I Go)

여호와는 나의 목자시니

(The Lord is My Shepherd)

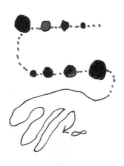

예수 보혈의 능력

(Power in the Blood of Jesus)

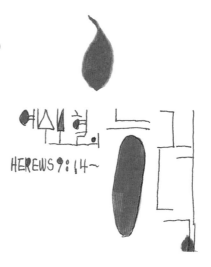

처음 사랑을 회복하라
(Restore your first love)

하나님이 행하신 위대한 일
(The Great Works of God)

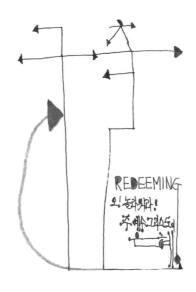

4. 성경을 꿰뚫고 있는 주제(Core Biblical Themes)

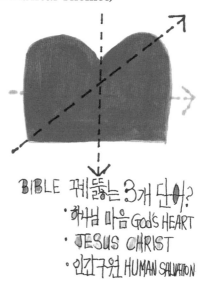

예수 보혈의 강, 성령의 감동/조명, 심부의 묵사 ⇒ 성경의 깨우침

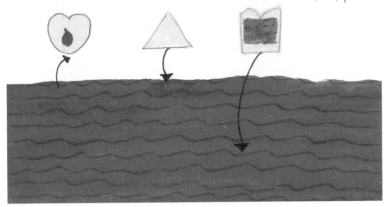

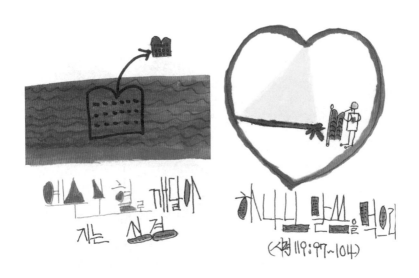

예수 피 흘림으로 깨달아
지는 성경

하나님 말씀을 먹으라
(시편 119:97~104)

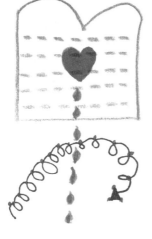

말씀으로 치유하시는 하나님
(시편 107:20, 이사야 53:5, 벧전 2:24)

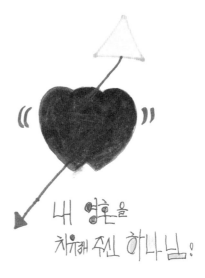

내 영혼을
치유해 주신 하나님!

주가 내 안에 내가 주 안에
(Abiding in Christ)

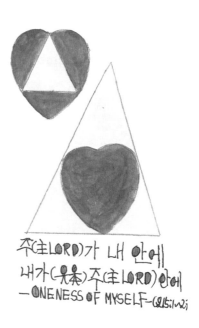

주(主LORD)가 내 안에
내가(吾吾)주(主LORD)안에
—ONENESS OF MYSELF—(요15:1~2)

만물보다 거짓되고 부패한 마음
(Depraved Heart)

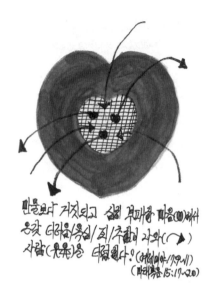

만물보다 거짓되고 심히 부패한 마음(♥)에서
온갖 더러움/욕심/죄/추할이 나와(➜)
사람(人类)을 더럽힌다! (예레미야 17:9~)
(마태복음 15:17~20)

교만한 사탄과 겸손한 예수
(Prideful Satan vs Humble
Jesus)

교만한 사탄
에스겔 ↑ 28장
VS.
겸손한 예수
빌립보서 2:5~8

산 영과 살려 주는 영
(Living spirit vs Life-giving
Spirit)

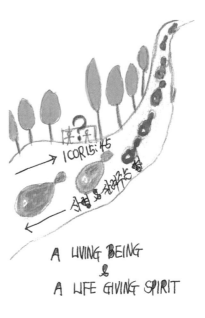

도자기와 같은 인생
(Life as a claypot)

질 그릇에 담긴 보물

(Treasure inside an earthenware)

하나님 말씀 속으로 뛰어 들다

(Jumping into God's Word)

마음 속에 세워진 교통 표지판

(Inner Traffic Sign)

내 마음(♥)속에 세워진 교통표지판(SIGNALS)
어떻게(HOW?) 읽고/결정하여…
활동/결단 할 수 있는가?

땅을 덮은 바다

(Land covered by the Seas)

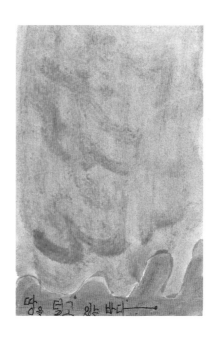

땅을 덮고 있는 바다.

땅을 덮은 하늘
(Land covered by the sky)

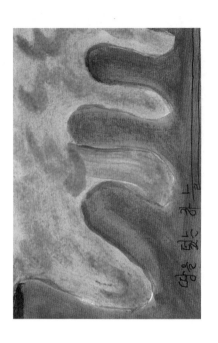

5. 나의 기도(This is my prayer)
친밀한 교제를 회복시켜 주소서!
(Restore my intimacy with You)

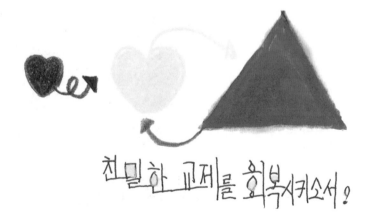

나의 간절한 기도와 소망

(My utmost hope & prayer)

주여! 불쌍히 여겨 주소서!

(Have Mercy on Me, O

Lord!)

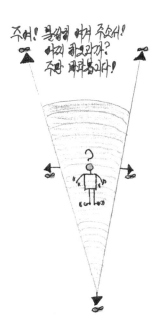

하늘의 문을 열어 주소서!

(Lord, Open the Heaven's

Gate!)

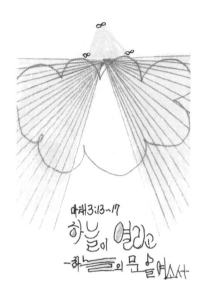

찬양의 바다

(Ocean of Praise)

호흡이 있는 자마다 여호와를
찬양하라!
(Let Everything that has
Breath Praise the Lord!)

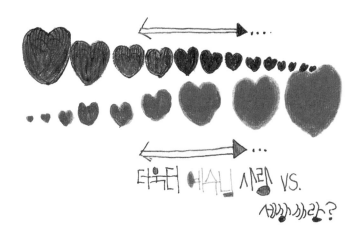

더욱더 예수님 사랑
(More love to Thee)

침묵 기도

(Silent Prayer)

내 영혼이 주를 갈망합니다!

(My soul pants for You, Lord)

어두운 밤을 어떻게 보낼까?

(How can I going through

the night?)

은혜의 바다에 빠져보라

(Jump into the sea of grace)

주를 바라보며

(Waiting for Jesus)

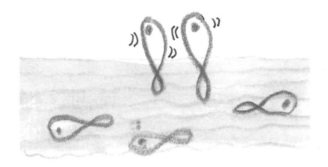

하나님 마음(♥) 찾아가는 성경 묵상 여행

3부

자연에 나타난 하나님의 마음(♥)을 찾아 묵상하며
시(詩, Poems) 써보기
Poems to express one's meditation of God
through nature

자연을 묵상하는 목적은 하나님의 마음을 알고자 하는 것이다. 바울은 이렇게 말했다. '창세로부터 그의 보이지 아니하는 것들 곧 그의 **영원하신 능력과 신성이 그가 만드신 만물에 분명히 보여 알려**졌나니 그러므로 그들이 핑계하지 못할지니라. For since the creation of the world God's invisible qualities - His eternal power and divine nature - have been clearly seen, being understood from what has been made, so that men are without excuse(로마서 1:20).' 성경을 묵상하면서 어떻게 하든지 '하나님의 의도와 마음을 알고자' 하는 집중, 몰입과 관찰이 자연을 묵상할 때도 연결되는 것이다. 자연을 묵상하며 하나님이 주신 은혜와 기쁨은 성경을 묵상할 때 '관찰력과 묵상의 힘'을 배가시켜 준다.

산책을 나간다. 들판과 산등성이에 있는 나무와 풀과 꽃과 동물과 곤충과 거미줄과 비와 눈과 서리와 얼음과 이슬과 하늘과 강과 구름과 달과 태양과 별들을 통해 하나님이 초청한다. 때로는 집 안에 있는 담쟁이와 화분들이 말을 걸어온다. 정원에서 비를 맞고 있는 나무들이 웃고 있다. 쏟아지는 눈보라 속에 날아가는 기러기가 문자를 보낸다. 언 땅을 뚫고 솟아나는 풀과 나무 잎이 박수친다. 가을에 떨어진 낙엽을 밟고 걸어가는데 '에덴 동산을 걸어오시는 하나님의 방문'이 갑자기 생각나 한참 의자에 앉아있었다. 하나님의 사랑과 기다림에 응답하려고 나는 오늘 하나님의 벼락 입맞춤에 쓰러진 나무 조각을 귀에 대고 이렇게 기도한다. '주여! 내 눈을 열어 주소서! 하나님이

창조하신 모든 것들이 하나님을 찬양합니다! 내 평생의 삶이 찬양이

되게 하소서!'

1장

산책하며 자연을 관찰하기

Nature walking & observing

자연에 나타난 하나님의 마음을 찾아 묵상하며 글 쓰는 방법

1. 오늘 처음 본 것처럼 자연을 관찰한다. 에덴 동산에 서있는 것처럼 처음 창조되어 나타난 것을 보는 것처럼 신기함과 호기심을 가지고 관찰한다.

2. 일상에서 다양한 생명과 자연의 존재들의 새로운 모습이 보이면 멈추어 5~7분 자세히 관찰한다. 때로는 동일한 모습을 여러 날 관찰한다.

3. '하나님의 영원한 능력과 신성이 만물에게 알려진 것(로마서 1:20)'이 분명히 보여지고 알려진 것이 무엇인지 살펴본다. 또한 '만물이 탄식하는(로마서 8:22)' 것이 무엇인지 생각하며 관찰한다.

4. 어느 부분(what)이 새롭게 느껴지는가? 어떻게(how) 그 모습이 이루어져 있는지 살핀다.

5. 계절(봄, 여름, 가을, 겨울)과 일기(눈, 비, 안개, 맑음, 흐름)와 특별한 시기(개화, 낙화)와 시간 (아침, 정오, 이른 저녁)과 장소에 따라 나타나는 모습을 살핀다.

6. 자연을 관찰하며 성경의 어떤 모습을 직접 또는 간접적으로 보여주고 있는지 연관지어 살펴본다.

2장

사진을 촬영하기
Taking nature photos

1. 사진을 촬영할 때 인위적인 물체(다리, 전봇대, 기둥, 담, 인형 등)들은 노출시키지 않는다.

2. 같은 모양과 모습을 가로 사진과 세로 사진을 각각 최소 4~6장 촬영한다. 그런 다음 그 중에서 좋은 사진을 선택하여 글을 쓴다.

3. 어떤 구도와 원근과 카메라 각도(높은 곳에서 아래를 향하여 high angle, 혹은 바닥에 가까운 낮은 곳에서 위를 향하여 low angle)에 따라 무엇(what)을 촬영할 것인가 머릿속에 그려보며 촬영한다.

4. 때로는 산책하러 나오기 전에 묵상한 성경 본문의 주제와 중심 단어와 어울리는 장면을 찾아 촬영할 수 있다.

5. 동일한 대상을 언제(when) 찍을 것인가 생각한다. 계절과 시간에 따라(새벽, 일출, 일몰) 촬영한다. 그림자의 길이와 명암에 따라 촬영한다.

6. 이야기 보따리를 열어 주는 대상을 발견하거나 찾아 촬영 한다.

7. 촬영을 할 때 받은 감동을 구체적으로 몇 줄 적는다. 감동 받은 것을 메모지에 짧게라도 적어 놓지 않으면 글을 쓸 때 초점과 핵심을 잃을 수 있다.

3장

글을 쓰기 위하여 영감의 씨앗을 모으기

Honing in on seeds of inspiration

1. 문득 떠오르는 영감과 일상 생활 속의 영감과 다양한 경험의 현장에서 느낀점을 메모한다.

2. 영감(inspiration)의 불씨가 있을 때 즉시 노트와 메모지를 이용하여 적거나 스마트 폰에 녹음한다.

3. 본인이 알 수 있는 기호와 암호와 특별한 표시를 사용하여 핵심을 기록한다.

4. 메모와 핵심 단어는 주제별로 분류하여 문서 보관 상자에 넣어 자료화(database)한다.

4장

선택한 사진 중에서 글감을 선택하여 글쓰기

Using photos as a basis for wrting

1. 주제를 구체적으로 정하여 사진을 보면서 진솔한 자신의 글을 쓴다.

2. 영감이 흐를 때 인내심을 가지고 초고(rough draft)를 고치지 않고 한 번에 써내려간다. 글을 쓰다가 중간에 자주 수정하면 흐름이 끊어져 처음 의도한 것을 표현하지 못할 때가 많다.

3. 문장을 간결하고 리듬감을 갖지만 분명하게 쓴다. 쓸데없는 꾸밈과 단어를 사용하지 않도록 주의한다.

4. 글을 말하듯이 편하게 읽고 이해할 수 있도록 쓴다. 화려하고 독특한 표현을 쓰지 않는다.

5. 어떤 이야기를 쓸 때는 자신에게 그 이야기를 들려준다고 생각하며 써본다.

6. 관찰한 것을 시각화하여 구체적으로 묘사한다.

7. 내가 직접 경험한 것과 간접적으로 경험한 것을 연결하여 적용한 것을 쓴다.

8. 초고를 핵심과 주제에 벗어나지 않는 범위에서 교정, 교열, 윤문하여 완성한다.

9. 1차 완성된 글을 카톡과 이메일로 보내어 피드백(feedback)을 받는다. 피드백을 통해 수정하여 2차 글을 마무리한다.

10. 피드백(feedback)과 비판을 겸손하게 받으면 다음 단계(next level)로 나갈 수 있다.
문장 흐름과 이해가 어렵고 혼동된다고 독자의 피드백을 받으면 자꾸 고치고 다듬어 본다.

5장

쓴 글을 함께 나누며 서로 격려하고 기도하기

Sharing of one's writing in a community

1. 동일한 성경 본문과 사진을 가지고 쓴 글을 나누며 적용한 것을 나눈다.
글을 완성해 나가는 과정에서 부딪친 문제와 경험을 서로 격려하며 나눈다.

2. '주님과 동행하는 글'을 계속 쓸 수 있도록 서로 격려한다. 단체 대화방을 열고 정기적으로 모임을 갖는다. 그리하여 아름답고 추억 어린 '주님과 동행하는 글'이 가족과 이웃과 친구들에게 파도치며 번져가도록 한다.

3. 가족의 기념일(생일, 결혼 기념), 축하(출산과 백일, 첫돌, 결혼), 장례와 특정한 날(졸업, 입주, 이사)과 교회력(부활절, 성탄절), 교회 예식(세례, 임직) 등의 중요한 날에 축하글을 이메일과 편지로 보낸다. 때로는 축하 시를 액자에 담아 선물하여 예수님 안에서 격려한다.

4. 글을 쓰는 목적은 '예수님을 닮아 가는 것'이며 '영혼 구원'임을 기억한다. 복음의 본질을 알 수 있는 비유와 경험을 쓴다. 또한 영적인 분별을 어떻게 할 수 있는지 서로 나눈다.

5. 좋은 글을 쓸 수 있는 영감(inspiration)을 주신 분은 하나님이다. 그러므로 자신의 지혜와 노력이 자랑이 되지 않도록 주의해야 한다.

6장

시(詩)와 성경 구절
Poems & Bible text

1. 하나님의 은혜와 사랑
God's Love & Grace

놀랍고 놀라워라
(창세기 1:26)

주가 내 안에
내가 주 안에

한 줌 흙 속에

출렁이는 기쁨의 바다
두리번 두리번
지금
어디로 가려는가

그대가 선 자린
거룩한 땅

먼저
신발을 벗어 놓고
받으라

주의 은혜 사슬되어

(찬송가 '복의 근원 강림하사' 3절)

허공에서

몸부림 치길

수 백번

그리고 수 십번

뼈 속까지 스며든

외로움 안고

오르락 내리락
밤새워 지어 놓은
사랑의 미로

새벽 이슬
활짝 핀 날개
고단한 목수
생수를 들이킨 후

오늘은 만리 길
휘바람 불며 걷네

조그만 바람에도
흔들 흔들
쏟아질까
끊어질까
애간장 태웠는데

난
오늘 그댈 만나
영원을 산다
어떨 땐
순교라도 할 것처럼

다짐하지만
작디 작은 유혹에
나뒹구는 내 모습

주의 사슬 되어
나를 잡아 매소서

마중 나온 산 자락

(출애굽기 19:16-18)

빽빽한 구름

자욱한 연기

하나님 임재

광야 나침반

건네주는

왕의 목소리
막 돌아온
구 만리 길
뼈까지 떨려오는
환희의 합창

산 흔들던
그날 아침

네가 에덴을 떠날 때
(창세기 3:22-24)

넌 내가 마음 준

오직 한 사람

풀내음 진동하는 오솔 길

꽃 향기 그윽한 동산을

오르락 내리락

다 건네지 못한 사랑으로

아직도 마음이 설레는데

넌 그날 아침

아무리 내가 외쳐도

대답도 없이
한 여름에
몇겹 두꺼운 옷을 걸치고
고개를 떨군채
나무 뒤에 숨어 있었지

어떻게 너보다 더
두근거리는 마음 전할까
무슨 작별 인사가 어울릴까
한참을 망설이는데

넌 뒤도 돌아보지 않고
떠나갈 때
난 카네이션
한 소쿠리 뿌려 놓았다

2. 나는 누구인가?
Who am I?

냇물아 어디로 가니

(전도서 1:7)

아침 햇살
냇물에 얼굴 비비며
윙크하면
냇물은
햇살에 속마음 헹궈낸 후
오늘도 천리 길 떠난다

덤불 나무가지 뒤범벅
앞길 막으면
끝까지 옆구리 간지럽혀
숲 속 웃음 꽃 뿌려 놓고

물놀이 나온
오리 새끼들에게
물방울 풍선 깔아 주고

겨울 잠깨어
냇물에 세수하는
곰돌이들에겐
인심 좋게
숭어 몇 마리씩 건네준다

고향 떠난 나그네
오솔 길 돌아올 때
나무 다리 흔들며 환영하고

여러 날 걸려 도착한
강에 이르면
온 몸으로 함께 찬양하다

강이 바다로 흐를 때까지
강 바닥에 엎드려 기도하다

드디어
바다와 하나될 때
모든 짐 벗어놓고
냇물은 안식한다

나는 어디 있지
(누가복음 15:8)

노랑

빨강

분홍

파랑 색

꽃대궐 구경하러

산책 나선 길

땀을 식히느라

공원 의자에 앉아

솔 바람 쐬는데

아내가 하는 말

내 안경 어디 있지

그런데

아내는 안경을 눈에

걸치고 있었다

나는 놀려 주려고
그럼 난 어디있지

그댄 안경을
쓰고 있으면서
왜 찾는거야

오호라
아까 풀밭에
잠깐 벗어 놓았는데
얼른 쓴 것을
잊어 버렸구만

어제 저녁 잠들 때
이건 모자
이것은 바지
내 겉옷 여기
챙겨 두었는데

나는 어디 있지
여보 여보
날 잃어버렸어

어떻게해

날 찾아줘

온동네 김장하는 날

(시편 148:8)

누굴 먹이려

셀 수 없는

겉절이 담는가

하늘 바닷가

염전이 만든

정결한 소금

연못에 뿌리는가

절여 놓아두면
자연 발효되니

지친 순례자
좋아하지 않겠는가

물 한 잔 드릴까요

(욥기 38:22)

이보게
담서방

내년엔
어떤 농사 준비 하는가

글쎄요
아이스크림 장사해 보려고
시방
배우고 있어요

너는 내 옷을 입고

(골로새서 3:12)

너는
내 옷을 입고
나처럼 살아라

너는 마음 가라 앉히고
무엇이든지
너에게 비추는 것을 드러내어라

너를 볼 때마다
내 향기가 풍기도록

항상 나만 바라보아라

너는
무슨 일을 하기 전 마다
먼저 침묵으로
나에게 다가오라

나는 너를 통해
누구에게나
꾸미지 않은 사랑을
보여주고 싶구나

너는 목 마르면
언제든지 마음 내려놓고
나에게 와서 생수를 마셔라

너는 마음 여미고
어느곳에서든지
너에게 속삭이는 말을
받아 적어 보아라

3. 예수님의 십자가와 초청
Jesus' Cross and Invitation

십자가 죽음보다 강한 사랑

(갈라디아서 6:14)

사탄조차 고개를

갸우뚱 하고

하늘의 천사들은

통곡 하는데

제자들은
걸음아 나 살려라
눈물의 어머니
온 몸으로 울 때

돌은
인간 무지 끌어 안고
터지고

무덤은
수 만년 찌든 절망
활짝 열어 놓고

해는
빛을 잃고
엎드려 회개 할 때

성자는 너와 날
품에 안고
보혈로 인을 치니

성부 하나님
얼굴 돌려

속울음 삼키시며
지성소 휘장을 열어 놓고
너와 난
그토록 존귀한 사랑
영원한 신부임을

우주에 선포하시는
성령 하나님

모리아 산으로 가는 길

(창세기 22:1-12)

주름진 얼굴에
떠나지 않던 미소

한 풀어지던
깍꿍 깍꿍

맞잡은 두 손
끝없던 감사

해지는 줄 모르던
술래놀이

바로 그때
모리아 산으로 가라던
천둥 소리

아내와 상의 할 수 없던
특별한 여행

작심 삼일
아득하던 천 만리 길
빠드득 빠드득
뼈 녹아내리던 메아리

그러나
그럼에도불구하고

아버지와 아들이 쏟아내던
눈물 눈물

오늘도 갈보리 산에서 흐르는
예수 그리스도 보혈로
구원 받은 영원한 탕자

문 밖에 세워둔 예수

(요한계시록 3:20)

오늘 널 찾아와

마음을 열어 달라

똑똑똑
쿵쿵쿵

한 밤 중엔
문자 보내고
꼬박 날 세우니

온 몸 고드름

포기할 수 없어
널 두고
떠날 수 없어

온 몸 녹여
초인종 누르는데

난 지금
무엇 때문에
주님을 문 밖에
세워놓고 있는가

구리 장대

(요한복음 3:14-16)

불 타는 목마름

까맣게 잊어버린

홍해 기적

독수리 날개 펴

떠나온 애굽

집어들 돌 많은 광야

애간장 끓어

구멍난 냉가슴

자꾸만 눈 흘기는 과거

통째로 물어뜯는 불 뱀

시도 때도 없이

세워야 할 구리 장대

십자가 튼튼히 붙잡고

(빌립보서 2:5-8)

강둑까지 왔다
불 같은 갈증
채울 수 없어
산 화석 되었을까

애간장 녹아내려
피골이 상접한데
돌아오지 않고
언제까지 방황하느냐

죽어야 살고
버려야 얻고
낮춰야 일어서고
비워야 채워지며
내려가야 올라오는

십자가 능력
맛보지 않겠느냐

벼락 맞은 소나무
찰나에도 껴안은
두 십자가 보이느냐

시방
네 냉가슴 두드리는
거룩한 몽둥이 아니더냐

너는
어찌하여 날 부르면서
네 십자가 거절하느냐
언제쯤 철이나
깨닫게 될까

어제도
오늘도
언제나

문 열어 놓고
밤 지새며

네가 돌아오길
하루가 천년처럼
기다리고 기다린다

새해 맞이 청소하는 날

(누가복음 22:61)

수 십년 진액 퍼올려
하늘 향해 양손 치켜세운 날

시퍼렇게 날선 칼
여지없이 내려치던 날

뼈 마디 마디 마다
고통 폭탄 터지던 날

온 천지 떠나갈듯
울부짖다가 지쳐
소리없이 또 한참 울던 날

묵은해를 보내고
새해 맞이 대청소 하는 날

정원에 서있던 나무
가지치기 상처들 변해
그리운 님 얼굴 되어

천둥치며 나를 부르는 날

수많은 세월 죄의 노예 되어
절망 쇠사슬 끌어당기며
고개 떨궈 통곡 하던 날

노예 시장
한 복판에서
날 지목하여

십자가 피로
나를 사신
그날 오후

돌아오라 내 백성들아

(이사야 1:2-4)

폭풍우 몰아치고

뜨거운 햇볕 쏟아져도

기러기 몇 주째 밤낮으로

저렇게 알을 품고

생명의 노래 부르고 있다

너희는 죄의 고통으로

뼈 울음 흘리면서도

왜 날 그렇게
계속 외면한단 말이냐

내 가슴 무너져 내려
앉을 수도 없고
설 수도 없고
먹을 수도 없고
심지여 잠들 수도 없단다

난 널 기다리고 기다리다
상사병이 들었다

그저 돌아오지 않을래
제발 돌아와 다오

난 십자가에서
너희 원수를 물리친 후
이렇게 양손 벌린체

어제도
오늘도
내일도

너희가 돌아오길
기다리고 기다린다

4. 부활하신 예수님
Jesus, Resurrected

부활의 아침

(마태복음 28:1-10)

존재의 절망
숨이 막혀
헐레 벌떡

그와 난
풀지 못한 비밀
한 보따리

떨어진 거짓 맹세
헛다리 짚었나

움켜쥔 심장
응급 구조 기다리다
하루 이틀 사흘

두꺼운 얼음 깨뜨리고

솟구치는 고래처럼
저주 밀어 내어
절망 깨뜨리며

번개처럼 찾아온
부활하신 예수님

부활하신 예수님의 초대

(누가복음 24:13-49)

오늘도 난 어제처럼

너와 데이트 꿈꾸며

향긋한 에덴 숲길

춤추며 걸어왔는데

넌 나타나지 않고

소낙비 맞은 새처럼

나무 아래에서

왜 그렇게 떨고 있는거니

오호라
너와 나 손가락 걸고
기뻐했던 그 언약
깨뜨렸단 말이냐

아아 어쩌면 좋을까
아아 어쩌면 좋겠냐

네가 죽을순 없고
암 암 널 죽게
내버려 둘 수는 없다

어찌 내가
너 죽는 걸 본단 말이냐

저리비켜라
내가 네 대신 죽을란다

오직 너에게만
마음 준 난
아무도 없단다

난 널
오늘도
기다리고 기다리며

죽음 이기고
부활한 오늘

난 이렇게
꽃 대궐 만들어 놓았다

무엇이 그렇게 힘드니
누가 널 놀리더냐
왜 그리 퉁퉁 부어있니

어서 어서 달려오너라
나의 사랑
나의 어여쁜 자야

다시 갈릴리에서

(요한복음 21:1-18)

헛탕친 그물 끝

낚시 바늘에 걸려

길고 긴 한숨

땅 꺼지게 올라오고

굳은살 깊어가고
주름살 많아지고
절망은 메아리칠 때

깊은 곳 그물 던지니
고깃배 이리 저리
기우뚱 기우뚱

어찌 나 같은 녀석
찾아와 주셨을까
몸 돌봐 몰랐어도

주님은 나를
사람 낚는 어부로
불러 세워 주었는데

그런데 넌
왜 그렇게 많은 세월
무엇을 바라보고
어떤 것을 쫓아왔느냐

보자기에 감추어 둔
영광의 십자가

짐작 조차 못했더냐

갈릴리를 기억하느냐
갈릴리에서 또 만나자

그러나 되돌아와
밤세운 고기잡이
푸념만 한 배 가득

그때 낯익은 목소리
그 오른쪽 깊은 곳에
다시 그물 던져라

물고기 백쉰세 마리
파다닥 파다닥

피워 놓은 숯불에
내 눈물 말리며
차려주신 조반을 먹고

부활의 증인으로
다시 불러 주신
그날 아침 갈릴리

5. 하나님의 말씀과 성령의 열매
God's Word and Fruit of the Spirit

출동하는 911
(마태복음 28:16-20)

시도 때도 없이

다급한 삶의 문제로 싸우는 목소리

진리를 애타게 찾는 불타는 목소리

영혼의 말기암 환자 떨리는 목소리들로

하늘 나라 상황실은

언제나 비상

오늘도 걸려온 전화를 받고
현장에 출동하는 911

성령으로 전신갑주 입은 채
만병 완화제 구약과 신약
응급 환자 소성케하는
예수의 보혈
복음의 산소 호흡기 신고서

분별의 사이렌을 울리며
기쁨으로 생명을 구하러 가는
예수님의 친구

나의 사랑 하는 책

(디모데후서 3:14-17)

할머니 할아버지가 사용하던
성경책 꺼내 놓고 읽다가

굵게 언더라인 친 곳
눈에 띄네

하지만 얼룩진 한 페이지
읽을 수 없어

한 낮에도
후레쉬를 켜보니

그곳만 유독
붉은색 언더라인 여러개

이것은 할머니 할아버지
눈물 자국 분명해

나의 구주 예수 그리스도

일곱마디 십자가 외침

우리도 두 세 번
소리내어 읽다가

어느새 쏟아지는 눈물
그 곳에 함께 보태는

우리는 주의 화원
어린 백합 꽃이라

처음엔 지금은-세리와 바리새인-

(마태복음 23:1-36)

처음엔 오직 하나님 영광　　지금은 세상 기쁨과 자랑

처음엔 무엇이든 감사　　　　지금은 이것뿐인가

처음엔 예수 내 애인　　　　　지금은 세상이 내 애인

처음엔 용감한 전사　　　　　지금은 모사꾼

처음엔 성령 충만　　　　　　지금은 고집 충만

처음엔 허리굽혀 봉사　　　　지금은 허리세워 오만

처음엔 우리 모두 동료 지금은 서열 내세우고

처음엔 고난 감수 지금은 감투 싸움

처음엔 청빈이 기쁨 지금은 부자가 선망

처음엔 개척 선구자 지금은 하나님 연기자

처음엔 좁은 길 지금은 넓은 길

처음엔 성경 암송 지금은 인터넷 앵무새

처음엔 성령 역사 지금은 자기 자랑

처음엔 발 씻기고 지금은 내발 씻겨라

처음엔 내가 죄인이야 지금은 너 때문이야

처음엔 네가 먼저 지금은 내가 먼저

처음엔 얼굴 붉혀 회개 지금은 뻔뻔하게 변명

처음엔 예수 향기 가득 지금은 향수 진동

처음엔 무명 인사 지금은 유명 인사

처음엔 영혼 사랑 지금은 숫자 놀음

처음엔 순한 영혼 지금은 고집 불통

처음엔 정갈한 기도 지금은 헷갈리는 기도

처음엔 나 죽어 예수 살고 지금은 예수 죽여 나 살고

처음엔 오직 성경과 성령 지금은 음란 충만

처음엔 오직 예수 지금은 오직 누림뿐

처음엔 오직 믿음	지금은 관계 동원
처음엔 예수의 종	지금은 욕망의 종
처음엔 무보수	지금은 백만장자
처음엔 전심 기도	지금은 적당히
처음엔 뜨거운 첫 사랑	지금은 빛바랜 헌신
처음엔 땅을 치며 통곡	지금은 발 구르며 호통

6. 나의 간절한 기도
My Earnest Prayer

<u>봄이 오는 소리</u>

(시편 1:3)

영차 영차

수많은 뿌리

진액 퍼올리는 소리

후루룩 후루룩 날며

앞산 뻐꾸기 부부

둥지 수리하는 소리
졸졸졸 졸졸졸
시냇물 허리 숙여
배알이로 시달린 긴 강에
빙수 배달하는 소리

땡그랑 땡그랑
굳은 마음 휘젓는
사순절 교회 종소리

타다닥 탕 따다닥 탕
온 천지 삼킬듯
번져가는 산불과 전쟁 소리

어찌할까 어찌할까
아직도 깨닫지 못해
통곡하는 내 영혼

담쟁이의 기도

(고린도후서 1:3-11)

욕망의 고장난 브레이크
끝없는 낭떠러지
구 만리 아닌가

땅에 엎드려만 살아
밟히고 뭉개지던
담쟁이 일생
그날 오후
십자가 나무로
올라오라
날 부르신 음성

수직으로 오르는
매일 십자가 끝마다
드디어 깨닫는
수평의 삶 담쟁이

그리운 친구 만날
고속 도로

발 아래 있고

날 위해 죽으신
주 예수 그리스도
보혈의 강 굽이치고

날 향한
놀라운 사랑 때문에
온 몸으로 찬양하며

오늘도
오르고 오르며

납작 엎드려
기도하는
담쟁이 가족

<u>그래도(島)</u>

(다니엘 3:18)

외로움이 뼈를 떨게하여도(島)

실수와 후회로 가슴치며 애간장 끓어도(島)

갈 바를 몰라 당황하여 두리번거려도(島)

사랑하는 사람 보내고 뼈 울음에 심장이 녹아내려도(島)

그래도 그래도(島)

그래도 섬으로 가자

십자가에 당신의 아들을 못 박아 놓은채

널 향한 끝없는 사랑의 바닷물로

그래도(島) 섬을 휘감고 있지 않는가

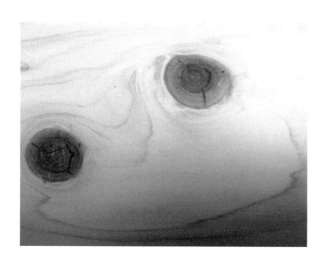

미소짓는 편백나무

(이사야 6:1-13)

아이들 재잘 재잘

도미솔도 도솔미도

찬양 교실 곡조따라

손뼉치며

미소짓는

편백나무

산 등성이 울창한 숲

오고 가는 구름과 바람

새떼들 합창에 환호하며
한참을 머물다 간 햇볕의 미소

친구들과 이별한 후
천리를 걸어 도착한 제재소 마당

하나씩 둘씩
체면을 벗고

고단한 순례자
코고는 사중창에

미소짓는 그대

몽당 색연필의 기도

(시편 90:1-17)

씩씩하게 달려온
한 바탕 세월

한개는 새끼 손톱
둘째는 새끼 손 가락
또 하난 엄지 손톱처럼
작은 마디 뿐인데

새해 셋째 날
다 쓰고 남겨 놓은
볼펜 집으로 이사하여
다시 신혼 여행을 떠난다

주여
제 남은 삶을
모세처럼

계수하며
분별하며

단순하게
주와 동행하며

충성하며
살게하소서!

7. 찬송과 감사
Praise and Thanksgiving

만남
(요한복음 1:43-51)

몇 해를 기다려
만난 그대

그대를 만난 날
온 몸을 떨었어

진초록 강에
파문을 일으키는
넌
내 영혼의 깃발

시의 배경

초록 측백 나무는 하나님 창조 때부터 자기에게 돌아오길 기다리는 끝없는 하나님이시다.

떨어진 나뭇잎은 인간이다. 측백나무와 떨어진 이웃 나무 사이 거리는 불과 10~30m이다.

정말 나무가 엎어지면 코닿을, 정말 가까운 거리다. 그러나 나뭇잎에게 있는 '자유의지'로 기쁘게 돌아

와 하나님 품에 돌아온다. '초록 하늘 바다가 출렁!' 거린다. 하나님 보좌의 임재의 빽빽한 구름이 감싼다.

하나님은 너 때문에 살맛나서(?) 춤을 춘다.

간식을 먹다가

(누가복음 23:13-25)

껍데기 너무 두꺼워

작은 칼 집어넣고

큰 칼을 들이대니

체면을 벗어 놓고

속 마음 꺼내 놓는

까칠한 호박

시집 올 때

곱디 고운 얼굴
눈부시더니

수 많은 반점으로
속 사람 헹궈낸
바나나

십자가 처형 두려워
몇 달 뜬눈으로
기다린 유월절 아침

바나바는 놓아 주고
예수는 못 박으라
천둥치는 감옥
쇠고랑 풀어지고
녹슨 철문 열려
걸어 나오는 바나바

도대체 꿈이야 생시야
얼굴 꼬집어 보는 바나바

바나나는 울다가 웃고
호박은 웃다가 통곡하며

네가 바나바라 소리치니

더위가 마실 간 오후
간식 기도가
통곡으로 바뀌던 날

씨앗을 품으니

(갈라디아서 5:22-24)

연약한 줄기

조금만 바람 불어도

허리 끊어질듯

아프더니

이제야

겸손을 배워

고개 숙여
하늘 보고
서로 웃는다

바다 샘에 들어가 보라

(욥기 38:16)

새벽 별

어둠 밀어낼 때

네 눈물 기도 잊었는가

바다 품고

바닷물 지휘하는

땅 바다 합창 무엇인가

바닷물 증발하여

수천억 물알갱이

어울린 춤판 보았는가

빛은 어느 길로 왔다가

눈깜짝 할 사이

그렇게 서둘러 가는가

먹먹한 가슴 흔들어 놓고

천둥치던 우레

번개놀이 몇번인가

이슬 부모 하늘 향해

꼴딱 새벽까지

손 들고 기도하더니

이슬 방울 홍수 났는가

춤 추는 파도에게

후다닥 입 맞추고

노래하는 갈매기

강강술래 언제 끝나는가

8. 알파벳 순서를 따라 찬양하기
Praise using letters A through Z

(주: Dandi Daley Mackall, 『101 Ways To Talk To God』, 2001, Source books,IL A에서 D까지 인용하여 번역하고 저자가 E에서 Z까지 만들었다. Alvin J. VadeGriend, 『가장 즐거운 기도』, pp. 203-204)

A-Always near(항상 함께 계시는 하나님)

B-Best friend(가장 좋은 친구 되시는 하나님)

C-Creator(창조주를 찬양합니다)

D-Dependable, Deeper than I can go(신실하신 분, 내가 감히 닿을 수 없는 하나님)

E-Eternal Aba Father(영원한 아버지 하나님)

F-Forgave my all sins(나의 모든 죄를 용서해주신 하나님)

G-Great guider(위대한 인도자 하나님)

H-Humorous teacher(유머가 넘치게 가르쳐주시는 하나님)

I-Immortal life giving being (영원한 생명을 주시는 하나님)

J-Juice maker(물로 포도주를 만드신 하나님)

K-Kind enough(친절이 넘치는 하나님)

L-Like a little one (어린 아이 같은 사람을 좋아하시는 하나님)

M-Mountain goer(산을 찾아 기도하기를 좋아하시는 예수님)

N-Nailed on the Cross(십자가에 못박히신 예수님)

O-Opened His arms this much(두 팔 벌려 환영해주시는 하

나님)

P-Prince of peace & peace maker(평강의 왕이요 평화의 사신 예수님)

Q-Quiet Time enjoying(말씀 묵상을 기뻐하시는 예수님)

R-Rose of Sharon(샤론의 장미이신 예수님을 찬양합니다)

S-Saved my soul & S.O.S.captain(내 영혼을 구한 응급 구조 선장이신 하나님)

T-Tickle us as like a Big father(큰 아빠처럼 우리를 간지럽히는 하나님)

U-U turn driver(마음♥ 아파도 계속 품어 주시는 하나님)

V-Very Important Person(나의 가장 귀한 분 하나님)

W-White & red color designer(죄를 대속해 주신 거룩하신 하나님)

X-mas concert composer(성탄절 찬양의 작곡자요 주인공 하나님)

Y-Yesterday, today & forever same(언제나 변함없는 하나님)

Z-Zipped death fear & Satan's trick(죽음의 공포와 사탄의 계략을 깨트린 하나님)

---

9. 가나다라 순서를 따라 찬양하기
Praise using Korean letters

(주: 저자가 만들었다. Alvin J. VadeGriend, 『가장 즐거운 기도』, pp. 205-206)

가-가장 위대하신 창조주 하나님(The Almighty Creator)

나-나를 위해 십자가에서 피 흘리신 예수님(Jesus who died and

shed for me on the Cross)

다-다락방에 함께 모인 제자들의 발을 씻기신 예수님(The Shepherd who washed His disciple's feet)

라-라일락 코스모스 웃음꽃을 만드신 하나님(The wonderful farmer who planted a flower of joy in our soul)

마-마음(♥) 속에 생명의 기쁨을 주신 하나님(He has given me the joy of life in my heart)

바-바닷물을 잉크로 삼고 하늘을 두루마리로 삼아도 못다 쓸 사랑의 하나님(The source and giver of unlimited love)

사-사막에 치료의 강을 내신 하나님(He turns deserts into rivers of healing)

자-자만과 죄를 버리고 돌아오는 탕자를 용서하시는 하나님 아버지 (Abba Father who forgives and accepts the pro digal)

차-차가운 북극과 남극도 다스리시는 하나님(He who even rules over the cold North & South Pole)

카-카운슬러, 평강의 왕 하나님(Wonderful Counselor, Perfect Peace and Prince of Peace)

타-타락한 인류의 영원한 친구(A Best Friend to even a fallen human)

파-파수병이 지킨 무덤을 열고 부활하신 예수님(Jesus who has opened the grave and risen again)

하-하루를 천년 같이, 천년을 하루 같이 여기시는 영원하신 하나님 (Eternal and everlasting Father)

마무리 이야기
Epilogue

✝

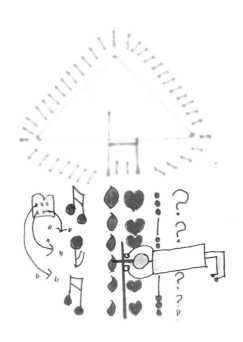

　세상 한복판에 살면서 예수님 마음을 품고 사는 것은 어떤 생활인가? 돈을 계산해보기보다 성경 말씀과 성령님이 인도를 받으며 살아가는 삶은 무엇인가? 삶의 자리(marketplace)에서 하나님과 동행하는 것은 어떤 것일까? 이 시대는 절망에 빠진 영혼들과 불확실한

삶 속에서 방황하는 현대인들을 향해 성경 말씀을 따라 응답하는 과감한(radical) 교회와 성도들을 부르고 있다.

성경 본문을 묵상하면서 하나님의 의도와 마음은 쉽게 파악할 수가 없었다. 성경 본문을 노트에 묵상하기 쉽게 열과 행을 새롭게 나누어 주어, 동사, 중심 인물, 사건 등을 나누어 정리하였다. 또한 성경 본문을 묵상하기 위해 그림과 표시와 기호를 만들어놓자 더 집중할 수 있게 되었다. 그러자 성경에 나타난 하나님의 의도와 마음이 새롭게 다가왔다. 전에는 깨닫지 못한 것들을 알게되어 환호성을 지를 때가 많았다. 그림에 전혀 소질이 없지만 용감하게(?) 표현해 본 것이다. 그렇게 성경 본문을 묵상하는 기쁨과 깨달음을 모은 노트가 20여 권이 되었다. 이번에 그 내용 일부를 편집하여 내놓게 된 것이다. 성경 본문을 묵상할 때 더 깊게 묵상할 수 있는 방법을 찾아가는 실험을 계속 하려고 한다.

모든 작업은 하나님께서 은혜로 주신 것을 받아 정리한 것뿐이다. 하나님은 몇 년 동안 성경 본문을 집중하여 묵상할 수 있도록 축복하셨다. 성령님은 하나님의 말씀을 통해 내 영혼을 만져주시고 상처를 치유해 주셨다. 여러 사역 중에 받은 상처와 아픔의 쓴뿌리 때문에 고통이 많았다. 그런데 이 책의 원고를 쓰고 정리하면서 새로운 힘을 얻게 되었고 지난 삶이 부끄러웠다. 환경은 크게 달라진 것이지만 일상에서 만나는 사람들을 '하나님의 마음'을 품고 대하려고 노력하는 자신을 발견하게 되었다. 결국 삶의 자리에서 남는 것은 하나님의 사랑에 응답하여 나도 예수님을 닮아 사랑하는 것뿐임을 다시 깨닫게 되었다.

실험적으로 제시한 여러가지 '하나님 마음을 찾아가는 성경 묵상 (journey of Bible meditation into the heart of God)'을 기초로 더 깊게 성경 묵상을 할 수 있는 방법이 연구되길 바란다. 성경 묵상의 기쁨과 실천을 통해 짠맛을 잃은 가정과 교회와 학교가 회복되길 바란다. 교회 학교와 홈 스쿨(home school)과 모든 제자 교육의 내용이 풍성해질 수 있는 교육 과정(curriculum)이 개발 되길 원한다. 또한 아직까지 성경 내용과 묵상의 이모지(emoji)들이 전무한 환경 속에서 이 책에서 제시한 것들이 '디딤돌과 자극'이 되어 전문가들이 더 새롭게 만들어 주길 소망한다. 어거스틴(Augustine)은 이렇게 말했다. '하나님 없이 우리는 아무것도 하지 못한다. 그러나 우리가 없으면 하나님은 아무일도 하지 않으신다.'

주님의 말씀(📖)은   Your word(📖) is
내 발(🦶)의 등(🕯)이요   a lamp(🦶) to my feet(🕯) &
내 길(〰)의 빛(☀)입니다.   a light(〰)for my path.(☀)

-시편 Psalms 119:105

여호와(⛰)께서   By day the LORD(⛰)
그들 앞에 행하사   went ahead of them
낮에는 구름 기둥(☁)으로   in a pillar of cloud (☁)
그들의 길(〰)을 인도하시고   to guide them on their way(〰) &
밤에는 불 기둥 (🔥)으로   by night in a pillar of fire (🔥)

그들에게 비추사　　　　　to give them light, so that they
　　　　　　　　　　　　could travel

진행하게 하시니　　　　　by day or night.

낮에는 구름 기둥(●●●)　　Neither the pillar of cloud(●●●)
　　　　　　　　　　　　by day

밤에는 불 기둥(▮)이　　　nor the pillar of fire(▮) by night

백성 앞에서 떠나지 않았다.　Left its place in front of people.

　　　　　　　　　　　　　-출애굽기 Exodus 13:21-22

부록:
성경과 예수 사랑으로 치유하는 교회와 공동체(🩸🧍🏵️) 세우기

Appendix:
Creating a community of healing with Bible & Jesus love

부록: 성경과 예수 사랑으로 치유하는 교회와 공동체(🩸🧍🏵️) 세우기
Appendix Creating a community of healing with Bible & Jesus love

지금은 MZ 세대 이후 알파 세대가 되었다. MZ 세대는(1990년 중반-2000년 초에 출생) 디지털에 익숙하고, 최신 트렌드에 민감하며, 이색적인 경험을 추구한다. 이들은 집단보다 개인의 행복을 1순위로 여기며, 소유 보다는 공유, 상품보다는 경험을 우선순위로 삼는 특징이 있다. 알파 세대는(2011- 2015년 사이에 출생) 어려서부터 기술이 발전하는 것을 보고 성장했다. 그리하여 인공 지능(AI), 로봇 등에 익숙하다(ost.naver.com, 2021, 08, 27 포스팅).

앞으로 오메가(Omega) 세대(?)가 되면 어떻게 될까? 가상 현실 세계가 발달한다. 로봇이 애완 동물처럼 가정에 널리 보급된다. 혁신적인 스마트폰이 보급된다. 양자 컴퓨터가 보급된다(주: 오메가 세대는 저자의 추론). 디지털 기술 발전은 계속되고 있다. 그러나 인간성은 더 폭력적이고 선정성을 띠고 있다. 학대와 왕따와 학교 폭력, 청소년 범죄와 성범죄와 자살 등이 증가하고 있다. 이곳 저곳에서 범죄와 생명경시의 산불이 번지고 있다. 교회와 선교 공동체의 예방과 특별 구조팀이 필요하다.

'소금의 집'

1. 응급 센터
1) 응급 출동 돌봄
2) 돌봄 프로그램과 돌봄 센터

2. 중보 기도 센터
1) 기도 생방송 (🎥 live phone prayer line)
2) 기도 카카오톡방(Kakao prayer room, prayer hotline)
기도 제목 올리면 10분 기도 후 성경과 분별 문장(3줄) 올리기(📺)
3) 릴레이 기도(relay prayer concert)

3. 예방(학대, 가정 폭력, 성폭력과 자살) 교육 자료

예수 사랑과 영성의 정원

1) 마음(♥)의 상처와 질병

마음 질병(mind diseases)	마음의 교통사고(mind accidents)
마음 고통(mind pains)	마음 회복(mind recovery)
마음 입원(mind hospitalization)	마음 퇴원(mind recovery)
마음 살인(mind killing)	마음 이별(mind separation)
마음 방황(mind Wondering)	마음 닫기(mind closing)
마음 도둑(mind thief)	마음 주인(mind lord)

마음 하인(mind servant)　　　마음 눌림(mind pressure)

마음 쓰레기장(mind dumpsite)　마음의 사형 선고(mind death sentence)

2) 마음(♥) 건강

마음 묵상(mind meditation)　　　마음 친구(mind friends)

마음 양식(mind manna)　　　　　마음 간식(mind snack)

마음의 집(mind shelter)　　　　　마음 여행(mind trip)

마음 이웃(mind neighbors)　　　　마음 손님(mind guests)

마음 항해(mind voyage)　　　　　마음 왕국(mind kingdom)

마음 노래(mind songs)　　　　　　마음 강과 바다(mind rivers & seas)

속 마음(Inner mind)　　　　　　　마음 줄과 구석(mind lines & corners)

마음 춤추기 (mind dancing)

3) 마음(♥) 치유

마음 열기(mind opening)　　　　　마음 가계도(mind family tree)

마음 치료(mind therapy)　　　　　마음 전지(mind pruning)

마음 파티(mind party)　　　　　　마음 일기 예보(mind forecasting)

마음 자물(mind lock)　　　　　　　마음 시계(mind watch)

마음 입맞춤(mind kissing)　　　　　마음 교통 표지판(mind traffic signs)

마음 목욕실(mind bath)　　　　　　마음 화장과 화장품(mind cosmetics)

마음 영양제(mind vitamins)　　　　마음 낚시(mind fishing)

마음 골짜기 메우기(mind filling)　마음 코미디언 (mind comedian)

마음 수술(mind surgery)　　　　　마음 기침과 감기 (mind cough & cold)

마음 알약(mind medicine)

4) 마음(♥) 훈련과 무장

마음 정원사(mind gardener)

마음 보초(mind guard)

마음 고향(mind homeland)

마음 경찰(mind police)

마음 개간(mind cultivation)

마음 전쟁(mind war)

마음 부자(mind capital)

마음 조화(mind harmony)

마음 지킴이(mind keeper)

마음 훈련사(mind trainer)

마음 훈련소(mind training gym)

마음 운전면허(mind driving license)

마음 타락(mind fall)

마음 우상(mind idol)

마음 극빈자(mind poverty)

마음 숨바꼭질(mind hide & seek)

5) 마음 멘토링과 삶 나눔

마음 농장(mind farm)

마음 보험(mind insurance)

마음 나침반(mind compass)

마음 디자인(mind design)

마음 숲(mind forest)

마음 궁전(mind Palace)

마음 언약(mind promises)

마음 광야(mind wilderness)

마음 제단(mind altar)

마음의 정원(mind garden)

마음 코치(mind coaching)

마음 자양분(mind nutrition)

마음 분석(mind analysis)

마음 산(mind mountains)

마음 거울(mind mirror)

마음 지성소(mind tabernacle)

마음 오아시스(mind oasis)

마음 연구원(mind researcher)

6) 연령별 돌봄

마음 단계(mind steps)

마음 사다리(mind ladder)

마음 꽃(mind flowers)

마음 뿌리(mind roots)

마음 줄기(mind stems)

마음 열매(mind fruits)

마음 안경(mind glasses)

마음 망원경(mind telescope)

마음 현미경(mind microscope)

새 마음(New minds)

마음 저수지(mind reservoir)

마음 갱년기 mind menopause)

마음 컴퓨터의 하드 웨어와 소프트 웨어(mind computing)

7) 마음(♥) 연합

마음 나눔(mind sharing)

마음 칭찬(mind encouragement)

마음 봉사(mind services)

마음 산책(mind walking)

마음 정착(mind Setting)

마음 방송(mind broadcasting)

마음 신문(mind newspaper)

마음 운동경기(mind sports)

마음 박람회(mind exhibit)

마음 촬영(mind filming)

마음 요리(mind cooking)

마음 건축가(mind construction)

마음 축제(mind festival)

마음 여백(mind space)

8) 내려 놓음

마음 도약(mind leaping)

마음의 길(mind ways)

마음 경영(mind management)

마음 창고(mind storage)

마음 전수(mind transfer)

마음 샘(mind fountain)

마음 연주(mind concert)

9) 교육 과정(curriculum) 교재 개발

마음 무장(mind arming)

마음의 비밀(mind secrets)

마음의 신비(mind mystery)

마음의 문(mind doors)

마음 경향(mind tendency)

마음 향기(mind scent)

마음 청소와 빨래(mind cleaning)

마음이 불붙음(mind flaming)

마음 경고(mind warning)

마음 교본(mind manual)

마음 계절(mind seasons)

마음의 창(mind window)

마음 사이클(mind cycles)

마음 세미나(mind seminar)

마음의 옷(mind clothing)

마음 길 넓히기 & 포장 공사(mind roadwork)

마음 잡초(mind weeds)

마음 폭군(mind tyrant)

◆

참고 도서
Bibliography

강일구 편집, 『아드 폰테스 ad fontes』, 도서출판동연, 2015

길동무, 『자기 비움의 길 -제 1부 하비루의 길』, 케노시스영성원, 2007

길동무, 『자기 비움의 길 -제 2부 죄인의 길』, 케노시스영성원, 2008

길동무, 『자기 비움의 길 -제 3부 비움의 길』, 케노시스영성원, 2008

김광희, 『미친 발상법』, 넥서스, 2014

김선웅, 『요한계시록-속히 오실 주 예수의 복음, Little Mustard Seed, Inc, 2018. 사도행전 신학 특강』, 겨자씨성경연구원, 2023

김정선, 『내 문장이 그렇게 이상한가요?』, 도서출판 유유, 2022

김정선, 『동사의 맛』, 도서출판 유유, 2022

김정완, 『질문 잘하는 유대인 질문 못하는 유대인-유대인 하브루타의 핵심, 질문을 탐구하다』, 한국경제신문i, 2018

『유대인 지혜의 습관-무엇이 그들을 강인하게 만들었는가』,좋은습관연구소, 2021

김진수, 『선한 영향력』, 선율, 2018

김하중, 『하나님의 대사』, 규장출판사, 2010

김현진, 『공동체 신학, 예영커뮤니케이션』, 2005

남영신역음, 『국어사전』, 성안당, 1997

두나미스코리아, 『목회자를 위한 성령 세미나 녹취록: 제 1과정: 성령님의 인격과 사역을 경험하라』, 배성현 편, 두나미스코리아, 2008

류랑도, 『하이퍼포머 팀장매뉴얼』, 쌤앤파커스, 2009

박호중, 『기도의 집을 세워라』, 규장, 2017

배성현, 『주님 내안에 내가 주안에』, 도서출판두나미스 코리아, 2016

서인석, 『성서와 언어 과학-구문 분석의 이론과 실천』, 성바오로출판사, 1992

신영복, 『감옥으로부터의 사색-신영복 옥중서간』, 돌베개, 2017

신정철, 『메모 독서법』, 위즈덤하우스, 2019

이민영, 김정완, 홍익희, 『더 리치 탈무드(The Rich Talmud)』, 행복한북클럽, 2022

이천수, 『세상과 마귀를 이기는 십자가의 능력』, 영성목회, 2003

유혜선, 『나로부터 시작하는 물결 리더십』, 시대의창, 2018

안도현, 『간절하게 참 철없이』, 창비, 2016

양동일, 김정완, 『질문하고 대화하는 하브루타 독서법』, 도서출판예문, 2016

『완벽 큐티 성경 The Exhaustive Q.T Bible』, 아가페출판사, 1990

정호승, 『여행』, 창비, 2013

조서환, 『동기를 부여하는 사람 모티베이터』, 책든사자, 2008

지용근, 『한국교회 2023 트랜드』, 규장출판사, 2022

하브루타문화협회, 『하브루타 질문법이 뭐니?』, 경향BP, 2019

한동일, 『라틴어 수업』, 흐름출판, 2017

『한영 스터디 성경 Korean-English Study Bible』, 생명의 말씀사, 2019

함민복, 『눈물을 자르는 눈꺼풀처럼』, 창비, 2013

허성준, 『수도 전통에 따른 렉시오 디비나』, 분도출판사, 2006

황농문, 『몰입 두번째 이야기』, 알에이치코리아, 2014

Alvin J, VanderGriend, 『가장 즐거운 기도(Love to Pray)』, 배성현 역, 이레닷컴, 2007

Anselm Grun, 『너 자신을 아프게 하지 말라, DOCH NICHT SELBER WEH)』, 한현희 역, 성서와 함께, 2002

Anselm Grun, 『내면의 멜로디(Das kleine Buch der Lebenslust)』, 전헌호 역, 성바오로출판사, 2014

Anselm Grun, 『사람을 살려라-예수께서 사람을 대하신 22가지 모습(Bilder von Seelsorge: biblische Modelle einer therapeutischen Pastoral)』 한현희 역, 성서와 함께, 2002

Anselm Grun, 『참 소중한 나(Selbstwert entwickeln Ohnmacht meistern, I'm so precious)』, 전헌호 역, 성바오로, 2002

Barbara, 『하버드 글쓰기 강의(How to be a Writer-Building your creative skills through practice and Play)』, 박병화 역, 글항아리, 2018

C. H. Kang and Ethel R. Nelson, 『The Discovery of Genesis-How the truths of Genesis Were found hidden in the Chinese language』, Concordia Publishing House, 1979

Chuck Missler, 『24시간으로 나눠 보는 성경(Learn the Bible in 24 hours)』, 이선숙 역, 아가페북스, 2014

Clarence Enzler, 『모든 이를 위한 십자가의 길(Everyman's Way of The Cross)』, 고석준 역, 성바오로 출판사, 2002

C. S. Lewis, Mere Christianity, 『HaperOne』, 1980

C.S. Lewis, 『스크루테이프 편지(Screwtape Letters)』, 전경자 역, 성바오로 출판사, 1989

Dan Hayes, 『시대를 깨운 영적 대각성 운동의 불씨들(Fireseeds of Spiritual Awakening)』, 배성현 역, 이레닷컴, 2008

Dean Sherman, 『Spiritual Warfare』, YWAM, 1990

Donald S. Whitney, 『Praying the Bible』, Crossway, 2015

Douglas McMurry and Zeb Bradford Long, 『The collapse of the Brass Heaven-Rebuilding our worldview to embrace the power of God』, Chosen Books, 1994

Eckhart Tolle, 『고요함의 지혜(Stillness Speak)』, 진우기 역, 김영사, 2019

E.M. Bounds, 『Experience the Wonders of God through Prayer-The Complete Works of E.M. Bounds on Prayer』, Baker Books, 2004

Francesco Rossi de Gasperis, 『렉시오 디비나 영적 여행(Reading the Bible as a Spiritual Exercise:The written Word of God in the Life in the Spirit)』, 최안나 역, 성서와함께, 2003

Henri J. M. Nouwen, 『탕자의 귀향(The Return of the Prodigal son)』, 김 항안 역, 도서출판글로리아, 1997

Henri J.M. Nouwen, 『Life of the Beloved』, The Crossroad Publishing Company, 1992

Alvin J, VanderGriend, 『가장 즐거운 기도(Love to Pray)』, 배성현 역, 이레닷 컴, 2007

John Bevere, 『순종-하나님의 권위 아래서 누리는 보호와 자유(Under His Authority)』, 윤종석 역, 두란노서원, 2005

John J. Parsons, 『토라포션(A Year through the TORAH』, 성락선역, 브래드 북스, 2019

Kay Arthur, 『How to study your Bible-The Lasting Rewards of the Inductive Method』, Harvest House Publishers, 1994

Keith McClann, 『기도 테라피(Prayer Therapy)』, 정은귀 역, 성바오로딸, 2009

Kenneth Boa, 『성경 66권에서 만나는 예수 그리스도(Jesus in the Bible)』, 도서출판디모데, 2004

Keullaeleonseu J. Enjeulleo, 『나를 닮은 너에게-그리스도와 나눈 대화 (My Other Self: Conversation with Christ on Living your faith)』, 박정애 역, 바오로딸, 2015

Kyle Idleman, 『팬인가 제자인가(not a fan)』, 정성묵 역, 두란노서원, 2014

Lester Levenson. And Hale Dwoskin, 『세도나 마음혁명(Happiness is Free)』, 아눌라 역, 쌤앤파커스, 2016

LLoyd Turner, 『Highways of Holiness』, A Division of Harvest Evangelism, Inc, 2006

Maria Vimovska, 『막시밀리안 콜베(Le Secret De Maximilien Kolbe)』, 김동소 역, 성바오로, 1971

Mark Harris, 『영적 여정의 동반자(Spiritual Journey Companion)』, 윤종석 역, 성서유니온선교회, 2000

Our Daily Bread, 『오늘의 양식』, 벧엘 출판사, USA, 2022년 7월 4일 & 2023년 3월 29일

Oswald Chambers, 『The Complete Works of Oswald Chambers』, Discovery House Publishers, 2000

Peter Grundy, 『Doing Pragmatics』, Oxford University Press Inc, 2000

Ralph Dana Winter. and Steve Hawthorne, 『퍼스펙티브스 1-2권(Perspective)』, 한철호 편집, 정옥배, 변찬옥, 김동화, 이현모 역, YWAM Korea, 2010

R. A Torrey, 『Experiencing God's Love』, Whitaker House, 1982

R. A. Torrey, 『Power-Filled Living』, Whitaker House, 1982

R. J. Palacio, 『365 Days of wonders』, Random House 2014

Rebekah Ulmer and Moses Ulmer, 『하브루타와 쩨다카(Habuta & Tzedakah)』, 김정완 감역, 한국경제신문i, 2018

Richard J. Foster & Emilie Griffin Edited, 『Spiritual Classics』, Harper Collins Books, 2000

Sarah Young, 『Jesus Listens』, Thomas Nelson, 2021

Sarah Young, 『Jesus Calling』, Thomas Nelson, 2013

Shel Silverstein, 『아낌없이 주는 나무(The Giving Tree)』, 이재명 역, 시공사, 2008

Thomas Merton, 『침묵 속에 만남(Dialogue with Silence)』, 장은명 역, 성바오로출판사, 2002

Warren Earl Burgar, 『어떻게 질문해야 할까(Why or How, Why Not)』, 정지현 역, 21세기북스, 2014

Warren Earl Burgar, 『최고의 선택을 위한 최고의 선물(The Books of Beautiful Question)』, 이경남 역, 21세기북스, 2021

Zeb Bradford Long, 『대천덕신부에게서 배우는 영성-제자도의 영적 리더쉽에 관한 실천적 교훈들(Practical Lessons in Discipleship and Spiritual Leadership)』, 배성현 역, 요단출판사, 2005

Zeb Bradford Long and Cindy Strickler, 『마음의 숨겨진 상처를 치유하시는 예수님(Let Jesus Heal Your Hidden Wounds)』, 전현주 역, 도서출판 세복, 2005

Zeb Bradford Long, 『두나미스 제 1과정 능력사역 입문: 성령님의 인격과 사역을 경험함(The Dunamis Project Course 1:Gateway to Empowered Ministry, Experiencing the Person and Work of the Holy Spirit)』, 배성현/권율 역, 두나미스코리아, 2008

Zeb Bradford Long, 『두나미스 제 2과정 능력사역 입문: 성령님의 능력과 은사(The Dunamis Project Course 2:In the Spirit's Power)』, 배성현/권율 역, 두나미스코리아, 2008

Zeb Bradford Long, 『영적 전쟁과 내적 치유』, 배성현 역, 이레닷컴, 2008

Zeb Breadford Long Edited, 『Equipping for Spiritual Warfare and Kingdom Advancement』, PRMI, 2017

하나님 마음
찾아가는 성경 묵상 여행

초판 1쇄 인쇄   2023년 11월 3일
초판 1쇄 발행   2023년 11월 10일

지은이   배성현
발행인   한유정
편집인   김다은
편집 디자인   김선명
발행처   이레닷컴
등록   2001년 12월 19 제8-363
주소   서울 서대문구 포방터길 137, 310
전화   396-9323
이메일   erae0191@hanmail.net
총판   하늘유통
전화   031)942-9162
주소   경기도 파주시 광탄면 혜음로 883번길 39-32

ISBN 978-89-913-6136-2
값 32,000원